Christiane Wolff

Der 5-Schritte-Plan zur individuellen Karrieregestaltung

Innere Klarheit gewinnen
Wertvolle Beziehungen aufbauen
Sinnerfülltes Berufsleben führen

CHRISTIANE WOLFF

Der 5-Schritte-Plan zur individuellen Karrieregestaltung

Innere Klarheit gewinnen
Wertvolle Beziehungen aufbauen
Sinnerfülltes Berufsleben führen

GABAL

Ein Hinweis zu gendergerechter Sprache: Die Entscheidung, in welcher Form alle Geschlechter angesprochen werden, obliegt den jeweiligen Verfassenden.

Bibliografische Information der Deutschen Nationalbibliothek
Die Deutsche Nationalbibliothek verzeichnet diese Publikation in der Deutschen Nationalbibliografie; detaillierte bibliografische Daten sind im Internet über http://dnb.d-nb.de abrufbar.

ISBN 978-3-96739-258-6

Lektorat: Anja Hilgarth, Herzogenaurach
Umschlaggestaltung: Buddelschiff, Stuttgart | www.buddelschiff.de
Umschlagkonzept: Buddelschiff, Stuttgart | www.buddelschiff.de
Autorenfoto: Mica Wintermayr
Layout: Buddelschiff, Stuttgart | www.buddelschiff.de
Satz: ZeroSoft, Timisoara
Druck und Verarbeitung: Libri Plureos GmbH, Friedensallee 273,
22763 Hamburg, info@m.bod.de

www.gabal-verlag.de
www.gabal-magazin.de
www.facebook.com/gabalbuecher
www.x.com/gabalbuecher
www.instagram.com/gabalbuecher

Inhalt

Onlinekurs: Karriereformel Personal Branding

– dein vertiefender Praxiskurs zu Positionierung, Personal Branding und strategischem Netzwerken

Neben den kostenfrei zugänglichen Materialien auf dem GABAL eCampus findest du hier auch einen QR-Code zu einem zusätzlichen Angebot für Leserinnen und Leser meines Buchs: den Onlinekurs „Karriereformel Personal Branding“.

Dieser Kurs ist nicht Bestandteil des Buches, sondern ein eigenständiges, kostenpflichtiges Vertiefungsangebot für alle, die in die konkrete Umsetzung gehen möchten – mit klarem Fokus auf drei entscheidende Erfolgsfaktoren auf C-Level:

- Positionierung: Wie entwickelst du ein klares Profil, das dich als Führungspersönlichkeit sichtbar, relevant und unverwechselbar macht?
- Personal Branding: Welche Werte, Erfahrungen und Ziele bilden das Fundament deiner Marke – und wie kommunizierst du sie authentisch?
- Strategisches Netzwerken: Wie baust du tragfähige Beziehungen auf, die dich weiterbringen – und wie nutzt du dein Netzwerk gezielt für deine Karriereziele?

Im Kurs erwarten dich konkrete Tools, reflektierende Übungen, strategische Leitfragen und inspirierende Impulse aus der Praxis.

Wenn du die Inhalte des Buchs spannend findest, aber jetzt deine Positionierung aktiv entwickeln und sichtbar machen möchtest, dann ist dieser Kurs genau richtig für dich.

Über den QR-Code gelangst du direkt zur Kursseite mit weiteren Infos und der Möglichkeit zur Anmeldung.

GABAL
DIGITAL
NEUES
LERNEN

Lernen mit vielen Sinnen

Unsere interaktiven Bücher im praktischen Softcoverformat sprechen viele Sinne und Lernkanäle an und bieten Ihnen echten Mehrwert. Digitale Zusatzinhalte ergänzen die Bücher und ermöglichen so einen optimalen Umsetzungserfolg.

Natürlich steht jedes Buch auch für sich allein gut da. So bekommen Sie mit diesem Buch alles, was Sie für eine erfolgreiche berufliche Laufbahn brauchen. Mit dem Kauf dieses Buches haben Sie außerdem einen exklusiven kostenfreien Zugang zu allen Zusatzmaterialien wie Videos, nützlichen Vorlagen und Übungen erworben, die Sie hinzuziehen und als Unterstützung für die Umsetzung der im Buch enthaltenen Ideen abrufen können. Diese werden auf unserem GABAL eCAMPUS zur Verfügung gestellt.

Der eCAMPUS ist ein geschützter Bereich, von dem Sie als Buchkäuferin oder Buchkäufer die Zusatzinhalte für unsere Whitebooks downloaden können – kostenfrei, in keiner Weise verpflichtend und ohne zeitliche Beschränkung. Der eCAMPUS wird in der nächsten Zeit um viele Inhalte und Features erweitert.

Um auf die Zusatzinhalte aus dem Buch zugreifen zu können, müssen Sie sich einmalig auf dem GABAL eCAMPUS registrieren.

Um diesen zu erreichen, gehen Sie auf: https://gabal-ecampus.de/whitebooks oder scannen Sie den folgenden QR-Code:

Schritt-für-Schritt-Anleitung

Schritt 1: a) Oben stehenden **QR-Code** scannen
oder
b) **Adresse in Browser** eingeben

Schritt 2: a) QR-Code: Auf den Button „Starten“ klicken
b) Browser: Auf den Button „Whitebooks“ klicken, Produkt auswählen, danach auf „Starten“ klicken

Schritt 3: Registrierung
1. Die erforderlichen Felder ausfüllen und ein sicheres Passwort wählen (8 Zeichen, darunter 1 Großbuchstabe, 1 Zahl, 1 Kleinbuchstabe und 1 Sonderzeichen).
2. Auf „Registrieren“ klicken

Schritt 4: Aktivierung des Zugangs mit Klick auf Bestätigungsmail

Schritt 5: Zusatzinhalte freischalten
1. Klick auf „Starten“
2. Eingabe des folgenden Produktschlüssels:

M6UJYP8P3S

Ab sofort können Sie im Browser durch Klick auf die Materialien oder durch Einscannen der QR-Codes im Buch direkt auf die digitalen Zusatzinhalte gelangen.

Beachten Sie: Der eCAMPUS überprüft jedes Mal, ob Sie angemeldet sind und einen Zugang besitzen. Sollten Sie nicht mehr angemeldet sein, können Sie dies über den „Anmelden“-Button rechts oben auf der Seite mit E-Mail und Ihrem persönlichen Passwort vornehmen.

Sie erkennen die digitalen Zusatzangebote an den folgenden Symbolen:

VIDEO. Hier führt Sie ein QR-Code zu einem Interview, das die Autorin mit einer Expertin oder einem Experten zu den verschiedenen Kernthemen des Buches geführt hat.

DOKUMENT. Hinter diesen QR-Codes finden Sie weiterführende Übungen, spannende Zusatzinfos und hilfreiche Übersichten.

Wenden Sie sich bei Fragen gern jederzeit an: support@gabal-verlag.de.

Wir wünschen Ihnen viel Erfolg bei Ihrer persönlichen und beruflichen Weiterentwicklung.

Ein paar Worte vorweg

Wie oft im Leben wünschen wir uns einen verlässlichen Leitfaden, eine kraftvolle Unterstützung für die zahlreichen Herausforderungen, die uns auf unserem Karriereweg begegnen? Genau das soll dieses Buch für dich sein – ein inspirierender und umfassender Wegweiser, der dich ermutigt, deinen beruflichen Weg aktiv und voller Selbstbewusstsein zu gehen, im Einklang mit deinen tiefsten Überzeugungen und Werten.

Dieses Buch vereint alles, was mich antreibt, was ich beruflich verkörpere und persönlich lebe. Es geht weit über theoretisches Wissen hinaus und bietet dir handfeste Werkzeuge, um deine Karriere nachhaltig zu gestalten. Dabei wird die Theorie lebendig durch praxisnahe, konkrete Impulse und Instrumente, die dir helfen, deine Berufslaufbahn gestärkt aus einem neuen Blickwinkel zu betrachten und deinen individuellen Erfolg aktiv zu gestalten.

Dich erwartet eine faszinierende und vielfältige Themenlandschaft – von intensivem Storytelling über den essenziellen Stellenwert von Mental Health bis hin zur Bedeutung starker persönlicher Präsenz auf Plattformen wie LinkedIn. Diese Themen werden durch eine reiche Sammlung von Interviews mit renommierten Expertinnen und Experten lebendig, in denen diese ihre wertvollen Erfahrungen und praxisnahe Tipps teilen. Jede und jeder von ihnen gehört zu meinem ganz persönlichen Kompetenzteam. Diese Persönlichkeiten geben dir exklusive Einblicke in ihre Expertise und helfen dir, die Berufswelt aus verschiedenen Perspektiven zu durchleuchten und neue Impulse für deinen eigenen Weg zu gewinnen. So ist dieses Buch mehr als nur ein Leitfaden – es wird zu einer Schatzkammer voller Wissen, Inspiration und Mut, die dich dazu einlädt, dein Potenzial voll und ganz auszuschöpfen.

Ein besonderer Fokus dieses Buches liegt auf dem Thema „Vom Beruf zur Berufung“, und zwar aus der spannenden Perspektive des modernen Employer Brandings. Wenn Veränderung und Transformation die einzigen Konstanten sind, werden Authentizität und klare Werte zu entscheidenden Währungen des Erfolgs. Doch wie gelingt es, eine tiefe berufliche Leidenschaft zu entwickeln und sich als unverwechselbare, einzigartige Persönlichkeit zu positionieren? Genau diesen Fragen gehen wir auf den Grund. Dieses Buch zeigt dir, wie du deinem Beruf eine neue Tiefe verleihen kannst – mit einer klaren Struktur und einem fünfstufigen Prozess, der dich Schritt für Schritt zu deinem individuellen Karriereziel führt. Dein Weg soll im Einklang mit deinen persönlichen Werten und Überzeugungen verlaufen, und dabei bietet dir dieses Buch nicht nur Orientierung, sondern eine Quelle der Kraft und Sicherheit, immer wieder bei dir selbst anzukommen. Dank meiner langjährigen Erfahrung habe ich erkannt, wie unersetzlich die Verbindung von klaren Zielen, einer starken persönlichen Haltung und unverrückbaren Werten ist. Das, was ich hier mit dir teile, ist nicht nur Theorie – es sind Erkenntnisse und Erlebnisse, die ich über Jahre hinweg gesammelt habe und die ich nun mit Leidenschaft an dich weitergebe. In jedem Kapitel erwarten dich praxisnahe, lebendige Impulse, die dich dazu ermutigen, deinen Weg voller Selbstvertrauen zu gehen – sowohl beruflich als auch persönlich.

Dieses Buch enthält viele wertvolle Lektionen, die ich früher selbst gerne in meiner Karriere erfahren hätte. Ich habe sie mir über Jahre hinweg selbst erarbeitet, und oft waren es inspirierende Menschen, die mir neue Perspektiven eröffnet und mich weitergebracht haben. Früh habe ich die Kraft von Netzwerken erkannt und Beziehungen aufgebaut, die bis heute mein berufliches Fundament stärken. Netzwerken und das bewusste Pflegen dieser Beziehungen sind unersetzliche Erfolgsfaktoren, und ich ermutige dich: Finde Menschen, die dich inspirieren, begleiten und herausfordern. Ein starkes Netzwerk ist ein unvergleichlicher Schatz auf deinem Karriereweg.

In meiner Tätigkeit als Beraterin für C-Level-Führungskräfte sehe ich täglich, wie entscheidend persönliche Haltung und authentische Werteorientierung für nachhaltigen Erfolg sind. Menschen folgen Menschen – und nicht Positionen oder Titeln. Daher ermutige ich Führungskräfte, ihre Überzeugungen klar nach innen und außen zu kommunizieren und stets authentisch zu handeln. Diese Perspektive durchzieht auch dieses Buch: Regelmäßige Selbstreflexion, das Bewusstsein für deinen Standort und eine klare Vorstellung von deinen Zielen sind unerlässlich. Du wirst lernen, wie wichtig es ist, dir selbst treu zu bleiben, bewusst Entscheidungen zu treffen und klar „Nein" zu sagen, wenn etwas nicht mit dir im Einklang steht.

Dieses Buch ist nicht nur ein Ratgeber – es ist dein Arbeitsbuch, dein verlässlicher Begleiter auf dem Weg zu einer selbstbestimmten und erfüllten Karriere. Durch konkrete Schritte, bewährte Methoden und gezielte Reflexionsübungen findest du hier Techniken, die dich dazu befähigen, Entscheidungen mit Herz und Verstand zu treffen und deinen Weg konsequent zu gestalten. Stell dir vor, du findest auf deinem Weg Antworten, die genau zu deinen Werten passen, und erlebst, wie viel Mut daraus entsteht, die nächsten Schritte mit Überzeugung zu gehen.

Es ist mein tiefster Wunsch, dass du deine berufliche Laufbahn im Einklang mit dir selbst und deinen Werten gestaltest. Dieses Buch soll dir als Spiegel, als Kompass und als Quelle der Inspiration dienen. Erforsche deine inneren Werte und lass dich davon leiten. Denn am Ende zählt nicht nur, welchen Titel wir tragen, sondern auch, dass wir voller Stolz und Zufriedenheit auf unseren Weg zurückblicken können.

Ich wünsche dir von Herzen Erfolg, Freude und unerschöpfliche Inspiration auf deinem persönlichen Karriereweg!

1

Schritt 1: Deine stabile Basis

Bevor du mit der Planung deiner Karriere richtig durchstartest, möchte ich dir das Wichtigste mit auf den Weg geben: Die Basis, die du dir mit diesem ersten Schritt für dein Leben schaffst, ist der Kompass, der dich auf deinem Weg leitet. Hier findest du auch die wichtigsten Säulen, die dich durch ein hoffentlich langes, gesundes und erfolgreiches Karriereleben tragen.

Ich bin überzeugt, dass diese Basis heute noch wichtiger ist als je zuvor. Früher war der Karriereweg oft klar vorgegeben: Man hat einen Job in einem Unternehmen angenommen und ist dort meist lange geblieben. Das Leben war aus heutiger Sicht oft simpler strukturiert, die Möglichkeiten weniger zahlreich. Heute jedoch stehen so viele Türen offen und Karrieren können auch so vielfältig gestaltet werden – heute hast du unendlich viele Chancen. Das ist fantastisch, aber es birgt auch Herausforderungen.

Eine der größten Herausforderungen ist es, zu wissen, wer du wirklich bist. Was willst du vom Leben? Was treibt dich an? Denn nur, wenn du diese Fragen für dich beantworten kannst, wirst du in der Lage sein, bewusste und sinnvolle Entscheidungen zu treffen – sowohl berufliche als auch persönliche bzw. private.

In diesem Kapitel werden wir uns daher genau mit diesen fundamentalen Fragen beschäftigen. Wir werden die Pfeiler deiner persönlichen Basis legen – eine stabile Grundlage, auf die du dich immer wieder rückbesinnen kannst, auch in stürmischen Zeiten. Und ja, es wird Momente geben, in denen nicht alles perfekt läuft. Auch ich schaffe es nicht immer, jeden Tag Sport zu treiben oder meine Ernährung genau so zu gestalten, wie ich es mir vorgenommen habe. Aber ich erinnere mich immer wieder daran, weil ich weiß, dass körperliche und geistige Gesundheit zu den wichtigsten Säulen für mein berufliches und persönliches Leben gehören.

Und genau darum geht es in diesem Kapitel: um deine mentale und körperliche Stärke, um dein soziales Netzwerk aus Freundinnen und Freunden und Familie und nicht zuletzt um die Werte, die dich leiten. Diese drei Säulen – Resilienz, soziale Verbindungen und Gesundheit – werden dir nicht nur helfen, in deiner Karriere erfolgreich zu sein, sondern auch, ein erfülltes und stabiles Leben zu führen.

Wenn ich auf meine eigene Karriere zurückblicke, sehe ich, dass ich nicht immer einen klaren Plan hatte. Es gab viele Umwege, Unsicherheiten und Veränderungen. Aber eines habe ich nie verloren: meine Werte und meine innere Haltung. Und das ist für mich der wichtigste Ausgangspunkt. Ich konnte auch in Krisenzeiten genau auf diese Säulen zählen, und auch auf meine Resilienz. Deshalb möchte ich dich einladen, dir wirklich Zeit zu nehmen, um die Grundlagen für deine eigene stabile Basis zu definieren: Was sind deine Werte? Was ist dir im Leben wichtig? Welche

Menschen unterstützen dich und wie sorgst du für deine körperliche und geistige Gesundheit? Denn hier geht es nicht nur um deine Karriere – es geht um dein ganzes Leben. Lass uns diese Reise gemeinsam beginnen!

Bevor du dir also ehrgeizige Karriereziele setzt oder neue berufliche Herausforderungen annimmst, steht eine zentrale Frage im Raum: Wer bist du und wo stehst du heute? Oft wird übersehen, wie wichtig es ist, eine stabile und klare Basis zu schaffen. Erst wenn dieses Fundament gefestigt ist, kannst du berufliche Entscheidungen sicher und authentisch treffen. Diese Basis ist der Ausgangspunkt für eine erfolgreiche und erfüllte Karriere.

Elemente dieser Basis sind deine Werte, dein Selbstbild und deine Gesundheit. Das schauen wir uns nun genauer an. Zudem ist es wichtig, dass du dir bewusst wirst, was „Karriere“ für dich bedeutet.

Deine Werte

In diesem Kapitel dreht sich alles um deine persönlichen Werte – sie sind das Fundament für eine erfüllende und authentische Karriere und bestimmen, wie wir unsere Arbeit erleben, welche Art von Umfeld uns guttut und was uns langfristig motiviert. Werte sind tief in uns verankerte Überzeugungen, die unser Denken, Handeln und Fühlen beeinflussen. Sie sind dein innerer Kompass, der dir zeigt, was dir im Leben und im Beruf wirklich wichtig ist. Sie geben dir Orientierung, wenn du Entscheidungen triffst, und helfen dir, authentisch zu bleiben, selbst wenn du vor schwierigen Herausforderungen stehst.

Deine Werte sind die unsichtbaren Prinzipien, die dein Denken und Handeln leiten. Sie beeinflussen, was dir wichtig ist und wie du auf Herausforderungen reagierst. Oft werden diese Werte im Alltag nicht bewusst wahrgenommen, doch sie sind der Schlüssel für Entscheidungen, die langfristig Bestand haben. Es lohnt sich also, deine Werte klar zu definieren und als Erstes zu überlegen: Welche Prinzipien sind für dich unverhandelbar? Welcher Wert ist dir am wichtigsten? Ist es Integrität, die dir in jeder Situation als moralischer Rahmen dient? Oder ist es Mut, der dich antreibt, neue Wege zu gehen und Innovationen voranzutreiben?

Allerdings sind Werte nicht immer konstant. Sie verändern sich im Laufe des Lebens, weil sie an deine Erfahrungen und Lebensphasen angepasst werden. Werte, die in deiner frühen Karrierephase wichtig waren, wie Erfolg oder Leistung, könnten später von anderen Werten wie Familie, Sinn oder Sicherheit abgelöst werden. Dieser

Wandel ist nicht widersprüchlich, sondern spiegelt deine persönliche Weiterentwicklung wider.

Sich über die eigenen Werte im Klaren zu sein, ist nicht nur eine theoretische Übung, sondern ein aktiver Prozess, der dir hilft, Entscheidungen zu treffen, die im Einklang mit deiner Persönlichkeit stehen. Wer seine Werte kennt, hat eine stabile innere Orientierung auch in schwierigen Zeiten. Gerade in Führungspositionen, in denen häufig schnelle Entscheidungen unter Druck getroffen werden müssen, bietet dieser persönliche Kompass Sicherheit und Klarheit.

Wenn ich über das Thema Werte nachdenke, wird mir klar, wie stark sie meinen beruflichen Weg geprägt haben – und zwar oft unbewusst, bis ich vor wichtigen Entscheidungen stand. Werte gewinnen immer mehr an Bedeutung bei der Wahl des Berufs und der Karriere, und auch ich habe im Laufe der Jahre immer wieder gemerkt, wie entscheidend sie für mich sind. Um das greifbar zu machen, möchte ich drei persönliche Beispiele teilen.

BEISPIELE. In der Agenturwelt, besonders in der Kommunikation, ist die Bezahlung oft niedriger als in der Industrie. Als ich das erste Mal die Möglichkeit bekam, aus der Agenturwelt in die Industrie zu wechseln, war ich hin- und hergerissen. Es handelte sich um einen Job in der Zigarettenindustrie und das Gehalt war im Vergleich zu dem, was ich vorher verdient hatte, wirklich enorm. Ich gebe zu, dass ich darüber nachgedacht habe, denn die Aufgabe war spannend und die Bezahlung verlockend. Doch nach langen Gesprächen mit mir selbst und mit Menschen aus meinem Umfeld habe ich die Stelle abgesagt. Ich wollte mich nicht in einem Unternehmen sehen, das so offensichtlich mitverantwortlich für das Krankwerden von Menschen ist. Meine Werte, in diesem Fall Verantwortung für Gesundheit und Ethik, waren schlichtweg nicht vereinbar mit diesem Job.

Ein weiteres Beispiel: Während eines Termins mit einer wichtigen Kundin meiner damaligen Agentur wurde mir bewusst, dass mein damaliger Chef Frauen nicht ernst nahm. Er bewertete sie nach oberflächlichen Kriterien, hauptsächlich ihrem Aussehen und kommunizierte dies auch offen. Diese Haltung zeigte sich nicht nur in dieser einen Situation, sondern immer wieder in anderen Kontexten. Für mich war klar, dass ich in einer solchen Umgebung, in der Gleichberechtigung und Respekt so wenig Raum hatten, nicht weiterarbeiten wollte. Also entschied ich mich, diese Agentur zu verlassen.

Ein Kollege, der jahrelang hervorragende Arbeit geleistet und sich nie etwas zuschulden kommen lassen hatte, machte – mein drittes Beispiel – einen Fehler. Dieser Fehler führte sofort zu einer Abmahnung, eine Reaktion, die für mich vollkommen überzogen und ungerecht war. Für mich war das eine Frage der Fairness und Loyalität. Es war eine Entscheidung, die sich für mich nicht richtig anfühlte, und das trug zu meiner späteren Entscheidung bei, auch diese Arbeitsstätte zu verlassen.

Diese Erfahrungen haben mir deutlich gemacht, dass meine Werte wie Gerechtigkeit, Gleichberechtigung und Nachhaltigkeit nicht verhandelbar sind. Natürlich passen Werte nicht immer hundertprozentig zu den Rahmenbedingungen eines Unternehmens. Und ja, wir können oft dazu beitragen, Veränderungen herbeizuführen. Aber wenn ich merke, dass grundlegende Werte dauerhaft missachtet werden oder kein Veränderungswille besteht, ist für mich immer klar, dass es Zeit ist, weiterzuziehen.

Es ist entscheidend, dass du dir deiner eigenen Werte bewusst wirst. Denn sie sind die Basis für langfristige Zufriedenheit im Job. Werte geben dir Orientierung bei schwierigen Entscheidungen und helfen dir, deinen beruflichen Weg im Einklang mit deinen Überzeugungen zu gestalten.

Die neuen Werte der Arbeitswelt

Die moderne Arbeitswelt befindet sich in einem rasanten Wandel. Werte wie Sicherheit und Aufstieg, die früher selbstverständlich waren, verlieren an Bedeutung. Stattdessen rücken Sinnhaftigkeit, Nachhaltigkeit und Individualisierung immer mehr in den Vordergrund. Diese neuen Werte formen nicht nur die Art und Weise, wie Unternehmen geführt werden, sondern auch, wie Mitarbeitende ihre Karriere und das Arbeitsumfeld wahrnehmen.

Die folgenden elf zentralen Werte der neuen Arbeitswelt basieren auf den Ausführungen von Organisationsexperte Sven Franke, der diese im Rahmen eines Expertendialogs mit der Initiative Gesundheit und Arbeit (iga) entwickelt hat.[1] Diese Werte zeigen, wie Führung, Zusammenarbeit und Unternehmenskultur in einer dynamischen, flexiblen Arbeitswelt aussehen können:

1. Nachhaltigkeit
   Nachhaltigkeit ist nicht nur ein Trend, sondern ein zentraler Wert in der neuen Arbeitswelt. Sie geht über Umweltschutz hinaus und umfasst auch soziale und wirtschaftliche Verantwortung. Nachhaltiges Handeln bietet nicht nur Kostenvorteile, sondern fördert Innovation, Arbeitszufriedenheit und die langfristige Gesundheit der Mitarbeitenden. Unternehmen, die Nachhaltigkeit ernsthaft leben, schaffen Vertrauen und positionieren sich als zukunftsorientiert.

2. Sicherheit
   Sicherheit bedeutet heute mehr als nur die Abwehr physischer Gefahren. Sie umfasst auch emotionale Sicherheit im Job – das Vertrauen, dass man in einem stabilen, verlässlichen Umfeld arbeitet. Führungskräfte, die für klare Kommunikation und respektvolle Zusammenarbeit sorgen, fördern das Gefühl der Sicherheit im Team. Dies führt zu einer besseren Bindung an das Unternehmen und einer höheren Motivation.

3. Gleichberechtigung
   Gleichberechtigung bedeutet Chancengleichheit für alle, unabhängig von individuellen Merkmalen wie Geschlecht, Herkunft oder Religion. In der neuen Arbeitswelt setzt dies Kommunikation auf Augenhöhe und eine Kultur des Respekts voraus. Eine offene, diverse Unternehmenskultur fördert Innovation und sorgt dafür, dass alle Mitarbeitenden ihr volles Potenzial entfalten können.

4. Vertrauen
   Vertrauen ist das Fundament moderner Arbeitsstrukturen. Es ersetzt zunehmend die strenge Kontrolle und führt zu mehr Autonomie und Verantwortung bei den Mitarbeitenden. Unternehmen, die Vertrauen fördern, schaffen eine Umgebung, in der sich Mitarbeitende entfalten, mutig sein und kreativ arbeiten können.

5. Offenheit
   Offenheit bedeutet, ehrlich und transparent miteinander umzugehen, und ist entscheidend für den Erfolg moderner Teams. Nur durch einen offenen Austausch können innovative Ideen entstehen und Probleme gelöst werden. Diese Offenheit muss in beide Richtungen gehen – Mitarbeitende müssen bereit sein, Kritik zu äußern, und Führungskräfte müssen offen für neues Feedback und Anregungen sein.

6. Sinn (Purpose)
   Der Wunsch nach einer sinnhaften Arbeit wird immer stärker. Purpose ist einer der zentralen Werte, der zeigt, dass Menschen mehr als nur ein Gehalt suchen – sie wollen das Gefühl haben, dass ihre Arbeit einen positiven Beitrag leistet. Mitarbeitende, die den Sinn ihrer Arbeit verstehen, sind motivierter, zufriedener

und resilienter. Führungskräfte sollten helfen, diesen Sinn klar zu kommunizieren und erlebbar zu machen.

7. Mut
   Mut gehört zu den Werten, die besonders in einer dynamischen und digitalen Arbeitswelt wichtig sind. Mitarbeitende und Führungskräfte müssen den Mut haben, Risiken einzugehen, Neues auszuprobieren und Fehler zuzulassen. Eine Unternehmenskultur, die Mut fördert, schafft Raum für Innovation und persönliche Weiterentwicklung.

8. Engagement
   Engagement bedeutet, sich aktiv und leidenschaftlich für die eigenen Aufgaben und das Unternehmen einzusetzen. Aber auch das Unternehmen selbst muss Engagement zeigen, indem es ein Arbeitsumfeld schafft, das die Mitarbeitenden unterstützt und fördert. Das gegenseitige Engagement von Mitarbeitenden und Unternehmen ist entscheidend für langfristigen Erfolg und Zufriedenheit.

9. Selbstentwicklung
   Die kontinuierliche persönliche und berufliche Weiterentwicklung ist ein zentraler Wert der neuen Arbeitswelt. Mitarbeitende, die die Möglichkeit haben, sich weiterzuentwickeln, bringen neue Perspektiven ein und tragen zu einer offenen, lernenden Unternehmenskultur bei. Selbstentwicklung erfordert jedoch Zeit, Ressourcen und die Bereitschaft, auch von anderen zu lernen.

10. Work-Life-Blending
    Die traditionelle Trennung zwischen Arbeit und Privatleben wird immer mehr aufgeweicht. Work-Life-Blending beschreibt die Vermischung dieser beiden Bereiche, die durch flexible Arbeitszeiten und Homeoffice verstärkt wird. Diese Flexibilität bietet Chancen, stellt aber auch Anforderungen an die Selbstdisziplin und die Fähigkeit, abzuschalten.

11. Individualisierung
    In der modernen Arbeitswelt steht der einzelne Mensch im Vordergrund. Mitarbeitende möchten als Individuen wahrgenommen werden und die Möglichkeit haben, ihre Stärken und Interessen einzubringen. Die Herausforderung für Unternehmen besteht darin, diese Individualität zu fördern, ohne dabei das Teamgefühl zu verlieren.

Werte sind, wie in diesem Kapitel besprochen, die Grundlage für jede bewusste und erfüllende Karriere. Aber wie gelingt es, die eigenen Werte nicht nur zu erkennen, sondern auch konsequent in den Berufsalltag zu integrieren? Und was, wenn es mal hakt und die Werte deines Unternehmens nicht mit deinen eigenen übereinstimmen?

Genau darüber habe ich mit **Chérine De Bruijn** gesprochen. Sie ist Executive MBA, Expertin für Kommunikation und Persönlichkeit sowie Gründerin und Geschäftsführerin der CORPORATE KITCHEN GmbH & Co. KG. Mit ihrer Leidenschaft für Persönlichkeitsentwicklung und authentische Kommunikation teilt sie ihre Erfahrungen, Tipps und klare Strategien, um deine Werte im Job zu leben – und mutig Entscheidungen zu treffen, die wirklich zu dir passen.

Wir sprechen darüber,

- wie du deine eigenen Werte definieren und im Beruf verankern kannst.
- was du tun kannst, wenn die Werte deines Unternehmens nicht zu dir passen.
- woran du erkennst, ob ein Arbeitgeber wirklich deinen Werten entspricht.
- welche Werte für eine erfüllende Karriere besonders wichtig sind.
- wie du berufliche Entscheidungen konsequent an deinen Werten ausrichtest.

Kontakt zu Chérine: *hello@corporatekitchen.de, cherinedebruijn.com*

Viel Spaß beim Anschauen – lass dich inspirieren!

Hier geht's zum Interview mit Chérine:

VIDEO:
Interview mit Chérine De Bruijn zum Thema Werte

Werte sind dein persönliches Fundament – wie ein innerer Kompass, der dir hilft, deinen Weg zu finden. Doch Werte sind nicht nur dazu da, um auf dem Papier gut auszusehen. Sie können ein echtes Power-Tool für deine Karriere sein! Mit Chérines Zusatzmaterial bekommst du die passenden Methoden und Inspirationen, um deine Werte zu entdecken und sie in deinem Alltag zu leben.

Von kreativen Übungen über praxisnahe Reflexionen bis hin zu Tipps, wie du Werte gezielt in deinem Berufsleben einsetzt – all das findest du hier.

Lass dich inspirieren und entdecke, wie viel Kraft in deinen Werten steckt.

DOKUMENT:
Übungsblatt von Chérine De Bruijn zum Thema Werte

Deine Werte in der Praxis

Um deine eigenen Werte klar zu definieren und sie in deine Karriereplanung einzubeziehen, kannst du folgende Übung machen:

ÜBUNG. Finde deine Werte

1. Notiere deine fünf wichtigsten Werte. Denke dazu über die Dinge nach, die dir im Leben und im Beruf am wichtigsten sind. Was treibt dich an? Was lässt dich motiviert aufstehen? Schreibe diese Werte auf.

Um sicherzustellen, dass du dich wirklich mit den wichtigsten Werten beschäftigst, kannst du dir folgende Fragen stellen:

- Wann habe ich mich beruflich besonders motiviert oder zufrieden gefühlt? Welche Werte wurden dabei erfüllt?
- Habe ich Entscheidungen bereut? Wenn ja, welche Werte habe ich dabei möglicherweise ignoriert?
- Gibt es Prinzipien, die für mich unverhandelbar sind? Welche Werte stecken dahinter?

2. Ordne deine Werte. Schau dir dazu deine Liste an und bring die Werte in eine Reihenfolge. Beginne mit dem Wert, der dir momentan am wichtigsten

ist. Warum ist er das? Diese Klarheit hilft dir, deine Werte bewusster in Entscheidungen und in deine Karriereplanung einzubeziehen.

3. Reflektiere über vergangene Entscheidungen. Denke an wichtige Entscheidungen in deiner Karriere zurück. Welche Werte standen im Mittelpunkt? Gab es Situationen, in denen du dich gegen deine Werte entschieden hast? Wie hast du dich dabei gefühlt?

4. Priorisiere deine Werte. Schau dir deine Liste an und bringe die Werte in eine Reihenfolge. Was ist für dich unverhandelbar? Was ist flexibel? Diese Klarheit hilft dir, deine beruflichen Entscheidungen zukünftig gezielt an deinen Werten auszurichten.

Die Definition deiner Werte ist ein entscheidender Schritt zu einer erfüllenden und erfolgreichen Karriere. Sie geben dir Klarheit und Orientierung, wenn du vor Entscheidungen stehst, und helfen dir, authentisch zu bleiben. Deine Werte sind nicht nur in der Gegenwart wichtig – sie werden dich ein Leben lang begleiten und sich an deine Lebensphasen anpassen.

Nun, da du deine Werte klarer vor Augen hast, solltest du sie aktiv in deine Karriere integrieren. Frage dich bei wichtigen Entscheidungen: Passen meine beruflichen Ziele zu meinen Werten? Wenn deine Arbeit im Widerspruch zu deinen Werten steht, wirst du langfristig unzufrieden und demotiviert sein. Prüfe regelmäßig, ob du noch im Einklang mit deinem inneren Kompass arbeitest, und nimm gegebenenfalls Anpassungen vor. Die folgende Übung hilft dir dabei:

ÜBUNG. Deine Werte und zukünftige Entscheidungen

1. Rückblick auf frühere Entscheidungen
Denke an wichtige Entscheidungen in deinem Leben zurück. Welche Rolle haben deine Werte dabei gespielt? Gab es Entscheidungen, die sich im Nachhinein falsch angefühlt haben? Wenn ja, lag es vielleicht daran, dass sie nicht im Einklang mit deinen Werten standen?

2. Zukunftsplanung anhand deiner Werte
Schau in die Zukunft: Wo siehst du dich beruflich in fünf oder zehn Jahren? Welche Werte könnten in dieser Phase besonders wichtig für dich sein? Plane deine nächsten Schritte so, dass sie diesen Werten gerecht werden. Wenn

zum Beispiel Sinnhaftigkeit in deinem Leben an Bedeutung gewonnen hat, könnte eine Tätigkeit, die eine positive gesellschaftliche Wirkung hat, dein nächstes Ziel sein.

Ein Beispiel: Nehmen wir an, Work-Life-Balance ist einer deiner wichtigsten Werte. Dann könnte eine Position, die eine ständige Verfügbarkeit und Überstunden erfordert, langfristig für Unzufriedenheit sorgen – auch wenn die Stelle vielleicht prestigeträchtig oder finanziell lukrativ ist. Stattdessen solltest du nach einem Job suchen, der mehr Flexibilität bietet und deine Prioritäten zwischen Beruf und Privatleben berücksichtigt.

Das Wichtigste in Kürze

- Werte sind der Schlüssel zu einer erfüllenden und erfolgreichen Karriere. Sie bieten dir Orientierung und geben dir die Kraft, authentisch und klar Entscheidungen zu treffen. Die neuen Werte der Arbeitswelt – wie Nachhaltigkeit, Sinnhaftigkeit und Individualisierung – spiegeln den Wandel wider, den Unternehmen und Mitarbeitende gleichermaßen durchlaufen. Sie prägen nicht nur die Unternehmenskultur, sondern auch deine persönliche Karriereplanung.

- Indem du deine Werte regelmäßig reflektierst und sie bewusst in deinen Arbeitsalltag integrierst, legst du den Grundstein für eine Karriere, die nicht nur erfolgreich, sondern auch sinnerfüllt ist.

- Werte sind nicht statisch – sie verändern sich mit unseren Lebensphasen und Erfahrungen. Während dir in jungen Jahren vielleicht Erfolg und Leistung im Beruf wichtiger waren, könnten im Laufe der Zeit Werte wie Familie, Balance oder Sicherheit stärker in den Vordergrund treten. Das ist völlig normal, denn unsere Bedürfnisse und Lebensumstände verändern sich. Diese Entwicklung ist nicht widersprüchlich, sondern zeigt, dass wir wachsen und uns als Menschen weiterentwickeln.

- Es ist also sinnvoll, regelmäßig innezuhalten und zu reflektieren: Haben sich deine Werte verändert? Welche Werte sind dir jetzt am wichtigsten? Welche Überzeugungen, die dich früher motiviert haben, spielen heute vielleicht eine untergeordnete Rolle?

- Eine regelmäßige Reflexion über deine Werte ist sinnvoll, da sich diese im Laufe deines Lebens weiterentwickeln können. Veränderungen in deinem persönlichen oder beruflichen Umfeld – wie ein Umzug, ein Jobwechsel oder eine Familiengründung – können dazu führen, dass du deine Prioritäten neu ordnest. Nimm dir daher immer wieder Zeit, um zu prüfen, ob deine Karriereziele noch mit deinen aktuellen Werten übereinstimmen. Wenn nicht, kannst du deine berufliche Ausrichtung anpassen, um im Einklang mit deinem inneren Kompass zu bleiben.

Dein Selbstbild

Ein weiterer wichtiger Schritt, um deine Basis zu definieren, ist das Verständnis deines Selbstbildes: Wie siehst du dich selbst? Und wie nehmen dich andere wahr? Diese beiden Perspektiven stimmen oft nicht überein. Es gibt Situationen, in denen unser Selbstbild stark von der Wahrnehmung abweicht, die Kollegen oder Vorgesetzte von uns haben. Diese Diskrepanz zu erkennen und zu reflektieren, ist entscheidend für deine Weiterentwicklung.

Regelmäßiges Feedback von Menschen, denen du vertraust, kann dabei sehr hilfreich sein. Ehrliches, konstruktives Feedback gibt dir die Möglichkeit, deine blinden Flecken zu entdecken und an ihnen zu arbeiten. Es geht nicht darum, das eigene Selbstbild komplett zu hinterfragen, sondern es mit der Außenwahrnehmung abzugleichen und gezielt an den Stellen anzusetzen, die Verbesserungspotenzial haben.

Dein Selbstbild – der Schlüssel zu deiner Karriere

Das Selbstbild ist das mentale Bild, das du von dir selbst hast. Es beeinflusst dein Denken, Fühlen und Handeln in beruflichen und persönlichen Situationen. Stell dir vor, dein Selbstbild wäre ein inneres Wörterbuch mit Beschreibungen wie „kompetent", „zielstrebig" oder „unsicher". Diese Worte fassen zusammen, wie du dich selbst siehst – und prägen dein Auftreten und deine Entscheidungen.

Dein Selbstbild besteht aus drei Schlüsselkomponenten:

- Selbstwahrnehmung – Wie du dich selbst siehst und über dich denkst.
- Soziale Wahrnehmung – Was du glaubst, dass andere Menschen über dich denken.
- Ideales Selbst – Wie du gerne sein möchtest, deine Ziele und Träume.

Diese drei Elemente wirken zusammen und beeinflussen nicht nur deine Selbsteinschätzung, sondern auch dein Verhalten im beruflichen Kontext. Wenn dein Selbstbild stark ist, traust du dir mehr zu und gehst mutig voran. Ist es schwach oder negativ, wirst du eher zögern und Chancen verpassen.

Dein Selbstbild ist nicht eindimensional, sondern umfasst mehrere Facetten:

- Physische Dimension: Wie bewertest du dein äußeres Erscheinungsbild?

- Psychologische Dimension: Wie schätzt du deine Persönlichkeit ein?
- Intellektuelle Dimension: Wie siehst du deine intellektuellen Fähigkeiten?
- Fähigkeitsdimension: Wie bewertest du deine sozialen und technischen Fähigkeiten?
- Moralische Dimension: Wie beurteilst du deine Werte und Prinzipien?
- Sexuelle Dimension: Wie siehst du dich in Bezug auf Geschlechtsnormen?

Jede dieser Dimensionen beeinflusst, wie du dich in verschiedenen Situationen verhältst. Wenn du beispielsweise dein intellektuelles Potenzial positiv bewertest, wirst du dich eher auf anspruchsvolle Aufgaben bewerben. Wenn du deine sozialen Fähigkeiten als schwach einschätzt, könntest du jedoch zögern, in Netzwerken aktiv zu sein.

Die Entstehung des Selbstbildes: Eine lebenslange Entwicklung

Die Entwicklung deines Selbstbildes hat schon in deiner Kindheit begonnen. Deine Eltern und Bezugspersonen haben hier den ersten großen Einfluss gehabt. Ihr Feedback, ihre Erziehungsmethoden und der Umgang mit deinen Erfolgen und Fehlern haben den Grundstein für dein Selbstbild gelegt. Positive Bestärkung hat dir geholfen, Selbstvertrauen aufzubauen, während kritische Erziehungsmethoden möglicherweise Unsicherheiten gefördert haben.

Mit zunehmendem Alter haben sich diese Einflüsse erweitert: Soziale Beziehungen, Schule und Medien haben dein Bild von dir selbst weiter geprägt. Besonders in deiner Jugend hat der Vergleich mit Gleichaltrigen oft zu einem sozialen Wettbewerb geführt. Das Bild, das du in den Augen anderer Menschen geglaubt hast zu sehen, hat beeinflusst, wie du dich selbst wahrgenommen hast. Noch heute besteht die Herausforderung darin, diese Vergleiche konstruktiv zu nutzen, statt sich von ihnen unter Druck setzen zu lassen.

Unsere Kultur und unsere Gesellschaft haben einen enormen Einfluss auf unser Selbstbild. Normen und Werte, die uns durch Medien, Traditionen und soziale Netzwerke vermittelt werden, definieren, was als „erfolgreich" oder „erstrebenswert" gilt. Soziale Medien wie TikTok, Instagram und LinkedIn verstärken diesen Effekt oftmals. Die ständige Konfrontation mit scheinbar makellosen Karrieren und Leben führt häufig zu unrealistischen Erwartungen an uns selbst. Der Vergleich mit den „Highlights" anderer kann das eigene Selbstwertgefühl untergraben.

Es ist wichtig, sich dieser gesellschaftlichen Einflüsse bewusst zu werden und sie kritisch zu hinterfragen. Nicht alles, was die Gesellschaft als Ideal vorgibt, muss für dich persönlich erstrebenswert sein. Ein starkes Selbstbild basiert darauf, eigene

Werte zu definieren und die äußeren Maßstäbe nicht als absolute Wahrheiten zu akzeptieren. Sich immer bewusst zu machen, dass das Äußere nicht unbedingt das Innere eines Menschen widerspiegelt, kann dabei unterstützen.

Zwei zentrale psychologische Theorien erklären, wie sich das Selbstbild formt und warum es so wichtig ist: **Freuds Ich-Theorie** erklärt, dass unser Selbstbild aus der ständigen Vermittlung zwischen inneren Bedürfnissen (dem Es) und äußeren Erwartungen (dem Über-Ich) entsteht. Diese Konflikte prägen unser Selbstbild und unsere Handlungen, oft auf unbewusster Ebene. **Carl Rogers' Theorie der Selbstwahrnehmung** betont, dass ein positives Selbstbild dann entsteht, wenn unser reales Selbst mit unserem idealen Selbst im Einklang steht. Wenn du spürst, dass du die Person bist, die du sein möchtest, fördert das dein Wohlbefinden und stärkt dein Selbstbild.

Äußere und innere Einflüsse auf dein Selbstbild

Im Laufe deines Lebens wirken sich viele verschiedene Faktoren auf dein Selbstbild aus, nagen und kratzen an ihm, aber stärken es auch.

- **Soziale Vergleiche**
  Der Vergleich mit anderen gehört zum Menschsein dazu, kann aber auch das eigene Selbstbild ins Wanken bringen. Vergleiche mit Kollegen oder Freundinnen – sei es in Bezug auf Karriere, Aussehen oder Lebensstil – sind oft Auslöser für Zweifel und Stress. Insbesondere durch die allgegenwärtige Präsenz von sozialen Medien wird dieser Vergleichsprozess intensiviert.
  Hier hilft es, soziale Vergleiche bewusst und konstruktiv zu gestalten. Statt sich an den Erfolgen anderer zu messen, solltest du dich auf deine eigenen Fortschritte konzentrieren. Es geht darum, eigene Maßstäbe zu setzen und Erfolge zu feiern, anstatt ständig neue, höhere Ziele zu suchen, die nicht aus dir selbst heraus kommen.

- **Feedback und Unterstützung**
  Feedback ist ein wesentlicher Faktor für dein Selbstbild. Positives Feedback stärkt dein Selbstbewusstsein, während negatives Feedback oft zu Selbstzweifeln führt. Wichtig ist, Kritik als Chance für Wachstum zu sehen, ohne sie als persönlichen Angriff wahrzunehmen. Hole dir regelmäßig konstruktives Feedback von Menschen, denen du vertraust, und nutze es, um dich weiterzuentwickeln.

- **Selbstmitgefühl und Selbstfürsorge**
  Ein gesundes Selbstbild erfordert auch Selbstmitgefühl. Das bedeutet, dass du dich selbst mit Freundlichkeit und Geduld behandelst, besonders wenn du Fehler

machst. Viele von uns neigen dazu, mit sich selbst viel kritischer umzugehen als mit anderen. Doch gerade Selbstmitgefühl und Selbstfürsorge sind entscheidend, um Stress abzubauen und ein starkes, stabiles Selbstbild zu entwickeln. Es hilft, regelmäßig Pausen einzulegen, sich Zeit für sich selbst zu nehmen und Aktivitäten zu suchen, die das eigene Wohlbefinden fördern – sei es durch Sport, Meditation oder Zeit mit lieben Menschen. Selbstmitgefühl heißt auch, sich selbst zu erlauben, nicht perfekt zu sein.

▶ **Selbstbild und Fremdbild**
Dein Selbstbild ist deine innere Sichtweise – das ist, als würdest du durch eine persönliche Linse auf dich selbst blicken, geformt durch deine Erfahrungen und Überzeugungen. Das Fremdbild hingegen ist, wie andere dich sehen. Oftmals stimmt das Fremdbild nicht mit dem Selbstbild überein. Dieser Unterschied kann hilfreich sein: Während du dich vielleicht als unsicher wahrnimmst, nehmen andere dich als selbstsicher und kompetent wahr.
Ein regelmäßiger Abgleich durch Selbstreflexion und das Einholen von Feedback kann dabei helfen, Diskrepanzen zwischen Selbst- und Fremdbild zu erkennen und ein realistischeres Selbstbild zu entwickeln.

BEISPIEL. In meiner Arbeit mit Führungskräften auf C-Level – also Menschen, die an der Spitze von Unternehmen stehen – wird mir immer wieder deutlich, wie entscheidend die Selbstreflexion ist. Besonders spannend ist es, wenn wir uns intensiv mit dem Selbstbild und dem Fremdbild dieser Führungskräfte auseinandersetzen. Das ist ein wichtiger Teil unserer Arbeit und etwas, das ich auch dir ans Herz legen möchte: Nimm dir bewusst Zeit, diese beiden Bilder zu hinterfragen. Ein zentrales Element unserer Arbeit besteht darin, nicht nur die Eigenwahrnehmung unserer Kundinnen und Kunden zu betrachten, sondern auch die Einschätzungen von Menschen aus ihrem Umfeld einzubeziehen. Hierfür bitten wir in der Regel fünf Personen, die der jeweiligen Person nahestehen – beruflich wie privat –, um ihre ehrliche Meinung. Diese Rückmeldungen fließen dann in unsere Workshops ein und bilden die Basis für spannende Diskussionen.

Was dabei immer wieder faszinierend ist: Viele Punkte decken sich, aber es gibt fast immer bestimmte Aspekte, die von außen betont werden, die die Person selbst vielleicht gar nicht so stark wahrgenommen hat. Es kann ein besonderer Wert, eine ausgeprägte Kompetenz oder eine herausragende Erfahrung sein, die im Alltag der betroffenen Person untergeht oder als selbstverständlich angesehen wird. Doch von außen betrachtet sind genau diese Merkmale oft besonders sichtbar und prägend.

Gerade Menschen, die bereits viel erreicht haben und eine erfolgreiche Karriere hinter sich haben, sind oft überrascht, welche Wahrnehmungen andere über sie teilen. Obwohl sie glauben, sich selbst und ihre Stärken genau zu kennen, gibt es immer wieder Aha-Momente, die neue Perspektiven eröffnen.

TIPP. Hier liegt auch ein wertvoller Tipp für dich: Frage doch einfach mal ganz offen Menschen in deinem Umfeld, wie sie dich sehen. Trau dich, nach ihrer ehrlichen Einschätzung zu fragen – sowohl im beruflichen als auch im privaten Bereich. Was nehmen sie bei dir wahr? Welche Eigenschaften schätzen sie besonders? Wie erleben sie dich in verschiedenen Situationen?

Vergleiche diese Rückmeldungen mit deiner eigenen Wahrnehmung und nutze diese Erkenntnisse für deine persönliche Weiterentwicklung. Ja, manchmal kann es herausfordernd sein, Kritik oder ungewohnte Perspektiven zu hören, aber in den meisten Fällen wirst du erstaunt sein, wie gut es tut, die positiven Eigenschaften und Werte, für die du stehst, gespiegelt zu bekommen.

Dieser Perspektivwechsel kann nicht nur dein Selbstbild schärfen, sondern auch deinen Selbstwert stärken und dir dabei helfen, noch gezielter an dir und deiner Karriere zu arbeiten. Denn am Ende ist es oft der Blick von außen, der dir hilft, dein volles Potenzial zu erkennen.

Wie siehst du dich selbst? Diese Frage klingt vielleicht simpel, doch die Antwort darauf hat eine enorme Auswirkung auf deine Karriere. Dein Selbstbild bestimmt, wie du deine Fähigkeiten einschätzt, welche Ziele du dir setzt und wie du Herausforderungen angehst. Es ist wie ein inneres Fotoalbum, das ständig aktualisiert wird – voller Bilder und Beschreibungen, die deine Selbstwahrnehmung prägen. In diesem Kapitel erfährst du, wie du dein Selbstbild bewusst formen und stärken kannst, um deine berufliche Laufbahn aktiv zu gestalten.

Beginnen wir gleich mit der folgenden Übung:

ÜBUNG. Beantworte ganz spontan die folgenden drei Fragen für dich:
1. Welche drei Stärken würdest du spontan nennen, die dich im Job erfolgreich machen?

2. In welchen Situationen zweifelst du an dir selbst und was kannst du dagegen tun?

3. Wie würde ein enger Freund oder eine enge Freundin deine beruflichen Fähigkeiten beschreiben?

Dein Selbstbild beeinflusst, welche beruflichen Entscheidungen du triffst. Mit einem positiven Selbstbild siehst du Chancen, wo andere nur Hürden sehen. Du bewirbst dich auf anspruchsvolle Positionen, gehst selbstbewusst in Gehaltsverhandlungen und traust dir zu, Verantwortung zu übernehmen. Ein negatives Selbstbild kann dich hingegen daran hindern, dein Potenzial auszuschöpfen. Du könntest Projekte ablehnen oder dich gar nicht erst auf interessante Stellen bewerben, weil du Zweifel an deinen Fähigkeiten hast.

Dein Selbstbild stärken

Stressmanagement und dein Selbstbild sind eng miteinander verbunden. Ein positives Selbstbild hilft dir, Herausforderungen als bewältigbar zu sehen und dich weniger von negativen Gedanken überwältigen zu lassen. Folgende Strategien können dir helfen, dein Selbstbild zu stärken, und tragen gleichzeitig dazu bei, Stress abzubauen:

- **Identifiziere deine Stärken**
  Wer seine Stärken kennt, hat einen klaren Vorteil. Doch oft fällt es schwer, diese bewusst zu benennen, obwohl sie die größte berufliche Ressource darstellen. Zu wissen, worin du wirklich gut bist, stärkt nicht nur dein Selbstvertrauen, sondern auch deine Fähigkeit, die nächsten Schritte auf deinem Karriereweg zu planen. Dieser Prozess, deine Stärken zu erkennen und gezielt weiterzuentwickeln, ist entscheidend, um langfristig erfolgreich zu sein.

  Ein häufiger Fehler besteht darin, sich zu sehr auf die eigenen Schwächen zu konzentrieren. Doch größerer Erfolg kommt häufig dann, wenn wir unsere Stärken optimieren und sie bewusst einsetzen. In welchem Bereich glänzt du? Welche Aufgaben erledigst du mühelos, die anderen schwerfallen? Welche Tätigkeiten begeistern dich? Diese Antworten helfen dir, deine berufliche Rolle gezielt zu gestalten und besser auf deine Fähigkeiten abzustimmen.

Jeder Mensch hat einzigartige Talente und Fähigkeiten, die ihm helfen, Herausforderungen zu meistern. Um ein positives Selbstbild zu entwickeln, solltest du deine Stärken bewusst wahrnehmen und wertschätzen. Erstelle eine Liste deiner Erfolge, der erhaltenen Komplimente und positiven Rückmeldungen. Diese kannst du regelmäßig überprüfen, um dir deine Erfolge vor Augen zu führen und dein Selbstbewusstsein zu stärken.

- **Hinterfrage deine negativen Gedanken**
  Negative Gedanken können dein Selbstwertgefühl untergraben und deinen Stress erhöhen. Oft basieren diese Gedanken nicht auf der Realität, sondern auf inneren Ängsten oder Zweifeln. Hinterfrage diese Gedanken aktiv. Anstatt zu denken „Ich kann das nicht", sage dir „Ich kann das lernen" oder „Ich kann um Unterstützung bitten". Dieser Perspektivwechsel reduziert Stress und stärkt dein Vertrauen in deine Fähigkeiten.

- **Übe dich in Selbstmitgefühl**
  Begegne dir selbst mit Verständnis und Freundlichkeit, besonders in schwierigen Zeiten. Wenn du Fehler machst oder Herausforderungen begegnest, sei nicht zu hart zu dir selbst. Anerkenne deine Gefühle, akzeptiere sie und erinnere dich daran, dass jeder Mensch Schwierigkeiten hat. Diese Haltung baut Stress ab und fördert dein Wohlbefinden.

- **Setze dir realistische und sinnvolle Ziele**
  Ziele geben deinem Leben und deiner Karriere eine Richtung. Setze dir Ziele, die deinen Fähigkeiten und Werten entsprechen, und teile sie in erreichbare Schritte auf. Feiere deine Fortschritte, auch wenn sie klein erscheinen. So bleibst du motiviert und reduzierst gleichzeitig den Druck, zu schnell zu viel erreichen zu wollen.

- **Hole dir positives Feedback und Unterstützung**
  Feedback von anderen kann dir helfen, ein objektiveres und positiveres Selbstbild zu entwickeln. Frage Kollegen, Vorgesetzte oder Freunde nach ihrer Meinung zu deinen Stärken und deiner Arbeit. Achte dabei darauf, Feedback von Menschen zu suchen, die dich unterstützen und ehrlich mit dir sind. Positive Rückmeldungen helfen dir, deine Erfolge zu sehen, die du selbst vielleicht übersehen hast.

- **Lerne und wachse weiter**
  Ein starkes Selbstbild entwickelt sich durch kontinuierliches Lernen und Wachsen. Nutze Herausforderungen als Chancen, neue Fähigkeiten zu entwickeln. Sei neugierig und offen für neue Erfahrungen. Diese Haltung hilft dir, dich flexibel an Veränderungen anzupassen und Probleme besser zu bewältigen.

ÜBUNG. Dein Selbstbild bewusst stärken

Um dein Selbstbild langfristig zu stärken und Stress zu reduzieren, kannst du folgende Übungen in deinen Alltag integrieren:

1. Erstelle ein Stärken-Profil
Schreibe eine Liste deiner Stärken auf, die du im Laufe deines Lebens entwickelt hast. Füge regelmäßig neue Stärken hinzu, wenn du dich weiterentwickelst. Diese Liste dient als Erinnerung an deine Fähigkeiten und hilft dir, in stressigen Situationen Vertrauen in dich selbst zu finden.

2. Übe dich in Achtsamkeit und Selbstmitgefühl
Setze dich für ein paar Minuten hin, schließe die Augen und konzentriere dich auf deinen Atem. Spüre, wie der Atem in deinen Körper ein- und ausströmt, und erlaube dir, deine Gefühle ohne Urteil zu beobachten. Diese einfache Übung kann Stress abbauen und hilft dir, dich selbst mit mehr Freundlichkeit zu behandeln.

3. Feiere kleine Erfolge
Egal, wie klein ein Erfolg ist – feiere ihn! Indem du kleine Siege anerkennst, stärkst du dein Selbstbild und motivierst dich, weiterzumachen. Dies reduziert auch den Druck, immer sofort große Ziele erreichen zu müssen.

4. Fordere negative Überzeugungen heraus
Fange an, negative Gedanken über dich selbst zu hinterfragen. Was sind die Beweise für diese Gedanken? Oft entpuppen sie sich als unlogisch und übertrieben. Ersetze diese negativen Gedanken durch realistische und positive Überzeugungen.

Das Wichtigste in Kürze

- Dein Selbstbild ist die Basis für deine Karriere: Es formt sich durch Einflüsse aus deiner Kindheit, aus deinen sozialen Beziehungen und gesellschaftlichen Erwartungen. Dein Selbstbild beeinflusst, wie du dich selbst wahrnimmst, welche Entscheidungen du triffst und wie du berufliche Herausforderungen angehst.

- Gleiche Selbstbild und Fremdbild ab: Häufig gibt es Diskrepanzen zwischen der eigenen Wahrnehmung und der Sichtweise anderer. Regelmäßiges, konstruktives Feedback von Menschen, denen du vertraust, hilft dir, blinde Flecken zu erkennen und dein Selbstbild zu schärfen.

- Ein starkes Selbstbild ist formbar: Es ist kein statisches Konstrukt, sondern kann aktiv weiterentwickelt werden. Indem du an deinen Stärken arbeitest, negative Denkmuster hinterfragst und dir realistische Ziele setzt, kannst du dein Selbstbewusstsein nachhaltig stärken.

- Selbstmitgefühl ist ein Schlüssel zur Resilienz: Gehe mit dir selbst genauso geduldig und freundlich um wie mit anderen. Diese Haltung hilft dir, aus Fehlern zu lernen, Rückschläge zu überwinden und langfristig resilient zu bleiben.

- Steuere soziale Vergleiche bewusst: Anstatt dich von den Erfolgen anderer unter Druck setzen zu lassen, fokussiere dich auf deinen eigenen Fortschritt. Setze dir individuelle Maßstäbe, die deinen Werten und Zielen entsprechen.

- Feedback als Werkzeug nutzen: Hole dir regelmäßig Rückmeldungen aus deinem beruflichen und privaten Umfeld, um deine Stärken besser zu erkennen und gezielt an Entwicklungsfeldern zu arbeiten.

- Ein positives Selbstbild als Erfolgsfaktor: Ein starkes Selbstbild lässt dich Chancen erkennen, mutig neue Herausforderungen angehen und selbstbewusste Entscheidungen treffen. Es ist der Schlüssel zu einer erfüllten Karriere und einem zufriedenen Leben.

- Arbeite bewusst an deinem Selbstbild, reflektiere regelmäßig deine Wahrnehmung und nutze Feedback und Selbstmitgefühl als Werkzeuge. So schaffst du die Grundlage für langfristigen Erfolg und persönliche Erfüllung.

Deine mentale, soziale und physische Gesundheit

Deine berufliche Weiterentwicklung erfordert nicht nur strategisches Denken, sondern auch die Pflege deiner Gesundheit – mental, sozial und physisch. Gerade in verantwortungsvollen Positionen, in denen der Druck hoch ist, sind persönliche Rituale unerlässlich, um langfristig leistungsfähig und ausgeglichen zu bleiben.

- Deine mentale Gesundheit: Der tägliche Stress kann schnell zu Erschöpfung führen. Deshalb ist es wichtig, regelmäßige mentale Pausen einzuplanen. Ob durch Meditation, Achtsamkeitsübungen oder einfach durch den bewussten Abstand vom Arbeitsalltag – es ist entscheidend, den Geist zu klären und Raum für kreative Gedanken zu schaffen.
- Deine soziale Gesundheit: Niemand erreicht Erfolg allein. Ein starkes Netzwerk aus Kolleginnen und Kollegen, Freundinnen und Freunden und Mentorinnen und Mentoren ist der Schlüssel, um sich selbst zu reflektieren und in schwierigen Phasen Unterstützung zu finden. Pflege deine Beziehungen aktiv, sowohl beruflich als auch privat, und schaffe Räume für echte Begegnungen.
- Deine physische Gesundheit: Körperliche Fitness beeinflusst direkt deine geistige Leistungsfähigkeit. Regelmäßige Bewegung, ausgewogene Ernährung und ausreichender Schlaf sind entscheidend, um den Herausforderungen des beruflichen Alltags gewachsen zu sein.

In den nächsten drei Abschnitten werden wir uns daher mit mentaler, sozialer und körperlicher Gesundheit beschäftigen – drei so wichtige Säulen für ein erfülltes und gesundes Leben. Aber all diese Dinge müssen zu dir passen. Sie dürfen keine zusätzlichen Stressfaktoren sein, sondern sollten sich in deinen Alltag einfügen und dir Freude bereiten. Und das kannst du nur herausfinden, indem du Dinge ausprobierst.

Mental Health

„Mental Health" – das ist wie das Thema Purpose auch so ein Modewort geworden. Aber genau wie bei Purpose, wo es um den tieferen Sinn im Leben geht, steckt auch bei Mental Health so viel mehr dahinter. Hier geht es um dich, um deine mentale Gesundheit, darum, wie du es schaffst, sie zu pflegen und dir ihrer Bedeutung bewusst zu werden. Denn nur, wenn du mental fit bist, kannst du das Leben und natürlich auch den Job in vollen Zügen genießen und meistern.

Das fällt nicht immer leicht, und genau deshalb finde ich es so wichtig, dass du dir bewusst Rituale setzt, die dich unterstützen. Diese Rituale kannst du sogar im Kalender verankern, zumindest am Anfang, bis sie so sehr in dein Leben integriert sind, dass du nicht mehr darüber nachdenken musst. Ich merke es bei mir selbst: Am Anfang muss ich mich manchmal zu bestimmten Gewohnheiten fast zwingen, aber mit der Zeit werden sie ein Teil meines Alltags – so sehr, dass ich mir mein Leben ohne sie gar nicht mehr vorstellen kann.

Ich würde behaupten, dass ich schon relativ lange recht gesund lebe. Seit meinem 16. Lebensjahr bin ich Vegetarierin. Ich habe noch nie ein Auto besessen, sondern fahre – wenn möglich – auch bei Wind und Wetter Fahrrad oder nehme die Bahn und probiere immer wieder neue Sportarten und Rituale aus, von Meditation über Yoga bis hin zu Mundölziehen. Wenn mir etwas guttut, versuche ich es in meinen Tagesablauf zu integrieren. Das ist, glaube ich, das Entscheidende bei diesen Themen: Es geht darum, das, was zu dir passt und was dir wirklich guttut, in dein Leben zu integrieren.

Meine Anregung an dich ist daher, immer wieder Neues zu wagen. Vielleicht denkst du am Anfang, „Das passt nicht zu mir" – aber probiere es einfach aus. Buche ein Yoga-Wochenende, besuche ein Meditationsseminar, lade dir einen Podcast herunter oder teste eine neue Sportart. Du wirst merken, was sich gut anfühlt und was du vielleicht länger in deinen Alltag integrieren möchtest.

BEISPIEL. Ich habe zum Beispiel ein ganz persönliches, abgestimmtes Morgenritual, das ich mittlerweile recht lange ausübe. Aber es kann gut sein, dass es in einer Woche schon wieder anders aussieht, weil ich etwas Neues ausprobieren möchte. Ich versuche, flexibel zu bleiben und mich immer wieder neu zu orientieren, je nachdem, was gerade zu mir passt. Zurzeit beginnt mein Tag mit einer kurzen Meditation, die ich über Spotify höre. Danach mache ich Mundölziehen und trinke einen grünen Tee, bevor ich mir einen Hafermilchkaffee gönne. So starte ich bewusst und mit guter Energie in den Tag – zumindest bis es das nächste Mal Zeit für eine Veränderung ist.

Ich möchte dich ermutigen, flexibel zu werden oder zu bleiben und herauszufinden, was dir jetzt guttut, und gleichzeitig offen dafür zu sein, dass sich das auch wieder ändern kann. Mental Health ist nichts Starres, sondern etwas, das mit dir wächst und sich weiterentwickelt.

Auf die Frage nach dem persönlichen Befinden höre ich meistens: „Puh, Wahnsinn gerade …“ Und ja, wir alle haben das Gefühl, dass die Anforderungen im Berufsleben und der Druck, immer erreichbar und leistungsfähig zu sein, ständig wachsen. Umso wichtiger ist es, die eigene mentale Gesundheit zu schützen und zu fördern.

Mentale Gesundheit beeinflusst, wie du mit Stress umgehst, Entscheidungen triffst und Herausforderungen meisterst. Sie ist der Schlüssel zu langfristigem beruflichem Erfolg und persönlichem Wohlbefinden. Ohne ausreichende Pausen und gezielte Erholung steigt das Risiko für Erschöpfung und Burn-out. Ein achtsamer Umgang mit deiner mentalen Gesundheit hilft dir nicht nur, produktiver zu sein, sondern auch gelassener und widerstandsfähiger.

Burn-out – Die Gefahr der Dauerbelastung

Burn-out ist ein Zustand emotionaler und körperlicher Erschöpfung, der durch chronischen Stress ausgelöst wird. Zu den häufigsten Anzeichen gehören anhaltende Müdigkeit, eine negative Einstellung zur Arbeit und nachlassende Leistungsfähigkeit. Es ist wichtig, frühzeitig auf diese Signale zu achten, um rechtzeitig Gegenmaßnahmen zu ergreifen.

Typische Anzeichen von Burn-out:

- Ständige Erschöpfung und Müdigkeit, auch nach Pausen.
- Zynische oder negative Einstellung gegenüber der Arbeit.
- Das Gefühl, den Anforderungen nicht mehr gerecht zu werden.
- Rückzug von sozialen Kontakten, Kollegen oder Freunden.
- Körperliche Beschwerden ohne erkennbare medizinische Ursache.

Resilienz ist eine Fähigkeit, die nicht nur für das persönliche Wohlbefinden, sondern auch für den beruflichen Erfolg entscheidend ist. Menschen mit ausgeprägter Resilienz schaffen es, Krisen zu bewältigen und nach Rückschlägen wieder aufzustehen, ohne langfristig Schaden zu nehmen. Doch Resilienz ist keine angeborene Eigenschaft – sie lässt sich durch gezielte Übungen und Rituale stärken. Hier sind die sieben Säulen der Resilienz, die dir helfen, widerstandsfähiger zu werden und deine mentale Gesundheit zu schützen:

Die 7 Säulen der Resilienz – dein Rüstzeug für mentale Stärke

1. Optimismus entwickeln
Resiliente Menschen betrachten Krisen und Rückschläge mit einem positiven Blick. Statt sich auf das Negative zu fokussieren, erkennen sie Chancen und suchen nach Lösungen. Optimismus ist jedoch keine blinde Verleugnung von Problemen, sondern das Vertrauen in die eigene Fähigkeit, mit Schwierigkeiten umzugehen. Ein bewährtes Werkzeug ist ein Glückstagebuch: Indem du täglich positive Erlebnisse notierst, trainierst du dein Gehirn, den Fokus auf das Gute zu richten.

2. Akzeptieren, was du nicht ändern kannst
Manche Dinge im Leben kannst du nicht kontrollieren. Das bedeutet, dass du lernen musst, diese Situationen zu akzeptieren, anstatt dich an ihnen abzuarbeiten. Akzeptanz heißt, die Realität anzunehmen und sich auf das zu konzentrieren, was du beeinflussen kannst. Ein hilfreicher Schritt ist, sich bewusst zu machen, dass schwierige Phasen vorübergehend sind. Dies stärkt das Gefühl, dass Probleme lösbar sind.

3. Ziele setzen und den Blick nach vorn richten
Ein klares Ziel vor Augen zu haben, hilft, die Motivation auch in schwierigen Zeiten aufrechtzuerhalten. Sinnstiftende Ziele geben dir Orientierung und lenken den Blick nach vorn. Je klarer deine Ziele sind, desto leichter fällt es dir, den nächsten Schritt zu planen und die Krise als Teil des Weges zu akzeptieren.

4. Die Opferrolle bewusst verlassen
Es ist leicht, in belastenden Situationen in Selbstmitleid zu versinken. Resiliente Menschen entscheiden sich jedoch bewusst gegen die Opferrolle und konzentrieren sich darauf, was sie verändern können. Das Mantra „Ich verliere nie. Entweder ich gewinne oder ich lerne“ kann dir helfen, deine Sichtweise zu verändern und auch aus Rückschlägen etwas Positives mitzunehmen.

5. Verantwortung übernehmen
Eigenverantwortung ist eine der zentralen Säulen der Resilienz. Resiliente Menschen übernehmen Verantwortung für ihre Handlungen und suchen aktiv nach Lösungen. Dieser „In-Control“-Ansatz stärkt das Gefühl der Selbstwirksamkeit und sorgt dafür, dass du dich nicht von äußeren Umständen überwältigt fühlst.

6. Enge soziale Bindungen pflegen
Ein starkes soziales Netzwerk gibt Halt in schwierigen Zeiten. Der Rückhalt von engen Freunden, Familie oder Kolleginnen und Kollegen hilft, Krisen zu überstehen. Das Gefühl, nicht allein zu sein, stärkt deine Resilienz. Achte darauf, deine sozialen Beziehungen aktiv zu pflegen – nicht nur in Krisenzeiten, sondern auch im Alltag. So schaffst du ein Netz, das dich trägt, wenn du es brauchst.

7. Positiv in die Zukunft blicken
Die Gewissheit, dass du immer eine Wahl hast und dein Schicksal mitgestalten kannst, ist ein zentraler Aspekt der Resilienz. Indem du aktiv Maßnahmen ergreifst, die dein Wohlbefinden fördern – sei es durch regelmäßigen Sport, Achtsamkeit oder das Verfolgen erfüllender Hobbys –, stärkst du deine Fähigkeit, mit zukünftigen Herausforderungen umzugehen. Je mehr du für dein eigenes Wohl sorgst, desto widerstandsfähiger wirst du gegenüber äußeren Belastungen.

Rituale für mentale Gesundheit im Berufs- und Privatleben

Neben der Stärkung der Resilienz helfen dir kleine Rituale im Alltag, Stress abzubauen und deine mentale Gesundheit zu erhalten:

Morgenrituale – Stark in den Tag starten
Eine klare Morgenroutine gibt dir Struktur und Ruhe, bevor der Arbeitstag beginnt. Nimm dir zehn bis 15 Minuten für dich: Meditiere, mache leichte Dehnübungen oder starte den Tag mit einem gesunden Frühstück. Diese Zeit hilft dir, den Fokus zu setzen und den Tag selbstbestimmt anzugehen.

Microbreaks – Kleine Pausen mit großer Wirkung
Auch kurze Pausen im Arbeitsalltag sind essenziell, um konzentriert zu bleiben und Stress abzubauen. Nutze diese Pausen, um tief durchzuatmen, dich zu strecken oder frische Luft zu schnappen. Schon ein paar Minuten können helfen, den Kopf freizubekommen und neue Energie zu tanken.

Bewegung in den Alltag integrieren
Regelmäßige Bewegung ist wichtig für Körper und Geist. Schon kurze Spaziergänge in der Mittagspause oder einfache Stretchingübungen am Schreibtisch können den

Kreislauf anregen und die Stimmung heben. Bewegung baut Stress ab und fördert das Wohlbefinden.

Abendrituale – Den Arbeitstag bewusst abschließen
Ein klares Abendritual hilft, den Arbeitstag hinter sich zu lassen. Räum deinen Arbeitsbereich auf, schreibe dir wichtige Gedanken auf oder gönn dir eine kurze Entspannungseinheit, bevor du in den Feierabend gehst. Diese Übergangszeit erleichtert das Abschalten.

Digitale Entgiftung – Bewusst offline gehen
Plane regelmäßig Zeiten ein, in denen du bewusst offline bist. Schalte dein Smartphone aus und fokussiere dich auf andere Aktivitäten. Diese Pausen von der digitalen Welt helfen dir, den Kopf freizubekommen und deine Batterien wieder aufzuladen.

Langfristige Strategien für mentale Gesundheit

Neben den täglichen Ritualen gibt es langfristige Strategien, die deine mentale Gesundheit nachhaltig stärken:

Grenzen setzen
Setze klare Grenzen zwischen Arbeitszeit und Freizeit. Erlaube dir, auch mal „Nein“ zu sagen, und schaffe feste Zeiten für Erholung. Diese Grenzen schützen dich vor Überlastung und tragen dazu bei, dass du langfristig motiviert bleibst.

Selbstfürsorge bewusst pflegen
Selbstfürsorge bedeutet, auf deine eigenen physischen und psychischen Bedürfnisse zu achten. Sorge dafür, dass du regelmäßig Dinge tust, die dir guttun – sei es ein Spaziergang, ein gutes Buch oder Zeit mit Freunden. Auch regelmäßige Pausen und bewusste Auszeiten gehören dazu.

Achtsamkeit und Meditation
Achtsamkeit und Meditation sind bewährte Methoden, um Stress abzubauen und deine mentale Stärke zu fördern. Schon wenige Minuten am Tag helfen dir, deine Gedanken zu ordnen und wieder in Balance zu kommen. Achtsamkeit kann dir besonders in stressigen Phasen helfen, gelassener zu bleiben.

Mental Health ist ein Thema, das nicht nur in unserem Privatleben, sondern auch in der Arbeitswelt immer mehr an Bedeutung gewinnt. Doch wie können wir psychisch gesund bleiben, während wir gleichzeitig hohe Anforderungen im Job erfüllen und uns beruflich weiterentwickeln? Was braucht es, um mentale Stärke aufzubauen und in herausfordernden Zeiten nicht den Fokus zu verlieren?

Genau darüber habe ich mit **Werner Katzengruber** gesprochen. Werner ist Psychologe, Betriebswirt, ausgebildeter Coach und Personaldiagnostiker mit umfangreicher internationaler Erfahrung. 2022 gründete er eine Akademie, die sich auf die Ausbildung von Coaches sowie Vorträge und Seminare zur persönlichen Transformation spezialisiert hat. Mit seinem tiefen Wissen und seiner Leidenschaft für mentale Gesundheit gibt er wertvolle Einblicke, wie du Balance in deinem beruflichen Alltag finden kannst – und warum das Thema Mental Health nicht nur für dich, sondern auch für Unternehmen von zentraler Bedeutung ist.

Wir sprechen darüber,

- warum mentale Gesundheit eine Schlüsselkompetenz für eine erfolgreiche Karriere ist.
- wie du mit praktischen Strategien Resilienz und mentale Stärke entwickeln kannst.
- wie du frühzeitig erkennst, wenn Stress und Belastung dich aus der Balance bringen.
- welche Tipps dir helfen, um in schwierigen Zeiten mental stabil zu bleiben.
- wie Unternehmen die mentale Gesundheit ihrer Mitarbeitenden fördern können – und warum sie es tun sollten.

Kontakt zu Werner: *info@katzengruber.com, www.katzengruber.com*

Viel Spaß beim Anschauen, und lass dich inspirieren!

Hier geht's zum Interview mit Werner:

VIDEO:
Interview mit Werner Katzengruber, Experte für Mental Health

Manchmal sind es die kleinen Dinge, die den größten Unterschied machen – besonders, wenn der berufliche Alltag stressig wird. Werner Katzengruber hat zehn einfache, aber wirkungsvolle Übungen und Tipps zusammengestellt, die dir helfen, mehr Achtsamkeit und Entspannung in deinen Arbeitstag zu bringen.

Ob in stressigen Momenten, zwischen zwei Meetings oder als fester Bestandteil deines Tages – diese Methoden lassen sich leicht umsetzen und haben das Potenzial, dein mentales Wohlbefinden nachhaltig zu stärken.

In dem folgenden Dokument stelllt dir Werner zehn Methoden für mehr Entspannung und Achtsamkeit im Joballtag vor. Viel Spaß beim Ausprobieren – und denke daran: Selbst kleine Pausen können Großes bewirken!

DOKUMENT:
Werner Katzengrubers Entspannungsmethoden

Social Health

Es ist ein Trugschluss zu glauben, dass beruflicher Erfolg nur auf Fähigkeiten und Leistung basiert. Soziale Gesundheit ist eine der wichtigsten Säulen für deinen beruflichen Erfolg, denn sie umfasst nicht nur deine beruflichen Netzwerke, sondern auch die Beziehungen zu Freundinnen, Freunden und Familie. Während dein berufliches Netzwerk dir mit Informationen und Chancen hilft, geben Familie und Freunde dir emotionale Stärke. Sie sind oft diejenigen, die dich auffangen, wenn es im Job mal nicht so läuft, wie du es dir wünschst. Freunde und Familie bieten eine wichtige Quelle der Beständigkeit und Geborgenheit, die dir hilft, deine beruflichen Herausforderungen mit mehr Gelassenheit zu meistern.

Soziale Gesundheit bedeutet, beruflich und privat tragfähige und verlässliche Beziehungen zu pflegen. Menschen mit einer hohen sozialen Gesundheit fühlen sich eingebunden und unterstützt. Diese zwischenmenschlichen Beziehungen sorgen nicht nur für emotionale Stabilität, sondern eröffnen auch berufliche Möglichkeiten. Gleichzeitig helfen sie, Stress abzubauen, und bieten Rückhalt in schwierigen Phasen.

Ein zentraler Gedanke für das Verständnis der sozialen Gesundheit stammt von dem Soziologen Hartmut Rosa: die Idee der Resonanz. Resonanz beschreibt die Fähigkeit, in Beziehungen zu anderen Menschen und zur Welt in einen tiefen Austausch zu treten – ein Gefühl von echter Verbindung und gegenseitigem Hören und Gehörtwerden. Laut Rosa entsteht Resonanz, wenn wir uns von anderen Menschen und der Umwelt berühren lassen und auf eine Weise antworten, die uns selbst wiederum verändert.[2] Dieses Konzept hilft zu verstehen, warum manche Beziehungen uns tief erfüllen und stärken, während andere uns kaltlassen oder sogar belasten. Resonanz in Beziehungen bedeutet, dass wir uns emotional aufeinander einlassen und eine authentische Verbindung entsteht. Das gilt nicht nur für private Beziehungen, sondern auch für berufliche Kontakte. Wenn du in der Lage bist, Resonanz zu schaffen – sei es durch echte Gespräche, geteilte Erlebnisse oder gemeinsame Werte –, vertiefen sich deine sozialen Bindungen und es entsteht Vertrauen und emotionale Stärke.

Rosa betont, dass echte Resonanz nicht durch Konsum oder rein oberflächliche Interaktionen entstehen kann. Vielmehr geht es um das Schaffen von Momenten der Begegnung, in denen sich Menschen gegenseitig inspirieren und unterstützen. Beziehungen, die auf Resonanz basieren, tragen maßgeblich zu einer stabilen sozialen Gesundheit bei und helfen dir, im privaten wie im beruflichen Leben Sinn und Erfüllung zu finden.[3]

Erfolgreiche Karrieren basieren nicht nur auf beruflicher Leistung, sondern auch auf der Fähigkeit, eine gesunde Balance zwischen Arbeit und Privatleben zu finden. Familie und Freunde helfen dir, diese Balance zu wahren, indem sie dir ermöglichen, in deiner Freizeit aufzutanken und Abstand von beruflichem Stress zu gewinnen. Eine starke soziale Basis im Privatleben sorgt dafür, dass du dich beruflich voll entfalten kannst, ohne auszubrennen.

Gute Freundinnen und Freunde sind nicht nur ein emotionaler Anker, sie haben auch einen nachweislich positiven Einfluss auf deine physische und psychische Gesundheit. Zahlreiche Studien belegen, dass intakte soziale Beziehungen dein Immunsystem stärken und wie ein Schutzschild gegen Krankheiten wirken können. Das regelmäßige Lachen, der Austausch von Erlebnissen und die emotionale Unterstützung durch Freunde sorgen nicht nur für gute Laune, sondern verbessern auch deine körperliche Gesundheit. So hat man auch herausgefunden, dass Menschen mit engen sozialen Bindungen seltener an Grippe erkranken, seltener Herzinfarkte haben und weniger häufig an Demenz leiden. Der Grund dafür liegt unter anderem darin, dass soziale Kontakte den Stresshormonspiegel senken und gleichzeitig das Immunsystem stärken. Einsame Menschen hingegen schütten mehr Kortisol aus, was sich negativ auf ihre Gesundheit auswirken kann.

Eine Langzeitstudie der Harvard-Universität zeigt, dass nicht Ruhm, Geld oder beruflicher Erfolg Menschen glücklich und gesund machen, sondern soziale Beziehungen.[4] Wer im Laufe seines Lebens enge Freundschaften pflegt, bleibt im Alter körperlich und geistig fitter. Freundschaften sind also nicht nur gut für die Seele, sondern wirken buchstäblich lebensverlängernd. Professor Robert Waldinger, Leiter der Harvard-Studie, betont: „Es ist wichtig, sich um seinen Körper zu kümmern, aber auch die Pflege von Beziehungen ist eine Form der Selbstfürsorge."[5] Auch kleine, aber regelmäßige soziale Interaktionen – sei es mit im Freundes-, Familien- oder Kollegenkreis – haben einen großen positiven Einfluss auf unser Wohlbefinden. Dabei kommt es nicht auf die Menge, sondern auf die Qualität der Beziehungen an.

Tipps für die Pflege von Beziehungen

1. Ein wichtiger Bestandteil der sozialen Gesundheit ist die regelmäßige Selbstreflexion. Frage dich, wie deine Beziehungen aktuell verlaufen und ob sie dich emotional unterstützen oder belasten. Welche Beziehungen geben dir Energie und welche ziehen dich eher herunter? Durch diese regelmäßige Reflexion kannst du erkennen, welche Beziehungen du weiter pflegen möchtest und bei welchen es möglicherweise an der Zeit ist, Grenzen zu setzen oder den Kontakt zu reduzieren.

2. Konflikte gehören zum Leben und entstehen sowohl im beruflichen als auch im privaten Umfeld. Doch der richtige Umgang mit Konflikten kann deine Beziehungen sogar stärken. Statt Konflikte zu vermeiden, gehe sie konstruktiv an. Offene und respektvolle Kommunikation hilft, Missverständnisse aufzulösen und langfristig Vertrauen zu stärken. Versuche, Konflikte frühzeitig anzusprechen und auf Lösungen zu fokussieren. Ein ruhiges Gespräch in entspannter Atmosphäre ist oft der Schlüssel, um Spannungen abzubauen.

3. Ein starkes Netzwerk sollte vielfältig sein – nicht nur im beruflichen Kontext, sondern auch privat. Beziehungen zu Menschen mit unterschiedlichen Hintergründen, Erfahrungen und Perspektiven bereichern deine persönliche und berufliche Entwicklung. Sie eröffnen dir neue Sichtweisen und helfen dir, flexibler und anpassungsfähiger zu werden.

4. Neben der Pflege von Beziehungen ist es wichtig, Grenzen zu setzen und auf dich selbst zu achten. Übermäßige soziale Verpflichtungen können belastend sein, wenn du deine eigenen Bedürfnisse vernachlässigst. Schaffe Raum

für dich selbst, um deine Energie zu erhalten und zu vermeiden, dass du dich durch soziale Kontakte überlastet fühlst.

5. In einer digital vernetzten Welt kannst du technologische Hilfsmittel nutzen, um sowohl berufliche als auch private Beziehungen zu pflegen. Plattformen wie LinkedIn oder soziale Medien erleichtern es, in Kontakt zu bleiben, auch wenn du nicht regelmäßig persönlichen Kontakt haben kannst. Nutze diese Tools bewusst, um dein Netzwerk zu erweitern und bestehende Beziehungen zu stärken.

Rituale für soziale Gesundheit im Berufs- und Privatleben

Hier sind einige einfache, aber effektive Rituale, um sowohl im beruflichen als auch im privaten Umfeld starke Beziehungen zu pflegen:

Regelmäßige Gespräche mit Freundinnen und Freunden und Familie
Es hört sich banal an, ist aber essenziell und wird gerne vergessen in der Hektik des Alltags: Plane bewusst Zeit für Gespräche mit Freunden und Familie ein – sei es bei einem gemeinsamen Abendessen, einem Spaziergang oder per Telefon. Diese regelmäßigen Verbindungen helfen, die Bindungen zu stärken, und bieten dir emotionale Unterstützung, die über den beruflichen Kontext hinausgeht.

Netzwerk-Lunches oder virtuelle Kaffeepausen mit Kolleginnen und Kollegen
Plane auch regelmäßig Zeit für informelle Treffen mit Menschen aus deinem beruflichen Netzwerk. Dies fördert nicht nur den Austausch, sondern stärkt auch deine sozialen Verbindungen am Arbeitsplatz. Soziale Gesundheit ist eng mit deinem beruflichen Netzwerk verbunden. Ein starkes Netzwerk eröffnet nicht nur Chancen, sondern bietet auch Unterstützung in schwierigen Zeiten. Mehr über den strategischen Aufbau und die Pflege deines beruflichen Netzwerks erfährst du in Schritt 3. Hier lernst du, wie du gezielt und langfristig Verbindungen knüpfst, die zu deinem beruflichen Erfolg beitragen.

Aktives Zuhören und Unterstützen
Zeige sowohl bei beruflichen als auch bei privaten Gesprächen echtes Interesse an den Anliegen deiner Mitmenschen. Indem du aufmerksam und unterstützend bist, baust du stärkere, vertrauensvollere Beziehungen auf.

Zeit für gemeinsame Aktivitäten
Verbringe regelmäßig Zeit mit Familie und Freunden bei Aktivitäten, die euch Freude bereiten. Gemeinsame Erlebnisse stärken die emotionale Bindung und sorgen dafür, dass du positive Energie aus diesen Beziehungen ziehst, die sich auch auf dein Berufsleben überträgt.

Dankbarkeit
Dankbarkeit ist ein starker Beziehungsbooster – sei es im beruflichen oder privaten Umfeld. Schicke eine Nachricht an einen Freund, um dich für seine Unterstützung zu bedanken, oder zeige einer Kollegin deine Wertschätzung. Kleine Gesten der Dankbarkeit fördern das Vertrauen und stärken die Bindungen.

Langfristige Strategien für soziale Gesundheit

Auch hier habe ich langfristige Strategien für dich, die deine soziale Gesundheit nachhaltig stärken:

Netzwerke aktiv pflegen – beruflich und privat
Investiere regelmäßig Zeit in dein Netzwerk, sei es durch regelmäßige Treffen oder kurze Nachrichten. Diese kleinen Gesten sorgen dafür, dass deine Verbindungen stark bleiben. Besonders in stressigen Zeiten ist es wichtig, ein stabiles Netzwerk zu haben, auf das du zurückgreifen kannst.

Zeit für persönliche Kontakte priorisieren
Setze dir bewusst Prioritäten und nimm dir regelmäßig Zeit für persönliche Treffen und Aktivitäten mit den Menschen, die dir wichtig sind. Deine Beziehungen sind nicht nur wichtig für dein soziales Wohlbefinden, sondern tragen auch zu deinem beruflichen Erfolg bei.

Grenzen setzen und Respekt wahren
Genauso wie es wichtig ist, Beziehungen zu pflegen, musst du auch gesunde Grenzen setzen. Achte darauf, dass du in deinen Beziehungen – egal, ob privat oder beruflich – klare Erwartungen kommunizierst und die Grenzen der anderen respektierst.

Verbindungen auf mehreren Ebenen schaffen
Sowohl in beruflichen als auch in privaten Beziehungen ist es wertvoll, auf mehreren Ebenen verbunden zu sein. Wenn du Gemeinsamkeiten in Interessen oder Hobbys findest, vertieft das die Beziehung und sorgt für eine stärkere Verbindung, die auch in schwierigen Zeiten Bestand hat.

Physical Health und Longevity

Die Verbindung zwischen körperlicher Gesundheit und beruflichem Erfolg wird oft unterschätzt. Zahlreiche Studien belegen, dass regelmäßige Bewegung, ausreichend Schlaf und gesunde Ernährung maßgeblich zu einer höheren Produktivität und mentalen Leistungsfähigkeit beitragen. Ein gesunder Körper fördert nicht nur deine physische Ausdauer, sondern auch deine mentale Klarheit und Belastbarkeit. Dies ist die Grundlage für eine erfolgreiche Karriere.

Besonders in stressigen Zeiten, wenn es im Job hektisch zugeht, hilft ein fitter Körper, die Ruhe zu bewahren und sich schnell von belastenden Situationen zu erholen. Wenn du dir angewöhnt hast, regelmäßig in deine körperliche Gesundheit zu investieren, wirst du merken, dass du dich auch beruflich stärker, flexibler und widerstandsfähiger fühlst. Deine körperliche Gesundheit ist das Fundament für deinen beruflichen Erfolg. Sie gibt dir die Energie, die du brauchst, um deine Aufgaben zu bewältigen, und hilft dir, den Stress des Arbeitsalltags auszugleichen. Ohne körperliches Wohlbefinden wird es schwer, über einen längeren Zeitraum leistungsfähig und fokussiert zu bleiben. Deshalb ist es entscheidend, regelmäßig in deine physische Gesundheit zu investieren. In diesem Kapitel erfährst du, wie du durch kleine, aber wirksame Rituale deinen Körper langfristig fit und energiegeladen hältst.

Longevity – Der Schlüssel zur langfristigen Gesundheit und Vitalität

Ich beschäftige mich viel mit Gesundheit, und darum möchte ich auch das Thema Longevity in dieses Kapitel einbringen. Bei „Longevity“, also Langlebigkeit, geht es nicht allein darum, das Leben in Jahren zu verlängern, sondern die Qualität dieser Jahre zu maximieren. Das bedeutet, aktiv dafür zu sorgen, dass du sowohl körperlich als auch geistig in Topform bleibst – unabhängig von deinem Alter. Deine physische Gesundheit, gekoppelt mit mentaler Stärke, bildet die Basis für eine nachhaltige Karriere und ein erfülltes Leben.

Longevity umfasst folgende Aspekte:

- Körperliche Fitness und Beweglichkeit: Durch regelmäßige Bewegung und gesunde Ernährung stärkst du deinen Körper langfristig und schützt dich vor chronischen Erkrankungen wie Herz-Kreislauf-Erkrankungen oder Diabetes.
- Geistige Gesundheit und kognitive Leistungsfähigkeit: Durch gesunde Lebensgewohnheiten und ausreichend Schlaf unterstützt du deine mentale Klarheit und bewahrst dir auch im Alter eine scharfe Auffassungsgabe.

- Erholungsfähigkeit und Stressbewältigung: Ein gesunder Lebensstil erhöht deine Resilienz gegenüber Stress und verbessert deine Fähigkeit, dich schneller von Rückschlägen zu erholen.

Longevity ist also mehr als ein Ziel für die Zukunft – es ist ein aktiver Prozess, den du im Hier und Jetzt beeinflussen kannst, indem du bewusst in deine Gesundheit investierst.

Technologische Helfer können dich dabei unterstützen, deine körperliche Gesundheit und damit auch deine Longevity im Blick zu behalten. Wearables wie Fitness-Tracker helfen dir, deine täglichen Schritte zu messen, deinen Schlaf zu analysieren und dich an regelmäßige Pausen zu erinnern. Es gibt zahlreiche Apps, die dich bei deinen Bewegungszielen, beim Ernährungsmanagement oder bei Entspannungsübungen begleiten.

TIPP. Meine persönlichen Empfehlungen für Apps und Tools für Longevity:

- MyFitnessPal für Ernährungsmanagement
- Headspace oder Calm für Achtsamkeit und Meditation
- Fitbit oder Apple Watch als Schrittzähler und für Schlaftracking
- Oura Ring für ganzheitliches Gesundheitstracking

Sport und Bewegung

Bewegung ist eine der effektivsten Methoden, um deinen Körper und Geist in Balance zu halten. Es muss kein intensives Training sein – regelmäßige Bewegung in Form von Spaziergängen, Yoga, Radfahren oder kurzen Workouts reicht oft aus, um deine körperliche Fitness zu fördern und eine langfristige Longevity sicherzustellen.

Vorteile von Bewegung:

- Stressabbau: Körperliche Aktivität senkt den Stresshormonspiegel und fördert die Produktion von Endorphinen, die dich ausgeglichener und positiver fühlen lassen.
- Erhöhte Energie: Regelmäßige Bewegung steigert die Durchblutung und den Sauerstoffgehalt im Körper, was zu einem Energiekick führt, der dir hilft, den Arbeitstag besser zu bewältigen.

- Verbesserte Konzentration: Studien haben gezeigt, dass Bewegung die kognitive Leistungsfähigkeit erhöht. Selbst kleine Bewegungseinheiten können dabei helfen, den Kopf frei zu bekommen und die Konzentration zu steigern.
- Longevity: Bewegung ist nachweislich einer der wichtigsten Faktoren, um die Lebensqualität im Alter zu erhalten. Regelmäßige Aktivität stärkt das Herz-Kreislauf-System, fördert die Beweglichkeit und verringert das Risiko chronischer Erkrankungen.

TIPPS. Möglichkeiten für mehr Bewegung im Alltag

Mikro-Workouts: Integriere kurze Workouts in deinen Tag. Fünf Minuten Stretching oder ein paar Squats zwischendurch helfen, Verspannungen zu lösen und Energie zu tanken.

Aktive Pausen: Plane kurze Bewegungspausen ein. Stehe regelmäßig auf, laufe ein paar Schritte oder mache ein paar Lockerungsübungen.

Bewegung am Arbeitsplatz: Versuche, Stehtische oder alternative Arbeitspositionen zu nutzen, um langes Sitzen zu vermeiden. Auch „Desk Yoga" oder einfache Stretchingübungen während der Arbeit sind ideal, um Verspannungen zu lösen und den Kreislauf in Schwung zu bringen.

Körperliche Gesundheit ist für mich ein elementarer Baustein, um den Alltag gut zu bewältigen. Sport und Bewegung sind dabei für mich essenziell: Ohne tägliche Bewegung kann ich mir gar nicht vorstellen, wie ich mein Pensum jemals gut gelaunt schaffen könnte. Bewegung ist für mich nicht nur wichtig, sie ist ein fester Bestandteil meines Lebens. Ich versuche täglich, zumindest eine kleine Portion Sport in meinen Ablauf einzubauen. Ein großer Vorteil ist natürlich, dass ich kein Auto fahre – das zwingt mich fast schon dazu, viel mit dem Fahrrad unterwegs zu sein. Das allein bringt mir schon einen guten Teil meiner täglichen Bewegung. Aber ich bin ehrlich: Manchmal bin ich auch faul. Die Treppe nehme ich nicht immer, obwohl ich es mir oft vornehme. Um trotzdem konsequent dranzubleiben, habe ich mir ein Fitnessstudio direkt neben meiner Wohnung gesucht. So gibt es einfach keine Ausreden. Und das funktioniert für mich wirklich gut.

Wasser ist mein Element und am meisten Spaß habe ich, wenn ich schwimmen gehe oder auf dem SUP-Board stehe. Dabei habe ich für mich herausgefunden, dass es beim Sport nicht darum geht, immer dem neuesten Trend hinterherzulaufen. Es geht vielmehr darum, etwas zu finden, das mir Spaß macht und sich gut in meinen Alltag integrieren lässt. Was hilft dir, neben den vielen beruflichen und privaten Terminen noch Bewegung unterzubringen? Wenn du das für dich herausfindest, wird Sport nicht mehr zur Pflicht, sondern zu einer Routine, auf die du dich freust.

Am Anfang ist es oft schwer, sich aufzuraffen. Du musst dich vielleicht sogar zwingen, den Wecker morgens früher zu stellen oder dir einen Termin im Kalender zu blocken, um Sport zu machen. Aber wenn du dranbleibst, wird der Sport irgendwann genauso selbstverständlich wie Zähneputzen. Ich persönlich kann mir nicht vorstellen, mehr als ein oder zwei Tage ohne Bewegung zu sein. Sport ist für mich der perfekte Ausgleich zu all der Kopfarbeit, die uns sonst durch den Tag begleitet.

Noch ein Tipp von mir: Jedes Jahr probiere ich eine neue Sportart aus. Das hält mich neugierig und offen für neue Möglichkeiten, Bewegung in mein Leben zu bringen. Vor ein paar Jahren saß ich zum ersten Mal auf einem Pferd, habe surfen gelernt, und in diesem Jahr saß ich das erste Mal in einem Surfski (und bin natürlich rausgefallen). Für mich geht es dabei nicht nur um den Sport an sich, sondern auch um die Freude, mich draußen in der Natur zu bewegen. Diese Neugierde und Freude helfen mir, den Spaß am Sport lebendig zu halten.

Wenn du also deine körperliche Gesundheit und Fitness stärken möchtest, ist mein Rat: Suche dir etwas, das dir Freude bereitet. Du musst nicht jeden Trend mitmachen, sondern herausfinden, was zu dir passt und was du in deinen Alltag integrieren kannst. Ganz egal, ob es Radfahren, Yoga, Schwimmen oder eine andere Sportart ist – Hauptsache, es tut dir gut!

EXKURS. Ergonomie: Gesundheit am Arbeitsplatz

Ein ergonomisch eingerichteter Arbeitsplatz trägt maßgeblich dazu bei, langfristig gesund zu bleiben und Rücken- sowie Nackenschmerzen zu vermeiden. Die richtige Haltung, die optimale Höhe von Stuhl und Schreibtisch sowie die Position des Bildschirms können dabei helfen, körperlichen Beschwerden vorzubeugen.

Ergonomie-Tipps:

- Richtige Sitzhaltung: Sitz aufrecht mit geradem Rücken, die Füße flach auf dem Boden und die Knie im rechten Winkel. Vermeide es, über längere Zeit in einer gebückten oder krummen Haltung zu verharren.

- Bildschirmhöhe: Der obere Rand des Bildschirms sollte auf Augenhöhe sein, sodass du den Kopf nicht nach unten neigen musst. Dies verhindert Nacken- und Schulterschmerzen.
- Regelmäßige Positionswechsel: Stehe regelmäßig auf, um Verspannungen zu vermeiden. Ein höhenverstellbarer Schreibtisch kann hier eine gute Lösung sein, um sowohl im Sitzen als auch im Stehen arbeiten zu können.

Ernährung

Eine ausgewogene Ernährung liefert deinem Körper die Nährstoffe, die er braucht, um über den Tag hinweg leistungsfähig zu bleiben und langfristig gesund zu sein. Es geht nicht nur darum, Kalorien zu zählen, sondern deinem Körper hochwertige Energiequellen zu geben, die dich fit halten und dein Immunsystem stärken. Eine solche Ernährung unterstützt auch die Longevity, indem sie den Alterungsprozess verlangsamt und Krankheiten vorbeugt.

Essenzielle Elemente einer gesunden Ernährung:

- Frische Lebensmittel genießen: Gemüse, Obst, Vollkornprodukte und Proteine liefern dir wichtige Vitamine, Mineralien und Antioxidantien, die dein Körper braucht, um gesund zu bleiben.
- Ausreichend Wasser trinken: Dehydration führt zu Müdigkeit und Konzentrationsschwäche. Achte darauf, über den Tag verteilt genug Wasser zu trinken.
- Gesunde Snacks naschen: Ersetze ungesunde Snacks wie Chips oder Schokolade durch Nüsse, Obst oder gesunde Riegel. Diese geben dir die Energie, die du für einen produktiven Arbeitstag brauchst, ohne deinen Blutzuckerspiegel zu stark schwanken zu lassen.

Durch eine nährstoffreiche, ausgewogene Ernährung legst du die Grundlage für eine lange und gesunde Lebensspanne.

TIPPS, um deine Motivation langfristig aufrechtzuerhalten

Die Herausforderung liegt oft darin, motiviert zu bleiben und gesunde Gewohnheiten langfristig in den Alltag zu integrieren. Hier einige Tipps, um deine Motivation hochzuhalten:

- Kleine Ziele setzen: Setze dir erreichbare Ziele, die dich nicht überfordern, wie z. B. 30 Minuten Bewegung am Tag oder drei gesunde Mahlzeiten pro Woche.
- Freunde einbinden: Verabrede dich mit Freunden oder Kolleginnen für gemeinsame sportliche Aktivitäten. Gemeinsam ist es leichter, motiviert zu bleiben.
- Erfolge feiern: Erkenne deine Fortschritte an – sei es, weil du mehr Schritte gemacht oder deine Ernährung verbessert hast. Kleine Erfolge geben dir die Motivation, weiterzumachen.

Schlaf

Erholsamer Schlaf ist essenziell für die körperliche und geistige Erholung. Er fördert die Regeneration des Körpers, stärkt das Immunsystem und hilft dem Gehirn, neue Informationen zu verarbeiten. Guter Schlaf ist ein Schlüsselelement für eine gesunde Longevity, da er den Alterungsprozess verlangsamt und die Zellregeneration unterstützt.

Schlaf-Rituale für bessere Erholung und Longevity:

- Eine Schlafroutine entwickeln: Gehe jeden Tag zur gleichen Zeit ins Bett und stehe zur gleichen Zeit auf. Eine feste Routine hilft deinem Körper, sich besser auf den Schlaf vorzubereiten.
- Die Bildschirmzeit reduzieren: Vermeide mindestens eine Stunde vor dem Schlafengehen den Kontakt mit Bildschirmen. Das blaue Licht von Smartphones und Laptops stört die Produktion von Melatonin, dem Schlafhormon.
- Eine schlaffreundliche Umgebung schaffen: Sorge für ein ruhiges, dunkles und gut gelüftetes Schlafzimmer. Eine angenehme Schlafumgebung fördert eine erholsame Nachtruhe und ist damit auch ein wichtiger Bestandteil der Longevity.

Check-ups

Um langfristig gesund zu bleiben, sind regelmäßige Check-ups beim Arzt unerlässlich. Präventivmedizinische Untersuchungen helfen dabei, gesundheitliche Probleme frühzeitig zu erkennen und vorzubeugen.

Gesundheits-Check-ups, die du regelmäßig einplanen solltest:

- Blutwerte überprüfen: Lass regelmäßig deine Blutzucker- und Cholesterinwerte sowie andere wichtige Vitalwerte überprüfen.
- Krebsvorsorge: Je nach Alter und Geschlecht sind bestimmte Krebsvorsorgeuntersuchungen wichtig, um frühzeitig zu reagieren.
- Zahnarztbesuche: Gesunde Zähne und eine gute Mundhygiene tragen ebenfalls zu deinem allgemeinen Wohlbefinden bei.

REFLEXION

Um die gewonnenen Erkenntnisse praktisch umzusetzen, hier einige Reflexionsfragen und Tipps:

- Wie viel Bewegung integrierst du aktuell in deinen Alltag?
- Was könntest du an deiner Ernährung verbessern? Erstelle eine Liste deiner aktuellen Essgewohnheiten und überlege, welche Lebensmittel du durch gesündere Alternativen ersetzen könntest.
- Wie sieht deine Schlafroutine aus? Prüfe, ob du regelmäßig genug Schlaf bekommst und ob deine Schlafumgebung optimal für eine erholsame Nacht ist.
- Schreibe ein Erfolgsjournal: Notiere jeden Tag kleine Erfolge oder positive Veränderungen, die du in deiner täglichen Routine erzielt hast.

Das Wichtigste in Kürze

- Mentale Gesundheit und Resilienz sind eng miteinander verbunden. Indem du die 7 Säulen der Resilienz stärkst und kleine Rituale in deinen Alltag integrierst, schaffst du die Grundlage für nachhaltige Energie und Widerstandsfähigkeit.
- Achte auf die Signale deines Körpers und sorge bewusst für dich, um deine Karriere nicht nur erfolgreich, sondern auch gesund zu gestalten.
- Soziale Gesundheit ist ein entscheidender Faktor für deinen beruflichen Erfolg und dein persönliches Wohlbefinden. Investiere sowohl in berufliche als auch in private Beziehungen, um ein starkes Netzwerk aufzubauen, das dich unterstützt und trägt. Familie und enge Freunde bieten dir die emotionale Basis, um auch in stressigen beruflichen Phasen stabil und widerstandsfähig zu bleiben.
- Nutze Rituale und Reflexion, um deine sozialen Verbindungen langfristig zu pflegen, und schaffe so eine starke Säule für deine Karriere und dein persönliches Leben.
- Deine körperliche Gesundheit ist nicht nur der Schlüssel zu deinem aktuellen beruflichen Erfolg, sondern auch der Grundstein für deine langfristige Lebensqualität – deine Longevity. Indem du regelmäßig in Bewegung, Ernährung, Schlaf und Entspannung investierst, schaffst du die Voraussetzungen für eine gesunde und erfolgreiche Zukunft.
- Die Integration kleiner Rituale für Bewegung, Ernährung und Erholung in deinen Alltag hilft dir, die Herausforderungen des Berufslebens zu meistern und gleichzeitig deine langfristige Gesundheit zu fördern.

Deine Karriere

Die nächste zentrale Frage auf dem Weg zu einer stabilen Basis lautet: Wo stehst du heute in deiner Karriere? Diese Frage klingt zunächst einfach, birgt aber oft mehr Tiefe, als man erwartet. Dein aktueller Karrierestand ist nicht nur eine Frage des Titels oder der Position, sondern auch der Zufriedenheit und der persönlichen Entwicklung. Bist du dort, wo du sein möchtest? Entspricht deine aktuelle Rolle deinen Fähigkeiten und Werten? Oder spürst du, dass es Zeit für eine neue Herausforderung ist?

Karriere „passiert“ nicht einfach so – sie wird aktiv gestaltet. Viele Menschen verbinden Karriere mit beruflicher Freiheit: mit der Möglichkeit, selbst zu entscheiden, wie, wann und wo sie arbeiten, sei es durch flexible Arbeitszeiten, Homeoffice oder eine ausgewogene Work-Life-Balance (auch wenn ich das Wort nicht mag). Wenn du dich in deinem Job verwirklichen kannst und Freude daran hast, ist das der Grundstein für eine erfüllende Karriere. Karriere bedeutet aber auch, dein Potenzial voll auszuschöpfen, Neues zu lernen und an Herausforderungen zu wachsen. Du entwickelst dich nicht nur beruflich, sondern auch persönlich weiter. Das bringt dir nicht nur Erfolg, sondern auch Zufriedenheit und Erfüllung. Und dabei hast du die Freiheit, deinen Weg zu gestalten – ob innerhalb eines Unternehmens oder in die Selbstständigkeit.

Eine ehrliche Bestandsaufnahme ist notwendig, um die nächsten Schritte gezielt planen zu können. Dabei geht es nicht nur um berufliche Erfolge, sondern auch um die Frage, ob deine Arbeit dich erfüllt und ob sie zu deinen langfristigen Zielen passt. Vielleicht ist es an der Zeit, neue Wege zu gehen, eine zusätzliche Qualifikation zu erlangen oder einen lang gehegten Karrieretraum zu verwirklichen.

Das Verständnis von „Karriere“

Der Begriff „Karriere“ beschreibt deine berufliche Laufbahn. Früher dachte man dabei vor allem an den klassischen Aufstieg auf der Karriereleiter – von einer Position zur nächsten. Doch heute kann Karriere genauso gut „horizontal“ verlaufen: etwa durch die Spezialisierung in einem Fachgebiet oder die Übernahme von Projekten, ohne dabei zwingend eine Führungsrolle anzustreben. Karriere bedeutet jedoch noch immer vor allem eines: Vorankommen. Aber was das beinhaltet und bedeutet, das bestimmst allein du selbst. Es geht nicht zwangsläufig darum, immer weiter nach oben zu klettern, sondern darum, dass du dich beruflich und persönlich weiterentwickelst und deinen eigenen Weg findest.

Es gibt viele Möglichkeiten, deine Karriere individuell zu gestalten. Hier sind einige Beispiele:

- Führungslaufbahn: Bei der klassischen Führungslaufbahn arbeitest du dich in der Hierarchie eines Unternehmens nach oben. Du übernimmst mehr Verantwortung, triffst strategische Entscheidungen und gestaltest aktiv den Weg des Unternehmens mit.
- Fachlaufbahn: Anstatt eine Führungsrolle zu übernehmen, kannst du dich auf ein bestimmtes Fachgebiet spezialisieren, in dem du tiefes Wissen entwickelst. So wirst du zur Expertin oder zum Experten in deinem Bereich.
- Selbstständigkeit: Wenn du dich selbstständig machst, verwirklichst du deine eigenen Ideen und arbeitest auf deine eigene Art. Du hast die Freiheit, deine Karriere nach deinen Vorstellungen zu gestalten, trägst aber auch mehr Verantwortung und Risiken.
- Freiberuflichkeit: Als Freiberuflerin oder Freiberufler bietest du deine Dienstleistungen auf selbstständiger Basis an. Du genießt große Flexibilität, musst jedoch regelmäßig neue Aufträge akquirieren, um dein Einkommen zu sichern.
- Projektkarriere: In einer Projektkarriere bringst du deine Expertise in unterschiedliche Projekte ein, oft zeitlich befristet. Diese Art der Arbeit bietet viel Abwechslung, aber auch weniger Sicherheit.

Wie beschrieben, hat sich das Verständnis von Karriere stark verändert. Früher stand der klassische Aufstieg auf der Karriereleiter im Vordergrund, heute wünschen sich viele – vor allem jüngere Generationen – mehr Selbstbestimmung, Sinnhaftigkeit und Flexibilität. Sie möchten ihre Karriere so gestalten, dass sie zu ihrem Leben passt, nicht umgekehrt. Karriere bedeutet heute eben nicht mehr nur, die Stufen der Hierarchieleiter hinaufzusteigen. Vielmehr geht es darum, den Weg zu finden, der zu deinen Zielen, Werten und Fähigkeiten passt. Ob du eine Führungsrolle anstrebst, dich fachlich spezialisierst oder den Weg in die Selbstständigkeit wählst – wichtig ist, dass du deinen Karriereweg aktiv gestaltest und dich dabei an deinen eigenen Bedürfnissen orientierst.

Deshalb ist es wichtig, dass du dir überlegst, was dir wirklich wichtig ist und wie du deine berufliche Laufbahn entsprechend gestalten möchtest. Wichtig ist, dass du den Weg findest, der zu dir und deinen Zielen passt.

„Karriere machen" bedeutet für jede und jeden etwas anderes – und diese Bedeutung verändert sich im Laufe des Lebens. Zu Beginn meiner beruflichen Laufbahn hatte ich eine ganz klare Vorstellung: Erfolg haben und Karriere machen bedeutete für mich, hart zu arbeiten, Überstunden zu schieben und meinen Einsatz unmissverständlich zu zeigen. In der Agenturwelt war es völlig normal, auch abends und an

Wochenenden im Büro zu sein. Es wurde nicht infrage gestellt – es gehörte einfach dazu, wenn man aufsteigen wollte. Aber mit der Zeit hat sich mein Blick auf die Arbeit und mein Verständnis von Erfolg und Karriere gewandelt.

Heute sehe ich das anders. Dinge, die ich früher als essenziell für meine Karriere erachtete, haben an Bedeutung verloren. Stattdessen sind andere Aspekte wie persönliche Beziehungen, Gesundheit und Work-Life-Balance in den Vordergrund gerückt. Das bedeutet nicht, dass beruflicher Erfolg weniger wichtig für mich geworden ist, aber das Streben danach hat sich auf eine Art in mein Leben integriert, die Platz für mehr lässt.

Dieser Wandel ist nicht ungewöhnlich und wird dir vermutlich auch begegnen. Die Prioritäten verändern sich im Laufe des Lebens. Was dir heute wichtig erscheint, kann morgen schon anders sein. Und genau deshalb ist es so wichtig, regelmäßig innezuhalten und deinen beruflichen Kurs zu überprüfen – sieh es als Boxenstopp auf der Rennstrecke deines Lebens.

REFLEXION. Frage dich: Was bedeutet Karriere gerade für mich? Welche Ziele verfolge ich? Hat sich mein Blick auf Erfolg verändert? Bin ich noch auf dem richtigen Weg oder möchte ich etwas anpassen?

In diesem Kapitel geht es genau darum, dir die Möglichkeit zu geben, deine Karriere regelmäßig zu reflektieren. Durch gezielte Fragen und Übungen kannst du deinen aktuellen Stand analysieren und herausfinden, ob du etwas ändern möchtest. Es ist völlig normal, dass sich deine Sicht auf die Dinge mit der Zeit verändert. Genauso, wie sich deine persönlichen Prioritäten und Lebensumstände ändern, wird sich auch deine Vorstellung von Karriere wandeln. Nimm dir also immer wieder die Zeit, einen Schritt zurückzutreten und zu reflektieren. Nutze diesen Boxenstopp als Chance, bewusst darüber nachzudenken, wo du gerade stehst und wohin du als Nächstes möchtest.

Der Begriff „Karriere" hat sich auch über die Generationen hinweg stark verändert. Während frühere Generationen den beruflichen Aufstieg, sichere Jobs und finanzielle Stabilität in den Vordergrund stellten, setzt die Generation Z neue Akzente. Junge Menschen, die heute ins Berufsleben einsteigen, streben nicht mehr nur nach einem hohen Gehalt oder prestigeträchtigen Positionen – sie wollen vor allem eines: eine ausgewogene Work-Life-Balance.

Für die Generation Z bedeutet Karriere nicht zwangsläufig, rund um die Uhr zu arbeiten oder sich in einem Job zu verlieren. Stattdessen legen sie großen Wert auf Flexibilität, die Möglichkeit, persönliche Interessen zu verfolgen, und vor allem auf das Gefühl, dass ihr Job sinnstiftend ist. Das Bewusstsein, dass ein erfülltes Leben auch außerhalb der Arbeit existiert, prägt diese Generation in besonderem Maße.

Diese Entwicklung zeigt, dass der Begriff „Karriere" heute viel individueller und breiter geworden ist. Karriere kann bedeuten, sich beruflich zu verwirklichen, aber gleichzeitig auch Raum für persönliche Leidenschaften und Freizeit zu haben. Work-Life-Balance ist kein Luxus mehr, sondern ein essenzieller Teil der modernen Karriereplanung. Doch diese Veränderung betrifft nicht nur die Generation Z. Immer mehr Berufstätige in verschiedenen Altersgruppen erkennen, dass ein Leben, das ausschließlich aus Arbeit besteht, langfristig weder erfüllend noch gesund ist. Die Balance zwischen Arbeit und Leben ist ein zentrales Element, das für den persönlichen Erfolg genauso entscheidend ist wie der berufliche Aufstieg. Diesen Aspekt solltest auch du in deiner eigenen Karriereplanung berücksichtigen.

Dein Verständnis von Karriere

Karriere bedeutet heute mehr als nur den beruflichen Aufstieg – sie ist ein individueller Weg, der sowohl berufliche als auch persönliche Ziele umfasst. Indem du definierst, was Karriere für dich bedeutet, wer du beruflich und persönlich sein möchtest und wo du aktuell stehst, schaffst du die Grundlage für eine gezielte Weiterentwicklung. Die folgenden Übungen helfen dir dabei, deinen aktuellen Stand zu reflektieren und die Richtung für deine nächsten Schritte festzulegen.

Nutze diese Erkenntnisse, um deine nächsten Schritte gezielt zu planen und dein Potenzial bestmöglich auszuschöpfen. Die IST-Analyse ist die Basis für jede erfolgreiche Weiterentwicklung – sowohl beruflich als auch persönlich.

ÜBUNG. Was bedeutet Karriere für dich?

Nimm dir 20 Minuten Zeit und beantworte schriftlich folgende Fragen:

1. Was bedeutet Karriere für mich persönlich? Geht es mir hauptsächlich um beruflichen Erfolg, finanzielle Sicherheit oder um eine sinnstiftende Tätigkeit?

2. Wie stelle ich mir eine erfolgreiche Karriere vor? Welche Merkmale verbinde ich damit?

3. Wie wichtig ist mir eine gute Work-Life-Balance? Welche Prioritäten möchte ich setzen, um sowohl beruflich als auch privat erfüllt zu sein?

Diese Übung hilft dir, deine individuelle Definition von Karriere zu finden und klar zu erkennen, was für dich wirklich zählt.

Neben der Frage, was Karriere für dich bedeutet, ist es wichtig, sich zu überlegen, welche Art von Person du in deinem beruflichen und privaten Leben sein möchtest. Welche Rolle willst du in deinem Unternehmen oder deiner Branche spielen? Möchtest du als Führungskraft inspirieren und leiten, oder siehst du dich eher als Fachexperte, der durch tiefes Wissen überzeugt? Mit der folgenden Übung visualisierst du dein persönliches Zukunftsbild.

ÜBUNG. Wer möchtest du sein, beruflich und persönlich?

Stell dir vor, du befindest dich fünf Jahre in der Zukunft und hast deine beruflichen und persönlichen Ziele erreicht. Beantworte folgende Fragen:

1. Beruflich: In welcher Position siehst du dich? Welche Aufgaben machen dir am meisten Freude? Welche Erfolge hast du bis dahin erreicht?

2. Persönlich: Welche Eigenschaften hast du weiterentwickelt? Wie möchtest du von deinen Kollegen und deinem Umfeld wahrgenommen werden?

3. Balance: Wie integrierst du dein berufliches und persönliches Leben? Was gibt dir Energie und Zufriedenheit?

Diese Übung unterstützt dich dabei, ein klares Bild von der Person zu entwickeln, die du beruflich und persönlich sein möchtest. Sie hilft dir, bewusst Entscheidungen zu treffen, die dich in die Richtung führen, die für dich stimmig ist.

Bevor du deine Karriere gezielt weiterentwickeln kannst, musst du wissen, wo du aktuell stehst. Eine ehrliche Bestandsaufnahme deiner beruflichen Situation ist der Schlüssel zu jeder erfolgreichen Weiterentwicklung. Diese Analyse umfasst sowohl deine bisherigen Erfolge als auch die Herausforderungen, die du bisher gemeistert hast.

ÜBUNG. Rückblick auf deine bisherige Karriere

Nimm dir eine Stunde Zeit und beantworte die folgenden Fragen schriftlich:

- Erfolge: Welche beruflichen Erfolge hast du in den letzten Jahren erreicht? Gab es besondere Meilensteine oder Projekte, auf die du stolz bist?
- Herausforderungen: Welche Hindernisse hast du auf deinem Weg überwunden? Gibt es wiederkehrende Herausforderungen, die dich ausbremsen?
- Lernkurve: Was hast du in den letzten Jahren über dich und deine Arbeitsweise gelernt? Gibt es Fähigkeiten, die du weiterentwickeln möchtest?

Diese Fragen helfen dir, deine bisherige berufliche Reise zu reflektieren und wertvolle Erkenntnisse darüber zu gewinnen, wie du deine Stärken weiter nutzen und an deinen Schwächen arbeiten kannst.

Neben der Reflexion deiner Erfolge und Herausforderungen gehört auch die Analyse deiner Stärken und Schwächen zur Bestandsaufnahme. Deine Stärken sind dein größtes Kapital für den weiteren Karriereweg, während deine Schwächen dir aufzeigen, wo du dich gezielt verbessern kannst.

ÜBUNG. Stärken-Schwächen-Raster

Erstelle ein einfaches Raster mit zwei Spalten:

In die linke Spalte schreibst du fünf Stärken, die dich im Job besonders auszeichnen.

In die rechte Spalte trägst du fünf Schwächen oder Entwicklungsfelder ein, die dir Schwierigkeiten bereiten.

Beispiel:

Stärken	**Schwächen**
Kommunikationsfähigkeit	Zeitmanagement
Führungsstärke	Technisches Know-how
Entscheidungsfreude	Schwierigkeit mit Delegation
Kreativität	Fokus
Teamfähigkeit	Perfektionismus

Im Anschluss überlegst du dir für jede Schwäche eine konkrete Maßnahme, wie du sie gezielt angehen kannst – sei es durch Weiterbildung oder eine veränderte Arbeitsweise.

Ein oft unterschätzter Faktor in der Karriereplanung ist das Zeitmanagement. Nutzt du deine Zeit effizient? Bist du fokussiert? Ein genauer Blick auf deine Zeitnutzung kann dir helfen, ungenutzte Potenziale zu erkennen und produktiver zu werden.

ÜBUNG. Zeitprotokoll führen

Führe eine Woche lang ein detailliertes Protokoll über deine Zeitnutzung. Schreibe jede Stunde auf, womit du dich beschäftigst und wie produktiv du dich dabei gefühlt hast. Am Ende der Woche analysierst du:

- Welche Aufgaben haben dir den größten Mehrwert gebracht?
- Welche Tätigkeiten haben viel Zeit in Anspruch genommen, aber wenig Nutzen gebracht?
- Wo könntest du deine Zeit effizienter nutzen?

Diese Übung hilft dir, Zeitfresser zu identifizieren und gezielt daran zu arbeiten, deine Zeit besser zu nutzen.

Neben den messbaren Erfolgen und Positionen spielt die emotionale Komponente eine wichtige Rolle in deiner Karriere. Wie zufrieden bist du in deiner aktuellen Position? Wie steht es um deine innere und äußere Balance? Erfolg und Zufriedenheit gehen oft Hand in Hand. Wenn du das Gefühl hast, in deinem Job festzustecken oder frustriert zu sein, kann dies ein Anzeichen dafür sein, dass Veränderungen notwendig sind.

ÜBUNG. Reflexion der Zufriedenheit

Teile ein Blatt Papier in zwei Spalten.

In die linke Spalte schreibst du alles, was dich in deinem Job zufrieden und glücklich macht.

In die rechte Spalte notierst du die Aspekte, die dich frustrieren oder demotivieren.

Reflektiere:

- Welche Aspekte deiner Arbeit bereiten dir Freude und geben dir Energie?
- Welche Aufgaben kosten dich Kraft oder machen dich unzufrieden?

Diese Übung hilft dir, die Balance zwischen Erfüllung und Herausforderungen zu verstehen. Sie zeigt dir, ob du mit kleinen Veränderungen mehr Zufriedenheit erreichen kannst oder ob größere Schritte notwendig sind.

Auch die besten Ziele und Visionen bleiben ohne Mut und Disziplin nur Ideen. Jetzt geht es darum, ins Handeln zu kommen, Risiken einzugehen, Herausforderungen anzunehmen und konsequent dranzubleiben, um deine beruflichen Träume Wirklichkeit werden zu lassen.

Die Umsetzung ist der vielleicht wichtigste Schritt in deiner Karriereplanung. Denn nur wer den Mut hat, aus seiner Komfortzone auszubrechen und konkrete Schritte zu unternehmen, wird langfristig Erfolge sehen. In diesem Kapitel zeige ich dir, wie du nicht nur die ersten kleinen, sondern auch die wirklich großen Schritte gehen kannst – und dabei Hindernisse und Zweifel überwindest.

Bis hierhin hast du alles durchdacht, geplant und deine Ziele formuliert. Das ist großartig! Doch jetzt kommt der entscheidende Moment: Es gilt, ins Handeln zu kommen. Die besten Karrierepläne nützen nichts, wenn sie nicht umgesetzt werden. Vielleicht spürst du ein Kribbeln, eine Mischung aus Vorfreude und Unsicherheit. Das ist ganz normal. Denn jedes Mal, wenn du dich aufmachst, etwas Neues zu wagen, schwingt das Unbekannte mit. Das Wichtigste ist jedoch, den ersten Schritt zu machen – und dann nicht stehenzubleiben.

Es wird Phasen geben, in denen es sich nicht so anfühlt, als ob du vorankommst. Es wird Tage geben, an denen Rückschläge oder Zweifel aufkommen. Doch das ist kein Zeichen dafür, dass du scheitern wirst – es ist ein Zeichen, dass du auf dem richtigen Weg bist. Erfolg ist keine gerade Linie, sondern eine Kurve mit Höhen und Tiefen.

Das Wichtigste in Kürze

- Karriere aktiv gestalten: Deine Karriere ist kein Zufallsprodukt, sondern das Ergebnis bewusster Reflexion und Planung. Nimm dir regelmäßig Zeit, um zu analysieren, wo du stehst, was dir wichtig ist und wohin du möchtest.

- Individuelle Karrierewege: Karriere bedeutet heute mehr als nur den klassischen Aufstieg. Ob Führungslaufbahn, fachliche Spezialisierung, Selbstständigkeit oder eine Mischung aus allem – dein Weg ist so individuell wie du selbst.

- Reflexion als Schlüssel: Frage dich, ob deine Arbeit dich erfüllt, deine Werte widerspiegelt und deinen langfristigen Zielen entspricht. Sei ehrlich zu dir selbst und passe deinen Kurs bei Bedarf an.

- Erfolg neu definieren: Erfolg bedeutet für jeden etwas anderes – für manche ist es der berufliche Aufstieg, für andere Flexibilität oder Sinnhaftigkeit. Finde heraus, was Erfolg für dich bedeutet, und richte deinen Karriereweg danach aus.

- Mut und Disziplin: Der Weg zu deinen Zielen erfordert, dass du mutig neue Schritte wagst und gleichzeitig diszipliniert an ihnen arbeitest. Rückschläge sind Teil des Prozesses – bleib dran und lerne daraus.

- Balance ist entscheidend: Achte darauf, dass dein beruflicher Weg im Einklang mit deinem Privatleben steht. Zufriedenheit entsteht, wenn beides miteinander harmoniert.

- Reflektiere, plane und handle – denn deine Karriere ist das, was du daraus machst.

Mut und Disziplin – deine Schlüssel zu Wachstum und Erfolg

Was hindert uns oft daran, aktiv zu werden? In diesem Kapitel lernst du, wie du den Mut findest, dich Herausforderungen zu stellen, und wie du eine positive Einstellung zur Unsicherheit entwickelst. Denn Mut bedeutet nicht, keine Angst zu haben, sondern trotz der Angst zu handeln.

Erfolgreiche Menschen unterscheiden sich nicht dadurch von anderen, dass bei ihnen alles immer glattläuft – sie bleiben einfach länger dran. Daher geht es hier auch um Disziplin: Disziplin ist der Schlüssel, um Rückschläge zu überwinden und auch dann auf dem Weg zu bleiben, wenn es herausfordernd wird.

Die Kunst des Mutes – Challenges bewusst annehmen und gewinnen

Mutige Menschen faszinieren uns. Menschen wie Nelson Mandela oder Mahatma Gandhi, die für eine bessere Welt kämpften, wie Jane Goodall, die keine Mühen scheute, um Schimpansen zu schützen, und sogar wie unsere Kindheitsheldin Pippi Langstrumpf. Sie alle haben eines gemeinsam: Sie überwanden ihre Ängste, um ihre Träume zu verwirklichen. Sie haben den Mut bewiesen, aus der Komfortzone herauszutreten und sich für etwas Größeres einzusetzen.

Doch was ist Mut eigentlich?

Der Begriff „Mut“ hat eine lange Geschichte. Er stammt vom indogermanischen „mo“ (germanisch: „moda“) ab, was so viel bedeutet wie „starken Willens sein“ oder „heftig nach etwas streben“. Schon im Hochmittelalter wurde Mut in Ritterepen und Dichtungen als Edelmut und Tugend gefeiert. Damals galt Mut als Kernqualität eines Ritters – mutig zu sein bedeutete, ohne Furcht und Tadel zu handeln.

Auch in der Philosophie spielt Mut eine zentrale Rolle. In seiner „Nikomachischen Ethik“ definierte Aristoteles Feigheit als das Gegenteil von Mut: „Der Feige hofft also zu wenig, weil er vor allem zurückschreckt.“ Mut dagegen ist die Fähigkeit, auch dann zu handeln, wenn das Ergebnis ungewiss ist – eine Qualität, die Menschen in allen Lebensbereichen brauchen, um erfolgreich zu sein.

Mut ist nicht eindimensional – es gibt viele Formen von Mut. Er zeigt sich in alltäglichen Handlungen ebenso wie in großen, lebensverändernden Entscheidungen. Mut kann bedeuten:

- Mut zur Wahrheit: Sich trauen, die unbequeme Wahrheit zu sagen, auch wenn es unangenehm ist.
- Mut zur Veränderung: Den Sprung ins Unbekannte zu wagen, sei es ein Jobwechsel, ein Umzug oder der Start eines eigenen Projekts.
- Mut zum Nein: Sich abgrenzen und klar Nein sagen, wenn etwas nicht den eigenen Werten oder Zielen entspricht.
- Mut zur Toleranz: Andere Meinungen und Perspektiven respektieren, auch wenn sie nicht den eigenen entsprechen.

Es gibt auch den Großmut, der uns befähigt, über Kleinigkeiten hinwegzusehen, oder die Zivilcourage, mit der wir für Gerechtigkeit eintreten, selbst wenn wir persönlich keinen Vorteil davon haben.

Mut bedeutet, sich etwas zu trauen, obwohl man Angst hat. Es geht darum, trotz Unsicherheiten, Risiken und Widerständen zu handeln, weil man fest daran glaubt, dass es der richtige Weg ist. Dabei kann mutiges Handeln manchmal bedeuten, dass man einen persönlichen Verlust oder eine Herausforderung in Kauf nimmt. Es kann aber auch bedeuten, dass man schlicht eine schwierige Entscheidung trifft, die langfristig das eigene Leben verbessert.

Mut ist nicht das Fehlen von Angst. Im Gegenteil – wer mutig ist, kennt die Angst sehr gut. Aber Mutige lassen sich von der Angst nicht aufhalten. Sie handeln trotzdem. So drückte es der französische Politiker François Mitterrand treffend aus: „Mut bedeutet nicht, keine Angst zu haben, sondern die Angst zu überwinden.“[6]

Mut ist die Brücke zwischen der Sicherheit des Bekannten und den unendlichen Möglichkeiten des Neuen. In der Karriere bedeutet Mut oft, bewusst Unsicherheiten in Kauf zu nehmen, um Chancen zu ergreifen, die dich weiterbringen. Egal, ob es darum geht, eine neue Rolle anzunehmen, eine Gehaltserhöhung zu fordern oder den Job komplett zu wechseln – ohne Mut bleibst du in deiner Komfortzone stecken. Und aus dieser Komfortzone heraus passiert selten etwas Außergewöhnliches.

Angst ist der natürliche Begleiter des Mutes. Niemand, der mutige Schritte unternimmt, tut dies ohne ein Gefühl der Unsicherheit oder des Unbehagens. Aber: Angst ist kein Grund, nicht zu handeln. Sie zeigt dir oft, dass etwas Wichtiges auf dem Spiel steht. Die Kunst besteht darin, deine Angst als Signal zu nutzen, das dir sagt, dass du auf dem richtigen Weg bist – dass eine Veränderung bevorsteht.

TIPP. Stelle dir die Frage, was du tun würdest, wenn die Angst nicht da wäre. Was würdest du erreichen wollen, wenn du wüsstest, dass du nicht scheitern kannst? Diese Gedankenspiele helfen dir, das Potenzial in einer Situation zu sehen, anstatt dich von der Angst lähmen zu lassen.

Ich möchte mein Kapitel zum Thema „Mut" auch mit der Neugier verbinden. Denn ich glaube, dass die eigene Neugier oft den Mut voraussetzt, sie überhaupt auszuleben. Ohne Mut könnten wir viele Dinge im Leben – ob privat oder beruflich – nicht erleben oder erfahren. Mut und Neugier sind für mich zwei Seiten derselben Medaille. Es braucht Mut, die Komfortzone zu verlassen und neue Herausforderungen anzunehmen, und genau das ermöglicht es, die Welt mit neugierigen Augen zu entdecken.

Gerade im beruflichen Umfeld sehe ich immer wieder, wie Frauen zögern, wenn es darum geht, eine Bühne zu betreten oder sich sichtbar zu machen. Sie denken oft, sie müssten perfekt vorbereitet sein, bevor sie den Schritt wagen. Das habe ich selbst jahrelang erlebt. Männer zögern selten, wenn es darum geht, sich zu zeigen, während Frauen oft glauben, sie müssten die Inhalte bis ins kleinste Detail beherrschen, bevor sie den Mut fassen können, nach vorn zu treten.

Hier kommt mein erster Hack:

Du musst nicht perfekt sein, um gut zu wirken.

Es geht nicht um Perfektion, es geht vielmehr um deine Persönlichkeit, deine Leidenschaft und deine Präsenz. Die Menschen auf der Bühne oder im Publikum erinnern sich an deine Ausstrahlung, an die Botschaft – nicht daran, ob du jedes Detail perfekt beherrscht hast. Mut bedeutet hier, auch ohne Perfektionismus auf die Bühne zu gehen und einfach du selbst zu sein.

Mein zweiter Hack ist ein ganz persönlicher. Zu meinem 50. Geburtstag hat mein Freund mir – obwohl ich Höhenangst habe – einen Gutschein für einen Fallschirmsprung geschenkt. Zuerst dachte ich: Hat er überhaupt verstanden, wer ich bin? Doch dann habe ich beschlossen, nicht Nein zu sagen. Ich wollte die Herausforderung annehmen. Und was passierte? Nach dem Sprung war ich so begeistert, dass ich direkt gesagt habe: „Das möchte ich unbedingt wieder machen!" Was mir dabei geholfen hat, meine Angst zu überwinden? Auf dem Weg zum Flugplatz – der dreieinhalb Stunden von München entfernt lag – habe ich mir immer wieder gesagt: „Das wird Spaß machen! Ich habe keine Angst, ich freue mich auf dieses Abenteuer!“ Diese innere Überzeugung hat mir geholfen, meine Höhenangst zu überwinden. Und letztendlich hatte ich sogar weniger Angst als mein Freund.

> Mut ist nicht nur das Überwinden von Angst, sondern auch das Vertrauen in dich selbst und in deine Fähigkeit, jede Herausforderung mit Freude anzugehen.

Mut muss nicht immer groß und dramatisch sein – oft sind es die kleinen Schritte, die den Unterschied machen. Genau hier setzen die **77 MicroMutHacks** an: Sie zeigen dir, wie du im Alltag mit einfachen, aber wirkungsvollen Aktionen mutiger wirst. Von einem klaren „Nein“ bis hin zu mutigen Gesprächen – diese Hacks helfen dir, dein Selbstvertrauen zu stärken, Gewohnheiten zu hinterfragen und deine Komfortzone Stück für Stück zu erweitern.

Downloade dir die Hacks und probiere aus, wie viel Mut in den kleinen Dingen steckt!

DOKUMENT:
77 MicroMutHacks

Sei es im Beruf oder im Privatleben – der Mut, neue Wege zu gehen, bringt dich weiter und bereichert dein Leben. Was ist die eine Sache, die du schon lange tun wolltest, aber dich noch nicht getraut hast? Vielleicht ist jetzt der Moment, sie anzugehen!

Ohne Mut gibt es keine Weiterentwicklung, keine kreativen Durchbrüche und kein Ausbrechen aus der Routine. Mut bedeutet, Verantwortung zu übernehmen – für sich selbst und für die eigenen Entscheidungen. Ohne Mut bleiben wir oft im Status quo gefangen, wagen nichts Neues und verpassen wertvolle Chancen.

Mut ist der Schlüssel zu persönlichem und beruflichem Wachstum.

Im Berufsleben ist Mut unerlässlich. Ob es darum geht, eine neue Rolle anzunehmen, eine Gehaltserhöhung zu fordern oder schwierige Entscheidungen zu treffen – ohne Mut bleiben Karrieren oft auf der Strecke. „Am Mute hängt der Erfolg", erkannte schon Theodor Fontane.

Mutig zu führen bedeutet, Verantwortung abzugeben, eigene Fehler einzugestehen oder für Überzeugungen einzustehen, auch wenn es der Karriere kurzfristig schaden könnte. Mutig zu sein, bedeutet aber auch, Risiken „sehend zu überwinden", wie der Schriftsteller Jean Paul es formulierte.

Kann man Mut lernen?

Die gute Nachricht: Ja, Mut lässt sich trainieren. Psychologen vergleichen Mut oft mit einem Muskel – je mehr wir ihn trainieren, desto stärker wird er. Mutiges Handeln muss nicht immer mit großen Gesten beginnen. Oft sind es die kleinen Schritte, die den größten Unterschied machen. Es reicht, jeden Tag ein wenig über sich hinauszuwachsen und bewusst Entscheidungen zu treffen, die einen weiterbringen.

Manchmal verlieren Menschen ihren Mut durch Rückschläge oder negative Erfahrungen. Wenn wir oft scheitern, kann das unsere Zuversicht erschüttern und den Mut schwinden lassen. Doch hier ist es wichtig, sich wieder aufzurichten und weiterzumachen – auch das erfordert Mut.

Mutig zu sein muss nicht bedeuten, auf den Mount Everest zu steigen oder mit einem Fallschirm zu springen. Jeder von uns hat die Freiheit, Mut für sich selbst zu definieren. Für manche Menschen bedeutet Mut, allein in den Wald zu gehen. Für andere kann es mutig sein, den Chef um mehr Verantwortung zu bitten. Wichtig ist, dass du herausfindest, was dein Mut ist und in welchen Bereichen deines Lebens du ihn stärken möchtest.

Vielleicht träumst du schon lange davon, ein eigenes Café zu eröffnen, hast dich aber nie getraut, diesen Gedanken wirklich ernst zu nehmen. Mutig zu sein bedeutet nicht, sofort zu kündigen, sondern den ersten Schritt zu machen: darüber nachzudenken, mit einer vertrauten Person darüber zu sprechen oder sich Informationen einzuholen.

Mutige Menschen sind, wie bereits geschrieben, nicht angstfrei – sie wissen nur, wie sie mit ihrer Angst umgehen. Wenn du dich deinen Ängsten stellst und den ersten Schritt wagst, merkst du oft, dass es gar nicht so schlimm ist, wie es anfangs schien. Und am Ende kannst du stolz auf dich sein, dass du den Mut hattest, deine Komfortzone zu verlassen.

Aber Mut ist mehr als nur impulsive Risikobereitschaft. Er ist die Fähigkeit, trotz der Ängste und Unsicherheiten, die dich vielleicht bremsen, zu handeln. Mut bedeutet nicht, Angst zu ignorieren, sondern sie anzuerkennen und dennoch den Schritt nach vorne zu wagen. In diesem Abschnitt wirst du lernen, wie du mutiger wirst, kalkulierte Risiken eingehst und mit der Angst vor dem Unbekannten umgehst.

Mut bedeutet, Entscheidungen zu treffen, auch wenn der Ausgang ungewiss ist. Es ist leicht, mutig zu sein, wenn alles klar und absehbar ist. Die wahre Herausforderung besteht jedoch darin, zu handeln, wenn du nicht sicher weißt, ob es die richtige Entscheidung ist. In der Karriere sind diese Momente oft wegweisend.

Hier eine wichtige Erkenntnis: Mut ist keine einmalige Tat. Er ist eine wiederholbare Fähigkeit, die du trainieren kannst. Indem du immer wieder kleine mutige Schritte gehst, baust du dein Selbstvertrauen auf und bereitest dich auf die großen Entscheidungen vor.

Denn Mut bedeutet nicht, sofort riesige Sprünge ins Unbekannte zu wagen. Du kannst mit kleinen mutigen Entscheidungen beginnen, die dich langsam aus deiner Komfortzone herausführen. Es sind oft die kleinen Schritte, die den größten Unterschied machen.

ÜBUNG.

Setze dir das Ziel, in den nächsten sieben Tagen eine mutige Handlung durchzuführen: Sei es, eine neue Aufgabe zu übernehmen, die du bisher gemieden hast, eine Idee in einem Meeting vorzustellen oder ein ehrliches Feedback einzuholen. Du wirst überrascht sein, wie sich das Gefühl von Mut in dir verankert, wenn du regelmäßig kleine Risiken eingehst.

Hier einige konkrete Schritte, um deinen Mut zu trainieren:

- Sage öfter Ja zu neuen Aufgaben: Nimm bewusst Gelegenheiten wahr, auch wenn sie nicht ganz in dein bisheriges Tätigkeitsfeld passen.

- Fordere, was dir zusteht: Ob es ein neues Projekt, eine Weiterbildung oder eine Gehaltserhöhung ist – wage es, deine Bedürfnisse auszusprechen.
- Beteilige dich an Diskussionen und Meetings: Auch wenn du unsicher bist, bring deine Ideen ein. Mutig zu sein bedeutet auch, sich Gehör zu verschaffen.

Mut als Karrieremotor

Mut ist einer der am meisten unterschätzten Erfolgsfaktoren im Berufsleben. Es gibt viele Menschen, die hochqualifiziert sind, sich aber nicht trauen, den nächsten Karriereschritt zu gehen. Vielleicht kennst du Menschen, die mutige Entscheidungen getroffen haben – den Job gewechselt haben, in ein neues Land gezogen sind oder ein eigenes Unternehmen gegründet haben. Diese Entscheidungen sind oft mit Unsicherheiten verbunden, aber sie öffnen Türen, die sonst verschlossen geblieben wären.

Sara Blakely, die Gründerin von Spanx, ist ein gutes Beispiel dafür. Sie verkörpert Mut und unternehmerischen Wagemut. Anfangs arbeitete sie als Tür-zu-Tür-Verkäuferin und hatte wenig Geld auf der hohen Kante. Doch sie war fest von ihrer Geschäftsidee überzeugt: figurformende Unterwäsche für Frauen. Mit nur 5.000 Dollar Startkapital und ohne jegliche Erfahrung in der Modebranche baute sie Spanx auf. Heute ist Spanx ein Milliardenunternehmen und Blakely eine der jüngsten Selfmade-Milliardärinnen der Welt.

Ihr Erfolgsgeheimnis? „Lassen Sie sich nicht von dem, was Sie nicht wissen, einschüchtern. Das kann sogar Ihre größte Stärke sein und stellt sicher, dass Sie die Dinge anders machen.“[7]

Oder denke an Richard Branson. Der Gründer der Virgin Group ist bekannt für seine Risikobereitschaft. Nach dem Erfolg von Virgin Records gründete er Virgin Atlantic, obwohl er keinerlei Erfahrung in der Luftfahrtindustrie hatte. Viele warnten ihn, dass dieser Schritt ein Fiasko sein könnte, doch Branson setzte alles daran, das Unternehmen erfolgreich zu machen.

Sein Leitspruch: „Meine größte Motivation? Mich immer selbst herauszufordern. Für mich ist das Leben beinahe wie eine lange Universitätsausbildung, die ich nie hatte – jeden Tag lerne ich etwas Neues dazu.“[8]

In der deutschen Unternehmenswelt kann Verena Pausder als Beispiel dienen. Sie gründete Fox & Sheep, ein Start-up für Lern-Apps, zu einer Zeit, als digitale Bildung in Deutschland noch kaum etabliert war. Später baute sie die HABA Digitalwerkstätten auf und wurde zu einer Vorreiterin im Bereich der digitalen Bildung. Besonders während der Corona-Pandemie setzte sie sich für die Digitalisierung des Schulwesens ein, trotz der vielen Hindernisse und der Skepsis in Deutschland.

Frank Thelen, bekannt aus „Die Höhle der Löwen", wagte nach mehreren Rückschlägen den nächsten mutigen Schritt mit seinem Start-up ip.labs. Er setzte nahezu sein gesamtes Vermögen aufs Spiel und verkaufte das Unternehmen später erfolgreich an FujiFilm. Heute ist Thelen ein gefragter Investor im Technologiebereich. Thelen betont immer wieder, wie wichtig es ist, Risiken einzugehen, auch wenn Erfolg nicht garantiert ist.

REFLEXION. Wo in deinem Leben brauchst du mehr Mut?

Um mutig zu handeln, ist es hilfreich, zuerst zu reflektieren, in welchen Bereichen deines Lebens du Mut brauchst. Nimm dir einen Moment Zeit, um die folgenden Fragen zu beantworten:

- Wo in deiner Karriere hast du in letzter Zeit gezögert, weil du Angst hattest?
- Welche Entscheidung schiebst du schon länger vor dir her?

Erstelle dir eine Liste und wähle eine dieser Entscheidungen aus. Setze dir als Ziel, innerhalb der nächsten Woche aktiv zu werden.

Mut ist der entscheidende Faktor, um dein volles Potenzial zu entfalten. Ohne Mut bleibt jede noch so gute Karriereplanung Theorie. Wage den Sprung ins Unbekannte – denn der Lohn für deinen Mut sind neue Chancen, die deine berufliche und persönliche Entwicklung beflügeln.

Die folgende Übung hilft dir dabei, Kraft für deinen nächsten mutigen Schritt zu sammeln:

ÜBUNG.

Schließe für einen Moment die Augen und stell dir vor, wie du eine mutige Entscheidung getroffen hast. Spüre das Gefühl der Erleichterung und des Stolzes, nachdem du gehandelt hast. Wie verändert sich dein Leben durch diese Entscheidung? Welche neuen Türen öffnen sich für dich?

Stell dir vor, wie dein Leben aussehen wird, wenn du in einem Jahr zurückblickst und feststellst, wie oft du mutig gehandelt hast. Wo stehst du dann? Welche Türen hast du durch deinen Mut geöffnet? Dein zukünftiges Ich wird stolz auf dich sein.

Mut ist eine der zentralen Eigenschaften, wenn es darum geht, die eigene Karriere bewusst und erfolgreich zu gestalten. Doch was bedeutet Mut im Berufsleben wirklich? Wie kannst du mutige Entscheidungen treffen, selbst wenn Zweifel oder Ängste im Weg stehen? Und wie gelingt es, trotz Stress und Herausforderungen dranzubleiben?

Genau darüber habe ich mit **Pivi Scamperle** gesprochen. Pivi bringt mehr als 25 Jahre Erfahrung aus den unterschiedlichsten Veränderungsprojekten mit und unterstützt Menschen und Organisationen als Beraterin, Coach und Trainerin. Ihre berufliche Reise führte sie von Führungs- und Beratungspositionen in großen Unternehmen über die Selbstständigkeit bis hin zu ungewöhnlichen Wegen, wie ihrem Sabbatical als Tauchlehrerin in Ägypten. Pivi weiß, wie wichtig Mut ist, um Chancen zu nutzen und Neues zu wagen – und teilt in diesem Gespräch ihre Erfahrungen, Beispiele und Techniken, wie auch du deine Komfortzone verlassen kannst.

Wir sprechen darüber:

- warum Mut ein Schlüssel zu persönlichem und beruflichem Wachstum ist.
- wie du Mut Schritt für Schritt trainieren kannst.
- wie dich deine Glaubenssätze beeinflussen – und wie du sie für dich arbeiten lässt.
- praktische Techniken, um in herausfordernden Momenten mutig zu bleiben.

Zudem gibt Pivi dir ein konkretes Beispiel für eine mutige Entscheidung, die sie beruflich weitergebracht hat.

Kontakt zu Pivi: *mail@scamperle.de, www.scamperle.de*

Lass dich inspirieren und entdecke, wie Mut dir dabei hilft, beruflich über dich hinauszuwachsen!

Hier geht's zum Interview mit Pivi:

VIDEO:
Interview mit Pivi Scamperle zum Thema Mut

Das Interview mit Pivi gibt es auch noch einmal in Schriftform zum Nachlesen:

DOKUMENT:
Das Interview mit Pivi Scamperle zum Thema Mut in schriftlicher Form

Mut ist wie ein Muskel – je mehr du ihn trainierst, desto stärker wird er. Aber wie schafft man es, mutige Entscheidungen zu treffen, selbst wenn die Situation herausfordernd ist? Pivi Scamperle hat dafür drei konkrete Übungen mitgebracht, die dir helfen, deine innere Stärke zu aktivieren und Schritt für Schritt mehr Mut in deinen Alltag zu bringen. Ob du dich auf ein schwieriges Gespräch vorbereitest, einen sicheren Rückzugsort suchst oder belastende Gedanken zur Seite legst – diese Übungen unterstützen dich dabei, gelassener und selbstbewusster mit Unsicherheiten umzugehen.

Downloade dir die Übungen und entdecke, wie du deinen Mut gezielt stärken kannst!

DOKUMENT:
Übungen mit Pivi Scamperle zum Thema Mut

Disziplin als Erfolgsgeheimnis – Dranbleiben, wenn es schwierig wird

Während Mut dir den Start erleichtert und dich in Bewegung bringt, sorgt Disziplin dafür, dass du auch langfristig am Ball bleibst. Mut bringt dich auf den Weg – Disziplin hält dich auf Kurs. In jeder Phase deiner Karriere wirst du Momente erleben, in denen die anfängliche Euphorie nachlässt, Herausforderungen auftauchen oder Rückschläge dich verunsichern. Hier kommt Disziplin ins Spiel: Sie hilft dir, konsequent an deinen Zielen zu arbeiten, auch wenn es einmal schwer wird.

Disziplin ist der Unterschied zwischen denen, die nur träumen, und denen, die ihre Träume verwirklichen. Sie sorgt dafür, dass du nicht nur kurzfristige Erfolge feierst, sondern langfristig deine beruflichen und persönlichen Ziele erreichst.

Disziplin hat oft keinen besonders guten Ruf. Viele denken dabei an etwas Mühsames, an Zwang oder Einschränkungen. Aber ich habe auf meiner eigenen Karriere-Reise gelernt, dass Disziplin eine Kraft ist, die uns hilft, unsere Ziele wirklich zu erreichen. Ja, sie kann anstrengend sein. Aber die Wahrheit ist: Niemand – ob Spitzensportlerin oder Profimusiker – wird allein durch Talent erfolgreich. Disziplin verwandelt Talent erst in Stärke. Punkt.

Was ich dabei gelernt habe: Disziplin wird mit der Zeit zur Routine. Anfangs fühlt sie sich mühsam an, aber irgendwann wird sie Teil deines Alltags. Etwas, das ganz normal ist. Das gilt sowohl im Beruf als auch im Privaten. Untersuchungen zeigen, dass es im Durchschnitt 66 Tage dauert, bis eine neue Gewohnheit zur Routine wird. Natürlich hängt das vom Verhalten und der Person ab. Manche Menschen brauchen länger als andere. Doch am Ende gilt: Wer dranbleibt, wird belohnt.

BEISPIEL. Ein Beispiel aus meinem Leben: Ich habe mir vorgenommen, regelmäßig auf LinkedIn zu posten, um meine Sichtbarkeit zu erhöhen. Am Anfang war es hart, zweimal die Woche etwas zu veröffentlichen. Aber irgendwann gehörte es einfach dazu. Ich habe mich organisiert mit Kalendereinträgen und klarer Planung, damit ich dranbleibe.

Ich glaube fest an die „Disziplinzeit“. Wenn du etwas oft genug gemacht hast, geht es in Fleisch und Blut über. Ich merke das besonders bei meinen persönlichen Disziplinen, wie Sport und gesunde Ernährung. Diese Dinge sind so fest in meinem Alltag verankert, dass ich mich unwohl fühle, wenn ich mal keinen Sport mache. Und bei ungesundem Essen habe ich oft ein schlechtes Gewissen. Natürlich gönne ich mir ab und zu Pausen und nasche auch mal Schokolade. Aber meistens weiß mein Körper, was ihm guttut – und daran halte ich mich.

Auch bei diesem Buch hat mich Disziplin weitergebracht. Ich habe mir ein Wochenende ausgesucht, an dem ich das erste Kapitel schreiben wollte. Es war anstrengend, ja, aber ich habe es geschafft. Und habe grünes Licht von der Programmleiterin bekommen. Danach war ich klarer und hatte einen Plan, wie ich weitermachen wollte. Die nächsten Schritte waren immer noch Arbeit, aber ich konnte auf dem Erfolg aufbauen und hatte Spaß dabei.

Deshalb mein Appell an dich: Disziplin ist kein Feind, sondern ein Freund. Sie ebnet dir den Weg zu deinen Zielen. Gib dir Zeit, denn Gewohnheiten entstehen nicht über Nacht. Aber wenn du dranbleibst, wird Disziplin zu einer wertvollen Routine, die dir Schritt für Schritt den Weg zum Erfolg zeigt. Probiere es aus – du wirst überrascht sein, wie viel du schaffen kannst!

Disziplin wird oft mit harter Arbeit oder Verzicht gleichgesetzt. Doch wahre Disziplin ist viel mehr: Sie ist die Fähigkeit, über einen längeren Zeitraum hinweg fokussiert zu bleiben und den richtigen Weg nicht zu verlassen. Es geht darum, deine Energie und Aufmerksamkeit so zu lenken, dass du auf lange Sicht Erfolge siehst.

Es bedeutet auch, regelmäßig kleine Schritte in Richtung deiner Ziele zu machen, anstatt von einer Aufgabe zur nächsten zu springen oder auf schnelle Erfolge zu hoffen. Disziplin ist die konstante Verpflichtung, dich selbst an deine Prioritäten zu erinnern und bewusst daran zu arbeiten – Tag für Tag. Sie wird nicht über Nacht entwickelt, sondern Schritt für Schritt aufgebaut. Das Schöne daran? Disziplin ist ebenfalls wie ein Muskel, den du trainieren kannst. Je häufiger du sie einsetzt, desto stärker wird sie.

Kann man Disziplin lernen?

Viele Menschen verwechseln Motivation mit Disziplin. Sie denken, sie müssten immer motiviert sein, um etwas zu erreichen. Doch die Wahrheit ist: Motivation ist flüchtig. Sie ist die treibende Kraft zu Beginn eines Projekts, aber nicht immer da, wenn du sie am meisten brauchst. Motivation kommt und geht, abhängig von deiner Stimmung, äußeren Umständen oder auch einfach von einem schlechten Tag.

Disziplin hingegen ist verlässlich. Disziplin bedeutet, weiterzumachen, auch wenn die Motivation nachlässt. Sie ist die Fähigkeit, sich an einen Plan zu halten, auch wenn es schwerfällt. Disziplin sorgt dafür, dass du nicht aufgibst, sondern dranbleibst, selbst wenn die Umstände gerade nicht ideal sind. Das kann man in der Tat lernen.

TIPP. Fokussiere auf die kleinen, regelmäßigen Handlungen, die dich langfristig deinem Ziel näher bringen – auch wenn sie sich manchmal langweilig oder mühsam anfühlen. Denn genau diese Konstanz führt zum Erfolg.

Disziplin klingt oft nach einer großen Herausforderung, die viel Willenskraft erfordert. Aber genau wie beim Thema Mut kannst du auch hier klein anfangen. Es sind die kleinen täglichen Entscheidungen, die sich zu einem festen Muster entwickeln. Schon ein kleiner Schritt jeden Tag bringt dich deinem Ziel näher. Und je öfter du dranbleibst, desto leichter wird es.

ÜBUNG.

Hier ein paar konkrete Beispiele, wie du deine Disziplin im Alltag stärken kannst:

- Erstelle eine To-do-Liste und halte dich daran: Fokussiere jeden Tag auf ein paar wichtige Aufgaben und erledige sie konsequent, bevor du dich anderen Dingen zuwendest.
- Setze klare Prioritäten: Statt von Aufgabe zu Aufgabe zu springen, überlege dir am Morgen oder Vorabend, was deine wichtigsten Ziele sind, und arbeite gezielt daran.
- Belohne dich nach erledigten Aufgaben: Disziplin bedeutet nicht, auf Belohnungen zu verzichten. Kleine Pausen oder Belohnungen können dich motivieren, dranzubleiben.

Disziplin als Erfolgsmotor

Disziplin ist oft der entscheidende Faktor, der langfristig Erfolg bringt. Sie gibt dir die Struktur und den Fokus, um kontinuierlich Fortschritte zu machen. Während Motivation der Funke ist, der dich in Bewegung bringt, sorgt Disziplin dafür, dass du Schritt für Schritt weiterkommst, auch wenn der Weg steinig wird.

Angela Merkel zum Beispiel hat während ihrer politischen Karriere bewiesen, dass Disziplin und Beständigkeit langfristig großen Erfolg bringen können. Über 16 Jahre hinweg hat sie Deutschland als Bundeskanzlerin geführt und dabei zahlreiche Krisen gemeistert. Auch wenn ihre Entscheidungen nicht immer populär waren, blieb sie diszipliniert und entschlossen, ihre Ziele zu verfolgen. Diese Konstanz und ihr disziplinierter Arbeitsstil haben ihr weltweiten Respekt eingebracht.

Die Basketballlegende Kobe Bryant ist ein weiteres Paradebeispiel für Disziplin. Sein Motto „Outwork everyone" zeigt, wie sehr er sich darauf fokussierte, durch kontinuierliche harte Arbeit und Disziplin besser zu werden. Auch in den frühen Morgenstunden trainierte er härter als alle anderen. Bryant glaubte fest daran, dass Disziplin, nicht Talent, der wahre Schlüssel zu Erfolg ist. Sein unermüdlicher Einsatz machte ihn zu einem der größten Basketballspieler aller Zeiten.

REFLEXION. Wo in deinem Leben brauchst du mehr Disziplin?

Genau wie Mut, so kann auch Disziplin in allen Bereichen deines Lebens eine zentrale Rolle spielen. Nimm dir einen Moment Zeit und beantworte die folgenden Fragen:

- In welchen Bereichen deines beruflichen oder persönlichen Lebens verlierst du schnell die Motivation?
- Gibt es eine Gewohnheit, die du ändern möchtest, bei der dir aber die Disziplin fehlt?
- Welche kleinen Schritte könntest du ab heute einführen, um deine Disziplin zu stärken?

Erstelle eine Liste und identifiziere konkrete Bereiche, in denen du deine Disziplin in den nächsten Wochen verbessern möchtest. Setze dir realistische, kleine Ziele und arbeite konsequent daran.

Die folgende Übung hilft dir dabei, Kraft für deinen nächsten disziplinierten Schritt zu sammeln:

ÜBUNG.

Schließe die Augen und stell dir vor, wie du in sechs Monaten zurückblickst. Du hast durch Disziplin jeden Tag kleine, aber wichtige Schritte gemacht. Wie fühlst du dich? Welche Erfolge hast du dadurch erzielt? Welche Gewohnheiten hast du aufgebaut, die dich stärker und erfolgreicher gemacht haben?

Disziplin mag manchmal hart klingen, aber sie ist der unsichtbare Faden, der all deine Anstrengungen zusammenhält. Mut bringt dich voran, Disziplin hält dich auf dem Weg. Je stärker du sie trainierst, desto leichter wird es, selbst in schwierigen Zeiten an deinen Zielen festzuhalten und langfristige Erfolge zu erzielen.

Jetzt hast du viel über Disziplin erfahren – aber das wirkliche Wachstum passiert, wenn du anfängst, dieses Wissen anzuwenden. Disziplin ist keine Eigenschaft, die man von heute auf morgen erlangt, sondern eine Fähigkeit, die du durch tägliche, kleine Handlungen entwickelst. Um dich dabei zu unterstützen, lade ich dich zu einer 30-Tage-Disziplin-Challenge ein.

ÜBUNG. Die 30-Tage-Disziplin-Challenge

Die Idee hinter dieser Challenge ist einfach: Stell dir 30 Tage lang jeden Tag eine kleine Aufgabe und zieh sie durch. Das Ziel ist nicht, große und aufwendige Projekte zu erledigen, sondern jeden Tag einen kleinen Schritt in Richtung Disziplin zu machen. So baust du kontinuierlich gute Gewohnheiten auf und stärkst deinen „Disziplin-Muskel".

Jeden Morgen, bevor dein Tag richtig losgeht, überlegst du dir eine realistische Aufgabe, die du an diesem Tag schaffen möchtest. Diese Aufgabe sollte klar definiert, machbar und motivierend sein. Beispiele für tägliche Ziele könnten sein:

- „Heute werde ich 15 Minuten an meinem Projekt arbeiten."
- „Ich stehe morgen 10 Minuten früher auf und lese ein Kapitel in einem Buch."
- „Ich erledige eine Aufgabe, die ich schon lange vor mir herschiebe."

Um deine Fortschritte sichtbar zu machen, kannst du ein Disziplin-Tagebuch führen. In diesem notierst du dir täglich:

1. dein Tagesziel: Was hast du dir vorgenommen?
2. deinen Fortschritt: Hast du es geschafft? Was hat dir geholfen?
3. deine Erkenntnisse: Was hast du heute über dich und deine Disziplin gelernt?

Du kannst auch eine Tabelle anlegen. Ich habe eine solche Tabelle beispielhaft ausgefüllt:

Tag	Ziel	Fortschritt	Erkenntnis
1	15 Minuten an meinem Projekt arbeiten.	Geschafft!	Es tat gut, endlich anzufangen.
2	E-Mail an meinen Mentor schreiben.	Nicht geschafft, aber für morgen vorgemerkt.	Zeitplan besser organisieren.
3	10 Minuten früher aufstehen.	Geschafft!	Der Morgen war viel produktiver.
4	30 Minuten lesen.	Geschafft!	Die Ruhe hat mir richtig gutgetan.
5	Feedback von Kolleginnen und Kollegen einholen.	Geschafft!	Mut zahlt sich aus. Wertvolle Übung, um Tipps zu bekommen.
...			

Am Ende der ersten sieben Tage, also nach einer Woche, kannst du einen kurzen Rückblick halten und schauen, welche Fortschritte du gemacht hast, welche Hürden du überwunden hast und woran du noch arbeiten möchtest.

Nach jeder Woche kannst du dich selbst für deine Disziplin belohnen. Es muss nichts Großes sein – ein kleiner Moment der Anerkennung reicht. Vielleicht ist es ein gemütlicher Abend mit einem Film, den du schon lange sehen wolltest, oder ein Treffen mit einer Freundin oder einem Freund. Diese kleinen Belohnungen sind wichtig, um deine Disziplin positiv zu verankern und dich zu motivieren, dranzubleiben.

Am Ende der 30 Tage ist es Zeit, auf deine Challenge zurückzublicken:

- Welche Fortschritte hast du gemacht?
- Welche neuen Gewohnheiten hast du entwickelt?
- Wo fiel es dir schwer, diszipliniert zu bleiben, und was kannst du daraus lernen?

Notiere dir diese Gedanken und feiere deine Erfolge. Du wirst überrascht sein, wie viel du in nur einem Monat erreicht hast, indem du jeden Tag kleine, aber kontinuierliche Schritte gegangen bist.

Um die Challenge abzuschließen, lade ich dich dazu ein, eine Visualisierungsübung zu machen.

Schließe dazu die Augen und stell dir vor, wie du nach 30 Tagen der Disziplin auf deine Erfolge zurückblickst. Welche Gewohnheiten hast du entwickelt? Wie fühlst du dich? Welche beruflichen und persönlichen Fortschritte hast du gemacht? Du hast 30 Tage lang konsequent gearbeitet und deine Ziele Schritt für Schritt umgesetzt. Fühle den Stolz, den du empfindest, weil du dir selbst bewiesen hast, dass Disziplin dein Wachstum beflügeln kann.

Zum Abschluss dieses Kapitels habe ich noch zwei inspirierende „Disziplin-Hacks“ für den Alltag für dich:

1. Die 10-Minuten-Regel: Wenn du dich nicht motiviert fühlst, an einer Aufgabe zu arbeiten, beginne einfach für 10 Minuten. Oft ist der schwierigste Teil das Anfangen, und nach den 10 Minuten wirst du feststellen, dass du dich leichter konzentrieren kannst. Diese Technik hilft dir, auch an Tagen mit wenig Energie konsequent zu arbeiten.

2. Ein kleines Versprechen halten: Setze dir jeden Tag ein kleines, aber klares Ziel – egal, wie winzig es ist. Halte dieses Versprechen dir selbst gegenüber ein und du wirst merken, wie sich deine Disziplin mit jedem erreichten Ziel stärkt. Sei es ein kurzer Spaziergang, ein Kapitel in einem Buch oder eine kleine Aufgabe – jeden Tag schaffst du etwas und trainierst dabei deine Disziplin.

Das Wichtigste in Kürze

- Eine stabile Basis ist kein Selbstläufer, sondern das Ergebnis bewusster Reflexion und aktiver Entscheidungen.
- Die Definition deiner Werte, das Verständnis deines Selbstbildes, das Erkennen deiner Stärken und der aktuelle Karrierestand sind die zentralen Bausteine, um deine nächsten Schritte sicher und erfolgreich zu planen. Nur wer sich seiner Basis bewusst ist, kann strategisch und erfolgreich seine Karriere gestalten.
- Disziplin ist der Schlüssel zu langfristigem Erfolg. Sie hilft dir, dranzubleiben, auch wenn die Motivation nachlässt, und ermöglicht es dir, deine beruflichen und persönlichen Ziele mit Klarheit und Konsequenz zu verfolgen.
- Mut ist nicht nur eine persönliche Entscheidung, sondern oft der entscheidende Erfolgsfaktor. Wage den ersten Schritt ins Unbekannte, aber voller Entschlossenheit. Verlasse deine Komfortzone, triff mutige Entscheidungen und öffne die Türen zu neuen Möglichkeiten.
- Diese stabile Basis ist dein Ausgangspunkt, von dem aus du dein volles Potenzial entfalten kannst. Sie gibt dir Orientierung und Klarheit und hilft dir, selbstbewusste Entscheidungen zu treffen, die dich näher zu deinen Zielen bringen.

2

Schritt 2: Deine Ziele und deine Vision

In Schritt 2 liegt der Fokus darauf, klare Ziele und eine starke Vision für deine Karriere zu entwickeln – und die Begeisterung zu finden, die dich auf diesem Weg antreibt. Dieses Kapitel ist der Motor für deine berufliche Entwicklung. Es zeigt dir, wie du dich mit einem klaren Zielbild ausrichtest, das dich in die richtige Richtung lenkt und gleichzeitig die Energie freisetzt, die du brauchst, um dranzubleiben.

Warum ist das so wichtig? Ohne Ziele fehlt dir die Orientierung. Stell dir vor, du steigst in dein Auto – oder aufs Fahrrad – und fährst los, aber du weißt nicht, wohin. Wie sollst du dann wissen, wann du angekommen bist? Klare Ziele geben dir nicht nur Struktur und Orientierung, sondern auch eine greifbare Richtung, in die du dich entwickelst. Mit konkreten Zielen kannst du Prioritäten setzen, Fortschritte messen und deinen Weg anpassen, falls nötig. Das heißt also genau, dass es Veränderungen geben darf oder auch den ein oder anderen Umweg – aber ohne ein Ziel wirst du nie den Weg losgehen können.

Gleichzeitig brauchst du eine starke Vision. Diese Vision ist dein großes, langfristiges Zielbild – das, worauf du hinarbeitest, auch wenn der Weg dorthin steinig ist. Sie ist der Leuchtturm, der dir auch in schwierigen Phasen Orientierung gibt und dich daran erinnert, warum du das alles machst. Deine Vision inspiriert dich und gibt dir den nötigen Antrieb, um deine Ziele nicht aus den Augen zu verlieren.

Doch auch die besten Ziele und eine inspirierende Vision bringen wenig, wenn die Begeisterung fehlt. Begeisterung ist der emotionale Treibstoff, der dich motiviert und durch schwierige Zeiten trägt. Sie ist das, was dich morgens aufstehen lässt und dich mit Freude und Neugier antreibt. Ohne Begeisterung wird selbst das spannendste Karriereziel irgendwann zu einer bloßen Pflichtaufgabe.

In diesem Schritt wirst du lernen, wie du klare Ziele definierst, die zu dir passen und dir Orientierung geben. Du wirst entdecken, wie eine Vision dir langfristig dabei hilft, motiviert zu bleiben, und wie du Begeisterung für deinen Weg entfachst und aufrechterhältst. Gemeinsam sind diese drei Elemente – Ziele, Vision und Begeisterung – die Basis für eine erfolgreiche und erfüllte Karriere. Sie helfen dir, dich immer wieder neu auszurichten, wenn es darauf ankommt, und gleichzeitig mit Freude und Engagement an deinen Zielen zu arbeiten.

Die elementare Rolle von Begeisterung

Deine Vision ist der langfristige Weg, den du in deinem Leben und in deiner Karriere gehen möchtest. Doch ohne Begeisterung für diese Vision wird der Weg schwer und unklar. Begeisterung ist der „Treibstoff", der deine Vision lebendig macht. Sie verleiht dir die Energie und den Fokus, um auf deine Ziele hinzuarbeiten – auch in Momenten der Unsicherheit oder im Falle von Rückschlägen.

Stell dir vor, deine Vision ist ein Auto, das dich auf eine lange Reise mitnimmt. Ohne Begeisterung, also ohne den Motor, bleibt das Auto stehen – es sieht gut aus, bewegt sich aber nicht. Begeisterung ist es, die das Auto in Bewegung setzt und dich auf deinem Weg hält, bis du dein Ziel erreichst.

Deshalb stelle ich, bevor ich zu Zielen und Visionen komme, auch dieses Kapitel „Begeisterung" voran.

Begeisterung – der Motor, der uns antreibt

Ich bin ein Mensch, der sich gerne begeistern lässt. Mit kindlicher Neugier und Offenheit habe ich es geschafft, mir diese Eigenschaft bis heute zu bewahren. Für mich sind genau diese beiden Aspekte – Neugier und Offenheit – entscheidend, um Begeisterung für die eigenen Visionen und Ziele immer wieder neu zu entfachen.

Natürlich gibt es auch bei mir Tage, an denen ich weniger Energie habe, müde oder genervt bin. Es gibt Herausforderungen und Hindernisse, die meine Vision und das Erreichen meiner Ziele erschweren. Aber gerade in solchen Momenten helfen mir meine Neugier und Offenheit weiter. Sich auf etwas einzulassen und Gefühle offen zu zeigen, ist für mich der Schlüssel, um die Begeisterung lebendig zu halten.

Manchmal drückt sich das ganz körperlich aus – dann lache ich, bin laut oder falle jemandem spontan um den Hals. Es ist wichtig, das zuzulassen, auch wenn wir längst keine Kinder mehr sind. Diese Begeisterung zu spüren und ihr Ausdruck zu verleihen, authentisch zu sein, das ist für mich der Weg, um meine Visionen und Ziele jeden Tag aufs Neue mit Leidenschaft zu verfolgen und zu leben.

Begeisterung ist mein Antrieb. Sie ist mein Elixier und das, was mich antreibt, wenn ich an meine Vision denke. Zum Beispiel erlebe ich tiefe Begeisterung, wenn eine Person, die wir beraten dürfen, ihren Weg erfolgreich geht. Wenn sie uns rückmeldet, wie sie sich verändert hat und wie wir sie dabei unterstützt haben – das sind die emotionalen Momente, die mir die Bedeutung meiner Arbeit deutlich machen.

Es sind oft die kleinen Dinge, die mich begeistern und mir zeigen, wie wertvoll meine Arbeit ist. Für mich ist es entscheidend, diese Begeisterung zu bewahren. Der Schlüssel liegt darin, sich immer wieder auf das Leben, auf Menschen und auf neue Erfahrungen einzulassen – mit einem offenen, vielleicht manchmal kindlichen Blick auf die Welt.

Begeisterung ist eine der stärksten Kräfte, die uns antreibt. Sie ist der Funke, der uns mit Energie erfüllt und uns morgens mit Freude aufstehen lässt. Begeisterung ist mehr als nur Motivation – sie ist eine tiefe, emotionale Verbindung zu dem, was wir tun. Sie gibt uns das Gefühl, auf dem richtigen Weg zu sein, selbst wenn Hindernisse auftauchen. Ohne Begeisterung wird der Weg lang und schwer; mit ihr hingegen verwandeln sich Herausforderungen in Chancen und der Alltag bekommt einen tieferen Sinn.

Es ist wichtig, den Unterschied zwischen Begeisterung und Motivation zu verstehen. Motivation ist oft von äußeren Faktoren abhängig, wie einem bestimmten Ziel oder einer Belohnung. Sie kann kommen und gehen, je nachdem, wie attraktiv eine Aufgabe ist. Begeisterung hingegen entspringt einer tieferen, inneren Verbindung zu dem, was du tust. Sie ist beständiger und langfristiger, weil sie auf deiner Vision basiert – nicht nur auf einem kurzfristigen Erfolg oder Anreiz.

> Motivation hilft dir, eine Aufgabe zu erledigen, Begeisterung hilft dir, deine Vision zu verwirklichen.

In der Philosophie wird Begeisterung oft als ein Zustand beschrieben, in dem du dich mit deiner Aufgabe und deiner Umgebung im Einklang fühlst. Du hast das Gefühl, genau das zu tun, wofür du bestimmt bist. Diese Energie kommt von innen, nicht von äußeren Belohnungen oder Erwartungen. Und das Beste: Begeisterung ist ansteckend. Wenn du für etwas brennst, steckst du andere mit dieser Leidenschaft an, und das kann eine starke Dynamik in deinem Umfeld schaffen.

Begeisterung ist der unsichtbare Motor, der dich durch Höhen und Tiefen trägt. Sie ist keine kurzfristige Hochstimmung, sondern eine tiefe innere Kraft, die dir hilft, an deinen Zielen dranzubleiben – auch wenn es mal schwierig wird.

Hier sind einige Gründe, warum Begeisterung so wichtig ist:

- Begeisterung gibt Energie: Wenn du begeistert von deiner Vision bist, wirkt jeder Tag wie eine neue Gelegenheit. Lange Arbeitstage oder anspruchsvolle Aufgaben fühlen sich nicht wie Lasten an, sondern wie Schritte in die richtige Richtung.
- Begeisterung überwindet Hindernisse: Rückschläge sind unvermeidlich, aber wenn du begeistert bist, siehst du sie als Teil des Weges und nicht als Blockade. Begeisterung gibt dir die mentale Kraft, nach Lösungen zu suchen und nicht aufzugeben.
- Begeisterung ist ansteckend: Begeisterung wirkt nicht nur auf dich selbst, sondern auf die Menschen um dich herum. Sie inspiriert und motiviert dein Umfeld, sei es im beruflichen oder privaten Leben. Diese positive Energie kann Türen öffnen und neue Möglichkeiten schaffen.

Begeisterung ist also nicht nur ein persönlicher Antrieb, sondern auch ein sozialer Katalysator, der anderen hilft, sich mitreißen zu lassen und dich auf deinem Weg zu unterstützen.

Strategien, um Begeisterung aufrechtzuerhalten

Begeisterung ist nicht immer eine konstante Kraft. Es gibt Zeiten, in denen sie nachlässt – das ist normal. Wichtig ist, dass du Wege findest, sie immer wieder neu zu entfachen und sie langfristig aufrechtzuerhalten. Hier sind einige Strategien und Übungen, die dir dabei helfen:

ÜBUNGEN.

1. Begeisterungstagebuch
Führe ein „Begeisterungstagebuch", in dem du regelmäßig festhältst, was dich motiviert und inspiriert. Wenn du es schaffst, deine Gedanken zu ordnen, kannst du in schwächeren Momenten darauf zurückgreifen und dich an deine ursprüngliche Begeisterung erinnern.

2. Begeisterungs-Netzwerk
Erstelle eine Liste von Menschen in deinem Umfeld, die dich inspirieren und begeistern. Suche aktiv den Austausch mit ihnen, sei es in persönlichen Gesprächen, durch Netzwerktreffen oder gemeinsame Projekte. Solche Interaktionen können deine eigene Begeisterung immer wieder auffrischen.

3. Erfolgsjournal
Eine oft unterschätzte Quelle der Begeisterung ist der Rückblick auf deine bisherigen Erfolge. Es hilft, sich daran zu erinnern, wie viel du bereits geschafft hast. Diese Rückschau gibt dir das Vertrauen, dass du deine Vision verwirklichen kannst.

Halte regelmäßig deine Fortschritte und Erfolge fest. Dies ist besonders wertvoll, wenn du dich in einer Phase befindest, in der es schwieriger wird, begeistert zu bleiben. Wenn du siehst, wie weit du schon gekommen bist, wirst du neue Kraft und Begeisterung schöpfen.

4. Begeisterungs-Check-in
Es ist wichtig zu erkennen, dass Begeisterung nicht bedeutet, jeden Tag vor Energie zu sprühen. Es gibt auch Tage, an denen du dich weniger motiviert fühlst – das ist normal. An solchen Tagen ist es die Begeisterung, die dir hilft, trotzdem dranzubleiben. Geduld spielt hier eine große Rolle: Du musst akzeptieren, dass Begeisterung eine langfristige Kraft ist, die manchmal Zeit braucht, um wieder voll aufzuflammen.

Nimm dir daher einmal pro Woche Zeit, um zu reflektieren, wie du deine Begeisterung im Alltag spürst. Frage dich: „Was hat mich diese Woche begeistert?" und „Was kann ich nächste Woche tun, um meine Begeisterung weiter zu stärken?"

5. Dein persönliches Begeisterungsritual: Wie du an grauen Tagen deine Begeisterung zurückbringst
Es gibt immer Zeiten, in denen es nicht so rundläuft. In diesen Momenten helfen kleine „Begeisterungsrituale", die wie Sonnenstrahlen an einem grauen Tag wirken. Diese Rituale sind kleine Gewohnheiten, die dir helfen, dich mit deiner Begeisterung zu verbinden, selbst wenn du gerade das Gefühl hast, dass die Energie schwindet.

Manchmal reicht schon der richtige Song, um neue Energie zu tanken und den Tag mit Schwung anzugehen. Die folgenden **77 Motivationssongs** sind der perfekte Soundtrack, um dich zu begeistern, zu inspirieren und in die richtige Stimmung zu bringen – ob für einen produktiven Arbeitstag, einen sportlichen Boost oder einen schwierigen Moment, in dem du dich selbst pushen möchtest.

Lass die Musik für dich sprechen und spüre, wie die Motivation steigt!

DOKUMENT:
77 Motivationssongs

Finde dein persönliches Begeisterungsritual, z. B.:

- Bewegung und frische Luft: Eine Runde schwimmen, ein Spaziergang in der Natur oder eine kleine Sporteinheit bringen nicht nur den Körper, sondern auch den Geist wieder in Schwung.
- Gespräche mit Freundinnen und Freunden: Ein kurzer Plausch kann dich aufmuntern und dich daran erinnern, warum du mit Begeisterung an deiner Vision arbeitest. Oft hilft es, mit Menschen zu sprechen, die dich ermutigen und inspirieren.
- Achtsamkeit und Kreativität: Meditation, Atemübungen oder kreative Tätigkeiten wie Malen oder Schreiben helfen, den Kopf freizubekommen und neue Energie zu tanken.

Überlege, welche Aktivitäten dir Freude bereiten und dich inspirieren, auch an einem grauen Tag. Baue diese Rituale bewusst in deinen Alltag ein, sodass du in schwierigen Zeiten sofort darauf zurückgreifen kannst, um dich wieder mit deiner Begeisterung zu verbinden.

Begeisterung ist ein starker Antrieb für viele erfolgreiche Menschen. Sie ist oft der Grund, warum sie trotz Rückschlägen und Hindernissen weitergemacht haben. Steve Jobs zum Beispiel war für seine unerschütterliche Begeisterung bekannt. Trotz mehrfacher Rückschläge und Herausforderungen verfolgte er seine Vision für Apple mit unermüdlicher Energie. Diese Begeisterung war nicht nur der Grund für seinen eigenen Erfolg, sondern inspirierte auch Tausende von Menschen weltweit. Und J.K. Rowling schrieb „Harry Potter“, obwohl sie zahlreiche Absagen von Verlagen erhielt. Ihre Begeisterung für die Geschichte und ihr Glaube an ihre Vision trieben sie an, weiterzumachen. Am Ende schuf sie eine der erfolgreichsten Buchreihen aller Zeiten.

Begeisterung ist nicht nur in guten Zeiten wichtig. Gerade in Momenten der Unsicherheit und Herausforderung ist sie der Schlüssel, um Hürden zu überwinden. Wenn du begeistert bist, hast du die mentale Stärke und das Durchhaltevermögen, auch in schwierigen Situationen voranzukommen.

Begeisterung ist ein echter Karriereturbo – sie treibt uns an, macht uns sichtbar und inspiriert andere. Doch wie finden wir heraus, wofür wir uns beruflich wirklich begeistern können? Was tun, wenn die Begeisterung im Job verloren geht? Und wie schaffen wir es, dieses Feuer langfristig am Brennen zu halten, selbst in stressigen oder herausfordernden Zeiten?

Genau darüber habe ich mit **Godi Hitschler** gesprochen. Godi ist Expertin für psychologische Unternehmensberatung, Konflikt- und Krisenmanagement und bekannt für ihre pragmatischen Ansätze, die Menschen zurück in ihre mentale Stärke und emotionale Leichtigkeit führen. Mit ihrer langjährigen Erfahrung unterstützt sie Führungskräfte und Teams dabei, Stress und Erschöpfung zu überwinden – und Begeisterung wieder als Kraftquelle für Erfolg zu nutzen.

Wir sprechen darüber:

- warum Begeisterung der Schlüssel zu beruflichem Erfolg ist – und wie du sie erkennen kannst.
- welche konkreten Wege es gibt, um deine wahre berufliche Leidenschaft zu finden.
- was du tun kannst, wenn die Begeisterung für deinen Job nachlässt.
- wie du bei Bewerbungen und im Vorstellungsgespräch authentisch Begeisterung zeigst.
- welche Strategien du anwenden kannst, um auch in schwierigen Phasen langfristig begeistert zu bleiben.

Kontakt zu Godi: *post@godi-hitschler.com, https://godi-hitschler.com/*

Lass dich inspirieren und entdecke, wie Begeisterung deine Karriere auf das nächste Level bringen kann!

Hier geht's zum Interview mit Godi:

VIDEO:
Interview mit Godi Hitschler, Coach

Deine Ziele

Relativ am Anfang meiner Karriere durfte ich Monika Scheddin kennenlernen, eine beeindruckende Frau, die bis heute eine wichtige Freundin und Mentorin für mich ist. Ihre berufliche Laufbahn als Coach hat mich von Beginn an inspiriert, und dass sie – wie ich – schon früh ein Frauennetzwerk gegründet hat, verbindet uns besonders. Über die Jahre haben wir uns gegenseitig beim Netzwerken unterstützt und weitergebracht, und sie war es auch, die mir das Thema „Ziele“ auf eine ganz neue Weise nähergebracht hat.

Monika hat mir nicht nur Inspiration, sondern auch praktische Werkzeuge an die Hand gegeben, um meine Ziele klar zu definieren und zu verfolgen. Besonders prägend war für mich die Coaching-Ausbildung, die ich bei ihr gemacht habe, sowie die Teilnahme an ihrem Business-Circle. Über mehrere Jahre trafen wir uns in diesem Kreis viermal im Jahr, um unsere Ziele zu teilen, uns gegenseitig zu coachen und beim nächsten Treffen Rechenschaft über unsere Fortschritte abzulegen.

Dieser strukturierte Austausch war für mich eine Offenbarung. Das regelmäßige Aufschreiben und Aussprechen meiner Ziele zwang mich, sie klar und konkret zu formulieren. Das allein war ein entscheidender Schritt: Ziele müssen greifbar und real sein, sie dürfen nicht nur vage Gedanken im Kopf bleiben. Außerdem sorgte das Teilen der Ziele mit den anderen im Kreis für Verbindlichkeit. Ich wusste, dass ich beim nächsten Treffen über meine Fortschritte berichten musste – das gab mir die Motivation, konsequent an der Umsetzung zu arbeiten.

Dieser Business-Circle war der perfekte Weg, um meine Ziele fokussiert und strukturiert anzugehen. Die regelmäßigen Treffen, die gegenseitige Unterstützung und der sanfte Druck, Ergebnisse zu zeigen, haben mir enorm geholfen, meine Vorhaben in die Tat umzusetzen.

Natürlich gibt es viele verschiedene Wege, wie man Ziele setzen und erreichen kann. Jeder Mensch ist anders, und was für mich funktioniert hat, ist vielleicht nicht für jeden der ideale Ansatz. Aber aus meiner Erfahrung kann ich sagen: Klare Ziele formulieren, sie mit anderen teilen und sich Rechenschaftspflicht schaffen – das sind starke Werkzeuge auf dem Weg zum Erfolg.

Ziele – dein Fahrplan zum Erfolg

Ziele sind das Herzstück deiner Karriereplanung. Sie geben dir die nötige Richtung und Struktur, um deine berufliche und persönliche Entwicklung gezielt voranzutreiben. Viele Menschen kämpfen damit, ihre wahren Ziele im Leben zu definieren – sei es im persönlichen Bereich, im Beruf oder allgemein für ihren Lebensweg. Eine der größten Ängste dabei ist, am Ende des Lebens zurückzublicken und festzustellen, dass man nichts von dem erreicht hat, was man sich insgeheim gewünscht hat. Um diese Reue zu vermeiden, ist es wichtig, frühzeitig klare und sinnvolle Ziele zu setzen.

In diesem Kapitel gebe ich dir Strategien und konkrete Anleitungen, wie du deine eigenen (!) Ziele identifizierst und systematisch darauf hinarbeitest.

Für viele ist die Frage nach den eigenen Zielen unklar. Soll es um Gesundheit, Karriere, Beziehungen oder finanziellen Erfolg gehen? All diese Dinge können erstrebenswert erscheinen, doch am wichtigsten ist, dass die Ziele zu dir persönlich passen. Wenn du nur danach strebst, den Erwartungen anderer gerecht zu werden, lebst du ein Leben, das nicht wirklich deins ist.

Ratschläge von Familie, Freundinnen und Freunden oder Kolleginnen und Kollegen können hilfreich sein, doch letztlich unterscheiden sich ihre Wünsche und Vorstellungen oft von deinen. Deine Ziele sollten deine eigenen sein – nur so kannst du langfristig Zufriedenheit finden.

Um auf diesem Weg auch die unvermeidlichen Hürden und Schwierigkeiten zu meistern, brauchst du eine starke innere Motivation. Diese entsteht nur, wenn du Ziele verfolgst, die dir selbst wichtig sind, die dich antreiben und die du wirklich erreichen möchtest. Nur dann wirst du die Energie und den Willen haben, auch in schwierigen Momenten weiterzumachen. Ohne klare Ziele verläuft dein Weg schnell im Ungewissen und du riskierst, Chancen zu verpassen oder dich zu verzetteln.

Ziele sind dein Fahrplan zum Erfolg – sie leiten dich wie ein Kompass auf dem Weg zu deiner beruflichen Vision und helfen dir, deine Energie fokussiert einzusetzen.

Doch Ziele sind nicht nur für deine Karriere entscheidend. Um wirklich erfüllt und erfolgreich zu sein, sollten deine beruflichen und persönlichen Ziele im Einklang stehen. Dein Leben besteht schließlich nicht nur aus der Arbeit. Freundinnen und Freunde, Familie, Gesundheit, persönliche Interessen – all diese Bereiche sind ebenso wichtig. Wenn du deine Karriereziele ohne Rücksicht auf dein Privatleben verfolgst, riskierst du, langfristig auszubrennen oder unzufrieden zu werden. Deshalb ist es essenziell, beide Lebensbereiche in Balance zu bringen.

Der Schlüssel zu einem erfüllten Leben liegt darin, dass deine beruflichen und persönlichen Ziele sich gegenseitig unterstützen, anstatt sich zu behindern. Oft denken wir, dass beruflicher Erfolg auf Kosten des Privatlebens gehen muss – aber das muss nicht so sein. Wenn du deine Karriereziele im Einklang mit deinen persönlichen Bedürfnissen und Werten entwickelst, wirst du nicht nur erfolgreicher, sondern auch glücklicher und ausgeglichener sein.

Nehmen wir ein Beispiel: Du möchtest beruflich aufsteigen und eine Führungsposition erreichen. Gleichzeitig ist dir deine Familie sehr wichtig und du möchtest genug Zeit für sie haben. Wenn du diese beiden Ziele in Einklang bringst, könntest du dir überlegen, wie du eine Arbeitsumgebung findest, die flexible Arbeitszeiten bietet, oder wie du dich im Zeitmanagement so organisierst, dass du beiden Bereichen gerecht wirst. Es geht nicht darum, alles gleichzeitig perfekt zu schaffen, sondern um eine bewusste Priorisierung und Balance.

Die theoretische Basis: Was macht ein gutes Ziel aus?

Bevor wir in die Praxis einsteigen, ist es wichtig zu verstehen, was ein gutes Ziel ausmacht.

Ein gutes Ziel ist klar formuliert, messbar und erreichbar. Es muss motivierend sein und dich in Richtung deiner Vision führen. Hierbei hilft das Konzept der SMART-Ziele:

- **S**pezifisch: Formuliere deine Ziele so präzise wie möglich. Ein vages Ziel wie „Ich möchte in meinem Job erfolgreich sein“ hilft dir wenig weiter. Besser ist: „Ich möchte in den nächsten zwölf Monaten eine Führungsposition im Bereich Marketing erreichen.“
- **M**essbar: Wie kannst du feststellen, ob du dein Ziel erreicht hast? Definiere messbare Kriterien, die dir klare Rückmeldung geben, ob du auf dem richtigen Weg bist.
- **A**ttraktiv: Dein Ziel sollte dich begeistern und motivieren. Wenn du keine Lust hast, darauf hinzuarbeiten, wird dir langfristig die Energie fehlen.
- **R**ealistisch: Ziele sollten herausfordernd, aber erreichbar sein. Unrealistische Ziele frustrieren nur und mindern deine Motivation.
- **T**erminiert: Setze dir eine klare Frist. Offene Enden verleiten dazu, Dinge aufzuschieben.

Mit diesen Kriterien schaffst du eine solide Grundlage, um deine Ziele richtig zu definieren und sie erfolgreich umzusetzen.

Strategien, um deine Ziele zu definieren und zu erreichen

Beginnen wir gleich mit einer Strategie, um herauszufinden, ob etwas wirklich als Ziel für dich taugt:

Eine Frage – drei Betonungen und Bedeutungen, die den Unterschied machen:

WILL ich das?

Das bedeutet: Willst du das wirklich? Mit allen Konsequenzen?

Will ICH das?

Das bedeutet: Ist das wirklich dein Ziel? Oder erfüllt es die Erwartungen anderer?

Will ich DAS?

Das bedeutet: Ist es genau das? Wie konkret ist und kennst du dein Ziel?

Der Zielsetzungs-Prozess

Nun zur Praxis. Um deine persönlichen und beruflichen Ziele zu definieren, kannst du folgenden Prozess durchlaufen und die damit verbundenen Strategien und Übungen verfolgen:

1. Überlege: Was ist dir wirklich wichtig? Was willst du wirklich erreichen?
2. Lege für deine einzelnen Lebensbereiche Ziele fest.
3. Priorisiere deine Ziele und erstelle einen realistischen Zeitplan für deren Erreichung.
4. Arbeite einen Schritt-für-Schritt-Plan für dein Vorgehen aus und entscheide dich für die ersten Aktionen.

1. Reflexion: Was ist dir wirklich wichtig?

Nimm dir einen Moment Zeit, um über die verschiedenen Bereiche deines Lebens nachzudenken: Karriere, Familie, Freunde, Gesundheit, persönliche Interessen.

Stelle dir folgende Fragen:

- Welche beruflichen Erfolge möchte ich in den nächsten drei bis fünf Jahren erreichen?
- Was bedeutet Erfolg für mich persönlich?
- Welche Aspekte meines Privatlebens sind mir am wichtigsten (z. B. Familie, Freundschaften, Gesundheit)?
- Was motiviert mich wirklich und erfüllt mich mit Freude?

Deine Ziele sollten immer mit deinen persönlichen Werten im Einklang stehen. Ein Ziel, das deinen Werten widerspricht, wird langfristig nicht erfüllend sein. Springe hier gern noch einmal zum ersten Kapitel in Schritt 1 und vergleiche deine Ziele mit deinen Werten. Schreibe dann noch einmal die drei wichtigsten Werte in deinem Leben auf (z. B. Freiheit, Familie, Kreativität) und prüfe, ob deine Ziele diese Werte widerspiegeln. Wenn nicht, überlege, wie du deine Ziele so anpassen kannst, dass sie mehr im Einklang mit deinen Werten stehen.

ÜBUNG. Lebensrad

Ein hilfreiches Tool, um diese Reflexion zu visualisieren, ist das „Lebensrad“: Zeichne einen Kreis und teile ihn in verschiedene Segmente ein, zum Beispiel in: Beruf, Familie, Gesundheit, Finanzen, Freundschaften, persönliche Entwicklung. Beurteile für jedes Segment, wie zufrieden du aktuell bist, und zeichne eine Linie, die den Zufriedenheitsgrad auf einer Skala von 1 bis 10 markiert. Das Ziel ist es, Bereiche zu erkennen, in denen du Verbesserungsbedarf hast, und dort Ziele zu setzen, um eine ausgewogenere Balance zu schaffen.

2. Ziele in verschiedenen Lebensbereichen festlegen

Teile dein Leben in verschiedene Bereiche auf und setze dir für jeden Bereich Ziele. Die wichtigsten Kategorien könnten sein:

- Berufliche Ziele: Welche Karriereschritte möchtest du machen? Wie soll deine berufliche Entwicklung aussehen?
- Persönliche Ziele: Was möchtest du in deinem Privatleben erreichen? Gibt es Projekte oder Interessen, die du verwirklichen willst?
- Gesundheitsziele: Wie möchtest du dich körperlich und geistig entwickeln?
- Beziehungsziele: Wie möchtest du deine Beziehungen zu Familie, Partnerin oder Partner oder Freunden gestalten?

ÜBUNG. Zielpyramide

Erstelle für jeden Lebensbereich eine „Zielpyramide". An der Spitze der Pyramide steht dein langfristiges, übergeordnetes Ziel. Darunter platzierst du mittelfristige und kurzfristige Ziele, die dich schrittweise dorthin führen. Diese Struktur hilft dir, deine Ziele zu priorisieren und in erreichbare Etappen zu unterteilen.

3. Priorisieren und realistische Zeitrahmen setzen

Nicht alle Ziele lassen sich gleichzeitig verfolgen. Überlege dir, welche Ziele aktuell am wichtigsten sind und welche erst später in den Fokus rücken können. Setze dir Prioritäten und definiere klare Zeitrahmen, wann du welches Ziel erreichen möchtest.

ÜBUNG. Zielpriorisierung

Liste alle deine beruflichen und persönlichen Ziele auf und ordne sie nach ihrer Dringlichkeit und Wichtigkeit. Du kannst ein einfaches System verwenden, indem du jedem Ziel eine Nummer von 1 bis 3 gibst:

1 = Sehr wichtig und dringend
2 = Wichtig, aber nicht dringend
3 = Kann später angegangen werden

Das gibt dir einen klaren Überblick, wo deine Prioritäten liegen und welche Ziele du sofort in Angriff nehmen solltest.

4. Einen Schritt-für-Schritt-Plan erstellen

Nachdem du deine Ziele festgelegt hast, überlege dir, welche konkreten Schritte nötig sind, um sie zu erreichen. Große Ziele können schnell überwältigend wirken, wenn sie zu abstrakt bleiben. Breche sie deshalb in kleinere, machbare Etappen herunter.

ÜBUNG. Aktionsplan

Erstelle für jedes Ziel einen Aktionsplan. Für jedes Ziel solltest du drei Spalten erstellen:

1. Ziel: Was genau möchtest du erreichen?
2. Nächster Schritt: Was ist die nächste konkrete Aktion, die du unternehmen kannst?
3. Zeitrahmen: Bis wann möchtest du diesen Schritt abgeschlossen haben?

Diese Vorgehensweise sorgt dafür, dass du ständig in Bewegung bleibst und deine Ziele nicht aus den Augen verlierst.

Tipps zur Zielerreichung

Du hast dir Ziele gesetzt und bist voller Motivation gestartet – das ist großartig! Doch der Weg zu deinen beruflichen und persönlichen Erfolgen ist kein geradliniger Sprint, sondern eher ein Langstreckenrennen mit Kurven, Steigungen und unerwarteten Hindernissen. Damit du nicht vom Kurs abkommst, ist es wichtig, regelmäßig innezuhalten und deine Richtung zu überprüfen.

Jetzt geht es darum, wie du durch bewusste Reflexion sicherstellst, dass deine Ziele weiterhin zu deiner Lebenssituation passen. Du erfährst, warum Boxenstopps essenziell sind, wie du aus Erfahrungen anderer lernen kannst und welche Strategien dir helfen, deine Ziele greifbarer zu machen. Wir sprechen über Rückschläge – und wie du aus ihnen gestärkt hervorgehst. Außerdem lernst du, wie Mentorinnen und Mentoren und Netzwerke dich unterstützen können und welche digitalen Tools dir helfen, den Überblick zu behalten.

Und nicht zu vergessen: Erfolge gehören gefeiert! Denn jeder noch so kleine Fortschritt ist ein Zeichen dafür, dass du deinem Ziel näherkommst. Gleichzeitig solltest du nicht nur deine To-do-Listen, sondern auch dein Wohlbefinden im Blick behalten – Achtsamkeit und Selbstfürsorge spielen eine große Rolle auf deinem Karriereweg.

Lass uns gemeinsam herausfinden, wie du deine Ziele nachhaltig verfolgst und dabei motiviert bleibst!

Boxenstopps einlegen

Deine Ziele werden sich im Laufe der Zeit verändern. Deshalb ist es wichtig, dass du regelmäßig einen „Boxenstopp“ einlegst, um zu überprüfen, ob du noch auf Kurs bist und ob die Ziele, die du dir gesetzt hast, noch zu deiner aktuellen Lebenssituation passen. So wie ein Rennwagen regelmäßig in die Box muss, um aufgetankt und angepasst zu werden, brauchst auch du diese Pausen, um sicherzustellen, dass du optimal auf dein Ziel zusteuerst.

Setze dir einen festen Termin, zum Beispiel alle drei Monate, an dem du deine Ziele überprüfst. Frage dich:

- Welche Fortschritte habe ich gemacht?
- Gibt es neue Entwicklungen, die meine Ziele beeinflussen?
- Muss ich meine Prioritäten neu ordnen?

Halte diese Reflexion schriftlich fest und aktualisiere deine Ziele und Pläne entsprechend.

Andere befragen

Manchmal ist es hilfreich, Erfolgsgeschichten von anderen zu hören, die durch konkrete Zielsetzung ihre beruflichen und persönlichen Träume verwirklicht haben.

> **BEISPIELE.** Lisa, eine Marketingexpertin, hat sich durch SMARTe Ziele in fünf Jahren von der Berufseinsteigerin zur Führungskraft entwickelt. Ihr langfristiges Ziel war es, eine leitende Position im Bereich digitales Marketing zu erreichen. Sie setzte sich jedes Jahr neue, messbare Teilziele wie Weiterbildungskurse, Zertifikate und die Erweiterung ihres Netzwerks. So konnte sie Schritt für Schritt auf ihre Vision hinarbeiten.
>
> Markus wollte seine Karriere nach zehn Jahren in der IT-Branche in Richtung Unternehmensberatung verändern. Er entwickelte eine Vision, die sowohl seine beruflichen Interessen als auch seine Leidenschaft für Problemlösungen integrierte. Er setzte sich das Ziel, innerhalb von zwei Jahren den Wechsel zu schaffen, und strukturierte seine Schritte: Aufbau neuer Netzwerke, Teilnahme an Beratungsprojekten und gezielte Weiterbildung. Heute arbeitet er erfolgreich als Berater und hat seine persönlichen und beruflichen Ziele in Einklang gebracht.

Frage hier gerne Menschen aus deinem Umfeld nach ihren Zielen und auch, wie sie sie erreicht haben!

Deine Ziele greifbar machen

Eine weitere Hilfe zur Erreichung deiner Ziele ist die Visualisierung. Indem du dir dein Ziel bildlich vorstellst, wird es greifbarer und motivierender. Eine einfache Methode ist das Vision Board.

Erstelle dazu ein Vision Board, eine visuelle Collage, die dein Ziel und den Weg dorthin darstellt. Schneide Bilder aus Zeitschriften aus oder finde Bilder online, die dich an dein Ziel erinnern. Hänge dein Vision Board an einen Ort, an dem du es jeden Tag siehst, und lass dich davon inspirieren und motivieren.

Rückschläge und Hindernisse akzeptieren

Rückschläge sind ein natürlicher Teil jedes Ziels. Wichtig ist, wie du mit ihnen umgehst. Statt frustriert aufzugeben, kannst du Rückschläge als Lernerfahrung betrachten und deine Strategie anpassen.

Denke dazu über einen früheren Rückschlag nach. Was hast du daraus gelernt? Wie kannst du dieses Wissen nutzen, um bei zukünftigen Herausforderungen resilienter zu sein? Schreibe diese Reflexion auf und verwende sie als Grundlage, um deine Ziele flexibler und widerstandsfähiger zu gestalten.

Mentoren finden

Oft können Mentoren und ein starkes Netzwerk entscheidend dazu beitragen, deine Ziele zu erreichen. Ein Mentor kann dir wertvolle Einblicke und Ratschläge geben, während dein Netzwerk dich mit den richtigen Kontakten und Möglichkeiten versorgen kann.

Überlege dir, wer in deinem Umfeld als Mentor infrage kommt. Ist es jemand, der deine beruflichen Ziele bereits erreicht hat oder Erfahrung in deinem Bereich hat? Kontaktiere diese Person und frage, ob sie bereit ist, dich zu unterstützen.

Technologie und Tools zur Zielerreichung nutzen

Moderne Technologie kann dir helfen, deine Ziele besser zu planen und zu verfolgen. Tools wie Trello, Asana oder Evernote bieten hervorragende Möglichkeiten, um Ziele und To-dos zu organisieren und Fortschritte festzuhalten.

Recherchiere Tools, die zu deinem Arbeitsstil passen, und wähle eines aus, das dir hilft, deine Ziele zu strukturieren. Erstelle deine ersten Aufgaben und beginne, deine Fortschritte zu dokumentieren.

Erfolge feiern

Einer der wichtigsten Aspekte auf dem Weg zur Zielerreichung ist es, auch kleine Erfolge bewusst wahrzunehmen und zu feiern. Dies stärkt deine Motivation und erinnert dich daran, wie weit du schon gekommen bist.

Erstelle dazu eine Liste mit allen Meilensteinen, die du auf deinem Weg erreichst. Notiere auch kleine Fortschritte. Feiere diese Erfolge bewusst, indem du dir eine kleine Belohnung gönnst – sei es ein freier Tag, eine besondere Aktivität oder ein Treffen mit Freunden.

Achtsamkeit und Selbstfürsorge üben

Um langfristig motiviert zu bleiben, ist es wichtig, auf dich selbst zu achten. Achtsamkeit und Selbstfürsorge helfen dir, in stressigen Phasen nicht den Überblick zu verlieren und dich auf das Wesentliche zu konzentrieren.

Baue ein kleines Achtsamkeitsritual in deinen Alltag ein – sei es eine 10-Minuten-Meditation am Morgen oder ein täglicher Spaziergang. Diese Pausen geben dir Raum zum Durchatmen und helfen dir, fokussiert und ausgeglichen zu bleiben.

Ziele sind das Fundament einer erfolgreichen Karriere – doch wie findest du heraus, welche Ziele wirklich zu dir passen? Wie kannst du sie so setzen, dass sie dich motivieren und dir Orientierung geben? Und wie bleibt man dran, auch wenn Herausforderungen auftauchen?

Genau darüber habe ich mit **Nicole Kremer** gesprochen. Nicole bringt nicht nur über 20 Jahre Erfahrung aus führenden Positionen globaler Konzerne wie Wella, Henkel & Schwarzkopf und Estée Lauder mit, sondern unterstützt heute als Expertin im Executive Search und Career Sparring Menschen dabei, ihre beruflichen Ziele zu definieren und zu erreichen. Mit ihrer ganzheitlichen Perspektive teilt sie in diesem Interview inspirierende Ansätze, konkrete Tipps und wertvolle Einblicke, wie du deine Ziele klar formulieren und erfolgreich verfolgen kannst.

Wir sprechen darüber:

- warum klar definierte Ziele so entscheidend für deinen beruflichen Erfolg sind.
- wie du deine wahren beruflichen Ziele erkennst und fokussierst.
- welche Strategien du anwenden kannst, um langfristig an deinen Zielen dranzubleiben – auch bei Rückschlägen.
- wie du Ziele in deinem Team oder Unternehmen transparent und motivierend kommunizierst.
- welche Bedeutung Zielsetzung in Bewerbungssituationen und Führungskontexten hat.

Kontakt zu Nicole: *nicole.kremer@zoom-consult.de, www.zoom-consult.de*

Lass dich inspirieren und bring deine Ziele auf das nächste Level!

Hier geht's zum Interview mit Nicole:

VIDEO:
Interview mit Nicole Kremer über Ziele

Klare Ziele sind wie ein innerer Kompass – sie geben dir Orientierung, Motivation und eine klare Richtung. Doch wie findest du heraus, welche Ziele wirklich zu dir passen? Und wie gehst du mit typischen Hindernissen wie mangelnder Planung oder der Angst vor Veränderungen um?

Nicole Kremer hat wertvolle Tipps und praktische Ansätze geteilt, wie du deine beruflichen Ziele definieren, langfristig erfolgreich verfolgen und Stolpersteine vermeiden kannst.

Viel Spaß beim Lesen und Anwenden ihrer persönlichen Tipps!

DOKUMENT:
Nicole Kremer zum Thema „Karriere und Ziele“

Deine Vision

Schon als Kind habe ich es geliebt, Menschen zusammenzubringen und sie zu ermutigen, neue Dinge auszuprobieren. Kommunikation war dabei immer der Schlüssel. Ich habe früh verstanden, wie mächtig sie ist: Sie bringt Menschen zusammen, lässt große Ideen entstehen und öffnet Türen, die sonst verschlossen bleiben. Kommunikation ist alles. Dieser Gedanke hat mich seit meiner Kindheit begleitet.

Auch später, in meiner beruflichen Laufbahn, war das mein roter Faden: Menschen verbinden, sie in ihrer Entwicklung zu unterstützen und ihnen zu helfen, ihre Stärken zu entdecken. Ich wollte immer mit inspirierenden Menschen zusammenarbeiten, die ich schätze, und ihnen durch meine Arbeit den Raum geben, das Beste aus sich herauszuholen.

Ein entscheidender Schlüsselmoment für meine Vision war meine Zeit als globale Kommunikationschefin bei Serviceplan. Ich arbeitete eng mit Florian Haller zusammen, um seine Vision einer partnergeführten Agenturgruppe in die relevanten Kanäle zu bringen. Zum ersten Mal durfte ich dabei nicht nur Florian, sondern auch andere Geschäftsführerinnen und Geschäftsführer ganz individuell beraten und unterstützen. Meine Aufgabe war es, ihnen zu helfen, ihre persönliche Positionierung zu schärfen und ihre Themen klar und authentisch zu kommunizieren. Dieser Moment hat meinen Wunsch, Menschen auf ihrem Weg zu begleiten und ihre Stärken zu fördern, auf ein neues Level gehoben. Ich wusste: Das ist genau der Weg, den ich gehen möchte.

Heute arbeite ich selbstständig als Beraterin für C-Level Positionierung und strategische Kommunikation. Ich begleite und berate Menschen auf ihrem ganz persönlichen Weg, der immer eng mit den Zielen des Unternehmens verknüpft ist, in dem sie arbeiten. Für mich ist es eine spannende Herausforderung, den gemeinsamen Nenner zu finden – den Punkt, an dem sich die Interessen des Menschen und die des Unternehmens treffen. Das ist für mich der Moment, in dem sich alles zusammenfügt. Und daraus eine kraftvolle, klare Kommunikation zu entwickeln, erfüllt mich zutiefst.

Eine der größten Stärken in meiner aktuellen Arbeit ist mein Netzwerk, das ich über die letzten 25 Jahre aufgebaut habe. Besonders mein Frauennetzwerk steht mir immer zur Seite. Da wir in der Beratung nicht alle Leistungen intern abdecken, kann ich je nach den Anforderungen des Kunden genau die Expertinnen und Experten hinzuziehen, die perfekt zum Projekt passen. So fügt sich meine Vision auf wunderbare Weise zusammen: Ich arbeite mit inspirierenden Menschen, setze ihre Stärken in den Mittelpunkt und nutze die Kraft der Kommunikation, um sie auf ihrem Weg zu begleiten – so, wie ich es mir immer vorgestellt habe.

Eine Vision – der Leuchtturm für deine Karriere

Eine Vision ist der erste und entscheidende Schritt, um deine berufliche Zukunft bewusst und zielgerichtet zu gestalten. Sie gibt dir ein klares Bild davon, wo du langfristig hin möchtest, und dient dir als ständiger Orientierungspunkt. Eine Vision ist mehr als ein Traum – sie ist ein kraftvolles Bild der Zukunft, das dich jeden Morgen motiviert, aufzustehen und an deiner beruflichen und persönlichen Entwicklung zu arbeiten. Eine Vision ist eine klare Vorstellung eines großen, inspirierenden Ziels, das du in zehn, 20 oder sogar 30 Jahren erreichen möchtest. Sie vereint langfristige Bestrebungen und gibt deinem Handeln heute eine tiefere Bedeutung. Aus einer Vision können konkrete Ziele entstehen, und oft vereint eine Vision mehrere solcher Ziele in einem großen, übergeordneten „Leuchtturm".

Im Kern ist eine Vision eine Vorstellung der Zukunft – ein inspirierendes Bild eines Zustands, den du eines Tages erreichen willst. Sie ist oft träumerisch und nicht bis ins Detail klar, aber sie gibt dir eine Richtung, der du folgen kannst. Visionen stiften Sinn, bündeln Energie und motivieren dich dazu, Bestleistungen zu erbringen. Sie verbinden deine täglichen Handlungen mit einem größeren Zusammenhang, geben dir Orientierung und einen tiefen inneren Antrieb.

Visionen entstehen aus unserer Vorstellungskraft und sind geprägt von unseren Werten, Hoffnungen und Überzeugungen. Sie sind nicht immer vollständig greifbar, oft eher vage und offen für Veränderungen. Doch sie haben die Kraft, unser Handeln zu leiten und mitreißend und verpflichtend nach innen und außen zu wirken. Eine Vision bietet uns eine Richtung, die Entwicklung und Wachstum ermöglicht, und bringt Klarheit in unsere beruflichen und persönlichen Ambitionen.

Synonyme für das Wort „Vision" sind Begriffe wie „Lebenszweck", „Lebensaufgabe" oder „Mission". Diese verdeutlichen, dass eine Vision nicht nur ein Ziel ist, sondern etwas, das tief in unserem Selbst verwurzelt ist – ein Leitstern, der uns durch unser Leben führt.

Hier sind einige Zitate von echten Visionärinnen und Visionären:[9]

„Ich glaube nicht an Scheitern. Es ist kein Scheitern, wenn du den Prozess dahin genossen hast."
OPRAH WINFREY, Mediengesellschafterin, Talk-Show-Host, Schauspielerin, Produzentin und Philantrophin

„Ich habe vom Laufen gelernt, dass der Punkt, an dem du Gas geben musst, der ist, wenn alles wie verrückt schmerzt und du eigentlich aufgeben möchtest. Erfolg wartet oft grade um die nächste Ecke."
JAMES DYSON, Gründer der Dyson Company

„Mach jedes Detail perfekt und limitiere die Anzahl der Details, die zu perfektionieren sind."
JACK DORSEY, Mitbegründer und ehemaliger CEO von Twitter

„Aber du musst tun, was du dir zu tun erträumt hast, selbst wenn du dabei Angst hast."
ARIANNA HUFFINGTON, Mitbegründerin der Huffington Post

Diese Zitate verdeutlichen, wie persönliche Visionen und Überzeugungen erfolgreiche Menschen in der Wirtschaft antreiben.

Während Ziele konkrete Schritte darstellen, die dich auf dem Weg zu deiner Vision voranbringen, ist die Vision das große, ganzheitliche Bild, das all deine beruflichen und persönlichen Ambitionen umfasst. Deine Vision bietet nicht nur Orientierung, sondern auch eine tiefe emotionale Verbindung zu dem, was du wirklich im Leben und im Beruf erreichen möchtest. Sie stellt sicher, dass du nicht einfach nur Aufgaben abarbeitest, sondern dass deine Energie und Aufmerksamkeit auf das große Ganze ausgerichtet bleiben.

Bevor wir in die Praxis der Visionserstellung einsteigen, ist es wichtig, den Unterschied zwischen Zielen und Vision zu verstehen:

- Ziele sind spezifisch, messbar, terminiert und richten sich auf kurzfristige Erfolge. Sie beschreiben einzelne Etappen auf deinem Weg.
- Eine Vision ist umfassender und langfristiger. Sie beschreibt nicht nur, was du tun möchtest, sondern auch, wer du sein willst. Deine Vision gibt dir die Antwort auf die Frage: „Was möchte ich am Ende meiner Karriere erreicht haben? Wie möchte ich mein Berufsleben gestalten?"
- Wenn Ziele der Fahrplan sind, der dich von einem Punkt zum nächsten bringt, dann ist die Vision der Leuchtturm, der dir den Weg zeigt, wenn der Nebel aufzieht oder der Kurs unklar ist. Sie gibt dir nicht nur Orientierung, sondern inspiriert und treibt dich an, selbst in schwierigen Phasen weiterzumachen.

Hinter jeder erfolgreichen Karriere steht eine Vision. Sie hilft dir in mehrfacher Hinsicht: Sie gibt dir zum einen Orientierung und Fokus. Deine Vision ist dein Fixstern, der dir hilft, dich immer wieder auf das Wesentliche zu konzentrieren.

Zudem verhindert sie, dass du dich in Kleinigkeiten verlierst oder von deinem Weg abkommst. Und wenn du genau weißt, wohin du möchtest und warum, fällt es dir leichter, auch in schwierigen Zeiten durchzuhalten. Deine Vision gibt dir die Kraft, Rückschläge zu überwinden und dranzubleiben. Ob du einen neuen Job annimmst, eine Weiterbildung machst oder ein Projekt ablehnst – deine Vision hilft dir, jede Entscheidung zu überprüfen und sicherzustellen, dass sie dich deinem großen Ziel näherbringt. Wenn du eine klare Vorstellung davon hast, wohin du willst, trittst du selbstbewusster auf und strahlst diese Klarheit auch nach außen aus. Das beeinflusst deine beruflichen Beziehungen positiv und öffnet dir oft Türen, die anderen verschlossen bleiben.

Strategien, um deine Vision zu entwickeln

Jetzt, wo du den Unterschied zwischen Vision und Zielen verstanden hast, geht es darum, deine eigene Vision zu entwickeln. Dieser Prozess erfordert Zeit und Reflexion, denn es geht nicht nur darum, berufliche Meilensteine zu planen, sondern ein tiefes Verständnis dafür zu entwickeln, was du wirklich willst und warum.

Auch hier kann ich dir eine Anleitung geben, wie du vorgehen kannst:

Der Visionsfindungs-Prozess

1. Überlege: Wo siehst du dich in der Zukunft?
2. Denke noch mal darüber nach, welche Werte dir wichtig sind und in die Vision einfließen sollen.
3. Fasse deine Vision in klare Worte.
4. Plane die Schritte, um deine Vision zu realisieren.
5. Binde die Vision in deinen Alltag ein.

1. Reflexion: Wo siehst du dich in der Zukunft?

Um eine starke Vision zu entwickeln, ist es wichtig, einen klaren Blick in deine Zukunft zu werfen. Nimm dir Zeit und lass deine Gedanken frei fließen. Beantworte dabei folgende Fragen:

- Wie sieht dein Leben in zehn bis 15 Jahren aus?
- Stell dir vor, du wachst eines Morgens auf und alles ist so, wie du es dir immer erträumt hast. Wie sieht dein beruflicher Alltag aus? Wo arbeitest du? Mit wem arbeitest du zusammen? Wie fühlt sich dein Erfolg an?
- Welche Werte und Überzeugungen prägen deine berufliche Vision?

2. Welche Werte fließen in deine Vision ein?

Deine Vision sollte immer mit deinen persönlichen Werten übereinstimmen. Überlege, welche Werte dir wichtig sind (z. B. Freiheit, Kreativität, Sicherheit, soziale Verantwortung) und wie sie deine Karriere prägen sollen. Frage dich: „Was möchte ich beruflich bewirken?“

Deine Vision beschreibt nicht nur deinen eigenen Erfolg, sondern auch den Einfluss, den du auf andere und die Welt haben möchtest. Frage dich deshalb auch: Welchen Unterschied möchte ich in meinem Berufsfeld machen? Wie möchte ich die Arbeitswelt oder das Leben anderer beeinflussen?

ÜBUNG. Zukunftsgeschichte

Nimm dir ein Blatt Papier oder dein Notizbuch und schreibe einen detaillierten Bericht über deinen beruflichen Tag in der Zukunft. Beschreibe ihn so genau wie möglich: Wo bist du? Was tust du? Wer ist um dich herum? Wie fühlst du dich? Nutze diese Geschichte als Leitfaden, um zu erkennen, wie deine ideale Karriere aussehen könnte.

3. Formuliere deine Vision

Jetzt, da du eine klare Vorstellung davon hast, wo du in der Zukunft stehen möchtest, ist es an der Zeit, deine Vision in Worte zu fassen. Deine Vision sollte inspirierend und zugleich greifbar sein. Sie ist nicht in Stein gemeißelt und darf sich im Laufe der Zeit weiterentwickeln, aber sie sollte so formuliert sein, dass sie dich emotional berührt und motiviert.

Beispiele:

- „Ich möchte eine Führungskraft sein, die durch innovative und nachhaltige Lösungen die digitale Transformation in Unternehmen vorantreibt.“
- „Meine Vision ist es, durch meine Arbeit als Coach Menschen dabei zu helfen, ihr volles Potenzial zu entfalten und ein erfüllteres Leben zu führen.“
- „Ich strebe danach, als Designerin ein kreatives Unternehmen aufzubauen, das durch inspirierende und funktionale Designs das tägliche Leben der Menschen verbessert.“

Schreibe deine Vision in einem einzigen, kraftvollen Satz nieder. Sie sollte so formuliert sein, dass sie dich jeden Tag motiviert und an das erinnert, worauf du hinarbeitest. Wenn es sich nicht richtig anfühlt, überarbeite sie, bis sie wirklich zu dir passt.

4. Skizziere den Weg zu deiner Vision

Nachdem du deine Vision formuliert hast, ist es wichtig, die Schritte zu planen, die dich dorthin bringen. Hier kommt die Verbindung zwischen deiner Vision und deinen Zielen ins Spiel. Ziele sind die Etappen auf dem Weg zu deiner Vision.

ÜBUNG. Vision in Ziele unterteilen

Erstelle eine Liste mit den wichtigsten Bereichen, die du entwickeln musst, um deine Vision zu verwirklichen (z. B. Fähigkeiten, Netzwerke, Erfahrungen). Unterteile diese in kurz- und langfristige Ziele und priorisiere sie. Diese Ziele werden dein konkreter Fahrplan auf dem Weg zur Verwirklichung deiner Vision sein.

5. Verankere deine Vision im Alltag

Eine Vision allein ist wertlos, wenn du sie nicht in deinen täglichen Alltag einbindest. Der Schlüssel liegt darin, die großen Ideen in kleine tägliche Schritte zu übersetzen, die dich kontinuierlich in Richtung deiner Vision bewegen.

ÜBUNG. Tägliche Reflexion

Nimm dir am Ende eines jeden Tages ein paar Minuten Zeit, um dir folgende Frage zu stellen: „Was habe ich heute getan, das mich meiner Vision ein Stück näher gebracht hat?“ Es muss nichts Großes sein – auch kleine Schritte zählen. Notiere es dir, um den Fortschritt sichtbar zu machen.

Um Begeisterung zu erhalten, ist es wichtig, dich regelmäßig daran zu erinnern, warum du deine Vision überhaupt verfolgst. Stelle dir Fragen wie:

- Was begeistert mich an meiner Vision?
- Welche Aspekte meiner Arbeit bringen mir Freude und Erfüllung?
- Warum ist es mir so wichtig, dieses Ziel zu erreichen?

Schreibe diese Antworten auf und halte sie fest. Sie dienen dir als Anker, wenn die Begeisterung einmal nachlässt.

Tipps zum Erreichen deiner Vision

In diesem Kapitel findest du Übungen, Reflexionsfragen und konkrete Tipps, die dir helfen, deine Vision zu entwickeln, regelmäßig zu überprüfen und gezielt umzusetzen. Deine Vision ist mehr als nur ein Ziel – sie ist dein persönlicher Kompass für deine berufliche und private Zukunft. Dieses Kapitel unterstützt dich dabei, eine klare, motivierende Vision zu formulieren und den Weg dorthin mit Begeisterung und Ausdauer zu gehen.

Regelmäßig deine Vision überprüfen

Deine Vision wird sich im Laufe der Zeit weiterentwickeln, so wie auch du dich weiterentwickelst. Deshalb ist es wichtig, regelmäßig innezuhalten und zu prüfen, ob deine Vision noch stimmig ist und ob du auf dem richtigen Weg bist. Ein „Boxenstopp“ hilft dir auch hier, deinen Kurs zu überprüfen und gegebenenfalls Anpassungen vorzunehmen.

Setze dir alle sechs Monate einen festen Termin, um deine Vision zu reflektieren. Frage dich:

- Bin ich noch auf Kurs, um meine Vision zu erreichen?
- Hat sich etwas an meiner Vision verändert?
- Muss ich meine Ziele anpassen, um besser in Richtung meiner Vision zu arbeiten?

Deine Vision teilen

Eine Vision wird oft stärker, wenn du sie mit anderen teilst. Nicht nur, weil das Feedback und die Unterstützung anderer hilfreich sein können, sondern auch, weil es dir hilft, dich öffentlich zu deinen Zielen zu bekennen. Das stärkt deinen Fokus und gibt dir die Chance, auf deinem Weg Unterstützung zu finden.

Erzähle deine Vision einer Person, der du vertraust – sei es ein Freund, Mentor oder Kollegin. Frage nach ehrlichem Feedback. Vielleicht erhältst du wertvolle Anregungen oder erkennst neue Perspektiven, die du bisher übersehen hast. Manchmal bringt das Teilen deiner Vision auch ungeahnte Unterstützung und Netzwerke hervor.

Andere befragen

Inspiration kann oft von Menschen kommen, die es geschafft haben, ihre Vision zu verwirklichen.

BEISPIELE. Anna, eine Umweltaktivistin, hatte schon früh die Vision, durch nachhaltige Projekte positive Veränderungen im Umgang mit Ressourcen zu bewirken. Ihre Vision half ihr, sich auf eine Karriere im Bereich Nachhaltigkeitsmanagement zu konzentrieren. Durch klare Ziele, Netzwerkarbeit und ihre innere Motivation baute sie ein Unternehmen auf, das heute innovative Lösungen für Abfallvermeidung entwickelt.

Tobias, ein Softwareentwickler, träumte davon, ein Unternehmen zu gründen, das mithilfe von Künstlicher Intelligenz das Gesundheitswesen verbessert. Seine Vision trieb ihn an, nicht nur seine technischen Fähigkeiten zu erweitern, sondern auch im Bereich Führung und Geschäftsstrategie zu wachsen. Heute leitet er ein Start-up, das wegweisende KI-Lösungen für Krankenhäuser entwickelt.

Begeisterung ist ansteckend. Wenn du dich mit Menschen umgibst, die ebenfalls für ihre Ziele brennen, wird deine eigene Energie verstärkt. Diese positiven Einflüsse helfen dir, auch in schwierigen Zeiten begeistert zu bleiben.

Achtsamkeit und Selbstfürsorge üben

Während du auf deine Vision hinarbeitest, ist es wichtig, achtsam mit dir selbst umzugehen. Eine große Vision kann überwältigend sein und es ist normal, dass der Weg dorthin nicht immer gerade verläuft. Achtsamkeit und Selbstfürsorge helfen dir, fokussiert und im Gleichgewicht zu bleiben.

Baue tägliche Achtsamkeitsübungen in deinen Alltag ein, um sicherzustellen, dass du auch mental und emotional stark bleibst. Ein kurzer Moment der Meditation oder Reflexion kann dir helfen, deine Energie zu bewahren und die Herausforderungen auf dem Weg zu deiner Vision gelassener zu meistern.

Geduldig und flexibel sein

Ein weiterer wichtiger Aspekt auf dem Weg zur Erreichung deiner Vision ist Geduld und Flexibilität. Manchmal verläuft der Weg anders als geplant. Es ist wichtig, in diesen Momenten geduldig zu bleiben und sich anzupassen, ohne die Vision aus den Augen zu verlieren.

Überprüfe alle drei Monate, ob sich deine Vision oder die Umstände verändert haben. Frage dich: „Gibt es neue Möglichkeiten oder Wege, um meine Vision zu erreichen? Muss ich meine Strategie anpassen?" Diese Flexibilität stellt sicher, dass du offen bleibst und auf neue Chancen reagieren kannst.

Erfolge visualisieren

Begeisterung kann gestärkt werden, indem du dir vorstellst, wie es sich anfühlen wird, wenn du deine Vision erreichst. Visualisiere den Moment, in dem du am Ziel bist. Welche Veränderungen wird es in deinem Leben geben? Wie wirst du dich fühlen? Diese Vorstellung weckt die Begeisterung für jeden Schritt, den du auf dem Weg machst.

Nimm dir jeden Tag ein paar Minuten Zeit, um dir vorzustellen, wie es sein wird, wenn du deine Vision erreicht hast. Schließe die Augen und male dir diesen Moment so lebendig wie möglich aus. Diese Visualisierung wird dir helfen, deine Begeisterung zu erneuern und aufrechtzuerhalten.

Kleine Erfolge feiern

Begeisterung entsteht nicht nur durch das große Ziel, sondern auch durch die kleinen Schritte auf dem Weg dorthin. Jeder Fortschritt ist ein Erfolg und sollte gewürdigt werden. Kleine Meilensteine zu feiern, schafft positive Erlebnisse, die deine Begeisterung am Leben halten.

Führe eine Liste mit all den kleinen Erfolgen, die du auf dem Weg zu deiner Vision erreichst. Jeder Schritt zählt, und wenn du dir bewusst machst, wie weit du bereits gekommen bist, wird deine Begeisterung wieder neu entfacht.

Eine Vision für dein gesamtes Leben

Eine Vision ist nicht nur auf deine berufliche Karriere beschränkt – sie kann und sollte auch andere Lebensbereiche umfassen. Oft stehen beruflicher Erfolg, persönliche Entwicklung, Beziehungen und Gesundheit miteinander in Verbindung. Eine ganzheitliche Vision betrachtet nicht nur deine Karriere, sondern auch, wie du als Mensch wachsen möchtest und wie alle Aspekte deines Lebens zusammenwirken.

Denke darüber nach, wie deine berufliche Vision in andere Lebensbereiche hineinwirkt:

- Beziehungen: Wie möchtest du deine Beziehungen zu deinem Partner oder deiner Partnerin, zu Familie und Freundinnen und Freunden gestalten? Wie soll dein beruflicher Erfolg dein Privatleben beeinflussen (oder eben nicht)?
- Persönliche Entwicklung: Welche Fähigkeiten und Persönlichkeitsmerkmale möchtest du entwickeln, die nicht nur für deine Karriere wichtig sind, sondern auch für dein persönliches Wohlbefinden und Wachstum?

- Gesundheit und Wohlbefinden: Wie passt deine Vision mit deinem körperlichen und mentalen Wohlbefinden zusammen? Eine erfolgreiche Karriere ist wenig wert, wenn du deine Gesundheit dafür opferst.
- Freizeit und Hobbys: Welche Aktivitäten außerhalb der Arbeit sind dir wichtig? Wie viel Raum möchtest du ihnen in deinem Leben geben?

Eine ganzheitliche Vision ermöglicht es dir, die Balance zwischen Arbeit und Privatleben zu finden und sicherzustellen, dass du auf allen Ebenen erfüllt bist. Sie stellt sicher, dass du nicht nur beruflich, sondern auch persönlich eine erfüllte Zukunft aufbaust.

ÜBUNG. Eine ganzheitliche Lebensvision entwickeln

Stell dir vor, wie dein ideales Leben in zehn oder 15 Jahren aussieht – nicht nur in Bezug auf deine Karriere, sondern auch in Bezug auf deine Beziehungen, Gesundheit und persönliche Interessen. Schreibe eine kurze Beschreibung dieses Lebens auf und frage dich: Welche beruflichen und persönlichen Ziele helfen dir, dieses Leben zu gestalten? Dies wird dir helfen, eine umfassendere Vision für dein gesamtes Leben zu entwickeln.

Die Schritte zur Entwicklung und Umsetzung deiner Vision findest du hier noch einmal kurz und knackig zusammengefasst:

DOKUMENT:
Schritte zur Entwicklung und Umsetzung deiner Vision

Das Wichtigste in Kürze

- Begeisterung ist der zentrale Motor, der dich nicht nur auf deinem Karriereweg voranbringt, sondern auch jeden Tag aufs Neue inspiriert. Sie gibt dir die Kraft, Hindernisse zu überwinden, dich auf das Wesentliche zu konzentrieren und deine Ziele mit Freude zu verfolgen.

- Begeisterung macht den Unterschied zwischen bloßem Erfolg und echter Erfüllung – in deiner Arbeit und in deinem Leben. Indem du bewusst daran arbeitest, deine Begeisterung zu entfachen und zu pflegen, wirst du langfristig motiviert bleiben und auf eine erfüllte und erfolgreiche Zukunft hinarbeiten.

- Deine Ziele sind der Fahrplan zu deinem Erfolg. Sie geben dir nicht nur Orientierung und Struktur, sondern helfen dir auch, deine Energie und Motivation auf das Wesentliche zu konzentrieren. Indem du deine beruflichen und persönlichen Ziele in Einklang bringst, schaffst du die Grundlage für ein erfülltes und erfolgreiches Leben.

- Klarheit über deine Ziele zu erlangen ist ein erster, entscheidender Schritt auf dem Weg zu deiner beruflichen Vision – und letztlich zu einem Leben, das du aktiv und bewusst gestaltest.

- Deine Vision ist nicht nur der Schlüssel zu einer erfolgreichen Karriere, sondern auch zu einem erfüllten und ausgeglichenen Leben. Sie gibt dir den Antrieb und die Richtung, die du brauchst, um sowohl beruflich als auch persönlich zu wachsen.

- Nimm dir die Zeit, deine Vision klar zu definieren und regelmäßig zu überprüfen. Sie wird dir dabei helfen, nicht nur kurzfristige Ziele zu erreichen, sondern dein Leben langfristig nach deinen Wünschen und Vorstellungen zu gestalten.

3

Schritt 3: Deine Sichtbarkeit

Bis jetzt war fast alles Theorie. Nun ist es an der Zeit, ins Tun zu kommen. In diesem Schritt geht es darum, den entscheidenden Sprung von der Planung zur Umsetzung zu machen und der Welt zu zeigen, wer du bist, wofür du stehst und was du kannst.

Um andere auf dich aufmerksam zu machen, gibt es verschiedene Möglichkeiten. Wenn du deinen ersten oder nächsten Karriereschritt planst, ist ein Bewerbungsschreiben mit allen notwendigen begleitenden Unterlagen natürlich auch im digitalen Zeitalter noch immer erforderlich. So lernt man dich kennen, gewinnt einen ersten Eindruck von dir. Dabei gibt es einiges zu bedenken. Vor allem deinem Lebenslauf kommt dabei eine zentrale Bedeutung zu. Wer ihn liest, entscheidet schnell, ob du in die engere Wahl kommst oder nicht. Ich habe das große Glück, dass ich durch meine klare Positionierung, meine LinkedIn-Präsenz und mein großes Netzwerk meinen Lebenslauf fast nur noch für die Schublade geschrieben habe. Aber spätestens, wenn es zu Gesprächen kommt, wollen die Gesprächspartnerinnen und Geschäftspartner doch eine Übersicht über mein berufliches Leben – und dann zählt es, einen perfekt gepflegten Lebenslauf zu haben.

Der zweite wichtige Punkt ist deine Positionierung in den sozialen Medien, zuvorderst auf LinkedIn. Heute schaut man gleich nach, ob man dich dort findet und wie du dich dort präsentierst. Dein Profil dort ist also ebenfalls von großer Bedeutung und sollte mit Sorgfalt und Überlegung angelegt und gepflegt werden.

Auch in den Netzwerken, die dich und deine Karriere betreffen, solltest du dich mit deiner Expertise positionieren. Wie das geht und wie du deine Netzwerke auf- und ausbaust, erfährst du im letzten Kapitel dieses dritten Schritts.

Dein Lebenslauf

Dein Lebenslauf ist die Grundlage für deinen nächsten Karriereschritt – also nimm ihn ernst. Schließlich geht es hier um dich, um deine Erfahrung und um deine berufliche Zukunft. Der Lebenslauf (oder „CV“ – Curriculum Vitae) mag auf den ersten Blick wie ein altmodisches Relikt wirken, gerade in Zeiten von LinkedIn und Xing. Doch er ist immer noch eines der zentralen Elemente jeder Bewerbung. Er ist dein persönliches Aushängeschild, mit dem du potenziellen Arbeitgebern einen ersten Eindruck von dir vermittelst – und dieser Eindruck zählt mehr denn je.

Obwohl sich der Bewerbungsprozess in vielen Bereichen digitalisiert hat, spielt der Lebenslauf nach wie vor eine entscheidende Rolle – und das aus guten Gründen:

- Der Lebenslauf bietet eine strukturierte Übersicht über deine Karriere, deine Ausbildung und deine Fähigkeiten. In wenigen Sekunden entscheidet der Leser oder die Leserin, ob du interessant genug für ein tiefergehendes Gespräch bist. Ganz wichtig sind hier Klarheit und Prägnanz: Recruiterinnen und Recruiter und Personalverantwortliche haben oft nur wenig Zeit, um eine erste Auswahl zu treffen. Ein gut strukturierter, professioneller Lebenslauf hilft dir, die Aufmerksamkeit zu gewinnen, die du verdienst. Zudem ist dein Lebenslauf die Basis für dein Online-Branding. Was in deinem Lebenslauf steht, sollte auch im Kern auf LinkedIn sichtbar sein. Beide Dokumente haben unterschiedliche Funktionen: Der Lebenslauf wird meist im Bewerbungsprozess als formelles Dokument verlangt, während dein LinkedIn-Profil rund um die Uhr verfügbar ist und den Fokus stärker auf die Vernetzung und Kommunikation legt. Aber die Essenz bleibt gleich: ein klarer Überblick über deine beruflichen Stationen und Erfolge.
- Der Lebenslauf ist dein Aushängeschild, deine Visitenkarte, und muss ohne lange Erklärungen zeigen, was du kannst. Eine überzeugende Visitenkarte macht neugierig auf mehr. Sie bringt deine wichtigsten Erfolge, Fähigkeiten und Qualifikationen auf den Punkt. Potenzielle Arbeitgeber können hier schnell erkennen, ob du für die offene Position geeignet bist. Ein Lebenslauf, der nicht nur vollständig, sondern auch optisch ansprechend und klar strukturiert ist, kann dich von der Konkurrenz abheben.

Nimm dir mindestens einmal im Jahr die Zeit, deinen Lebenslauf zu aktualisieren. Denn im Laufe eines Jahres verändert sich oft mehr, als du vielleicht denkst. Neue Projekte, Fortbildungen, zusätzliche Aufgaben – all das gehört in deinen Lebenslauf. Auch wenn du eine neue Ausbildung begonnen oder abgeschlossen hast, sollte das sofort aufgenommen werden. So bist du jederzeit bereit, wenn sich eine spannende Gelegenheit ergibt.

Wichtig ist außerdem, deinen Lebenslauf nicht nur aktuell zu halten, sondern auch flexibel zu gestalten. Ich habe gelernt, dass es immer gut ist, einen Basislebenslauf zu haben, der für verschiedene Branchen oder Positionen angepasst werden kann. Je präziser und zielgerichteter du deinen Lebenslauf auf eine Stelle und ein Unternehmen zuschneidest, desto besser. Das zeigt nicht nur, dass du dich mit der Stelle beschäftigt hast, sondern auch, dass du weißt, wie du deine Erfahrung und deine Stärken in genau diesem Kontext einbringen kannst.

Wie ein aktueller Lebenslauf aussehen sollte

Im digitalen Zeitalter gibt es neue Erwartungen an den Aufbau eines Lebenslaufs. Ein aktueller Lebenslauf geht weit über die bloße Auflistung von Tätigkeiten und

Positionen hinaus. Er vermittelt nicht nur deine Erfahrung, sondern auch deine persönliche Marke – wer du bist und was dich ausmacht. Hier zeige ich dir, wie du einen modernen, professionellen Lebenslauf gestalten kannst:

Die Inhalte

1. Kontaktinformationen

Ganz oben in den Lebenslauf gehören die Basics:

- dein vollständiger Name
- deine Telefonnummer (Handy und/oder Festnetz) und E-Mail-Adresse
- dein LinkedIn-Profil (oder andere relevante Online-Portfolios wie GitHub, wenn du im IT-Bereich arbeitest)

Optional kannst du den Ort oder die Stadt, in der du lebst, angeben. Eine vollständige Adresse wird heute nicht mehr erwartet; die Angabe der Stadt reicht aus, um einen regionalen Bezug herzustellen.

2. Profil / Kurzbeschreibung

Dies ist dein Elevator Pitch: In maximal drei bis vier Sätzen fasst du hier zusammen, wer du bist, was du mitbringst und welche beruflichen Ziele du verfolgst. Diese Sektion ist optional, aber sie gibt dir die Möglichkeit, deine Motivation und deine persönliche Marke direkt sichtbar zu machen.

> **BEISPIEL.** „Erfahrene Marketingexpertin mit einem Hintergrund in digitalen Kampagnen und Content-Strategien. Starke Fähigkeiten im Aufbau von Marken und der Steigerung von Online-Präsenzen. Auf der Suche nach neuen Herausforderungen in der Leitung von internationalen Projekten."

3. Berufserfahrung

Dieser Abschnitt ist das Herzstück deines Lebenslaufs. Hier solltest du deine bisherigen beruflichen Stationen in umgekehrter chronologischer Reihenfolge auflisten – beginnend mit deiner aktuellen oder letzten Position. Folgende Elemente gehören zu jeder Station:

- Jobtitel und Unternehmensname
- Zeitraum (Monat und Jahr des Beginns und Endes)

- Kurzbeschreibung deiner Aufgaben und Erfolge (hier ist das A und O, dass du deine Tätigkeiten und Erfolge möglichst konkret und messbar darstellst).

> **BEISPIEL.** „Leitung eines Teams von 10 Personen, verantwortlich für die Planung und Umsetzung von Social-Media-Kampagnen, die die Online-Reichweite um 30 % steigerten."

4. Ausbildung
Auch hier gehst du in umgekehrter chronologischer Reihenfolge vor. Gib an:

- den höchsten Abschluss, den du erworben hast
- Universität, Hochschule oder Schule und den Ort
- Zeitraum

Zusätzliche Informationen wie Noten oder besonders relevante (Studien-)Projekte kannst du hinzufügen, wenn sie für die Stelle von Bedeutung sind.

5. Fähigkeiten und Kompetenzen
Dieser Abschnitt gibt dir die Möglichkeit, deine Schlüsselkompetenzen hervorzuheben. Das können sowohl technische Fähigkeiten (wie Programmierkenntnisse oder Tools) als auch Soft Skills (wie Führungserfahrung oder Projektmanagement) sein. Auch Fremdsprachenkenntnisse gehören hierher.

> **BEISPIEL.**
>
> - Adobe Creative Suite (Photoshop, InDesign)
> - Projektmanagement (Agile, Scrum)
> - Sprachen: Englisch (fließend), Spanisch (Grundkenntnisse)

6. Fort- und Weiterbildungen
Berufliche Weiterentwicklung ist ein wichtiger Faktor, um sich von der Konkurrenz abzuheben. Gib hier Zertifikate oder Fortbildungen an, die du in den letzten Jahren erworben bzw. absolviert hast. Das zeigt nicht nur deine Expertise, sondern auch deine Lernbereitschaft und dein Interesse an persönlicher Entwicklung.

7. Optionale Abschnitte
Je nach Branche oder Berufsfeld kann es sinnvoll sein, zusätzliche Abschnitte in deinen Lebenslauf aufzunehmen. Dies können sein:

- Projekte: Wenn du an spezifischen Projekten gearbeitet hast, die besonders relevant für die Stelle sind, führe sie hier auf.
- Ehrenamtliches Engagement: Ehrenamtliche Tätigkeiten können ein wichtiges Signal für deinen Charakter und deine Sozialkompetenz sein.
- Publikationen oder Vorträge: Wenn du bereits Fachartikel veröffentlicht oder Vorträge gehalten hast, könnte das deine Positionierung als Experte in deinem Feld unterstreichen.

Design und Layout

Ein Lebenslauf sollte nicht nur inhaltlich, sondern auch optisch überzeugen. Dabei geht es nicht um ein besonders ausgefallenes Design, sondern um Klarheit, Übersichtlichkeit und eine gewisse Ästhetik.

1. Übersichtliche Struktur
Nutze klare Abschnitte mit Überschriften, die den Leserinnen und Lesern eine schnelle Orientierung ermöglichen. Verwende großzügige Abstände und eine gut lesbare Schrift (z. B. Arial, Calibri oder Helvetica in 10 bis 12 Punkt).

2. Maximal zwei Seiten
Für die meisten Berufsfelder gilt: Dein Lebenslauf sollte nicht länger als zwei Seiten sein. Ausnahme sind hierbei akademische oder sehr spezialisierte Positionen, wo zusätzliche Informationen (z. B. Publikationen) notwendig sind.

3. Konsistentes Design
Wenn du ein Design-Element wie Farbe oder Linien verwendest, halte dieses über den gesamten Lebenslauf konsistent. Zu viele unterschiedliche Schriften, Farben oder Layout-Stile wirken unruhig.

4. Keine Standardvorlagen
Auch wenn es viele vorgefertigte Lebenslauf-Vorlagen gibt, ist es ratsam, eine eigene Struktur zu wählen. Recruiterinnen und Recruiter erkennen Standardvorlagen sofort – und das kann dich in die Masse drängen. Gestalte den Lebenslauf individuell, aber übersichtlich.

Ein guter Lebenslauf ist mehr als nur eine Übersicht deiner beruflichen Stationen – er ist deine persönliche Visitenkarte und der Schlüssel, um aus der Masse hervorzustechen. Doch wie gelingt es, einen Lebenslauf zu erstellen, der nicht nur professionell ist, sondern auch neugierig macht? Was tun bei Lücken, und welche Details sorgen dafür, dass dein Lebenslauf wirklich im Gedächtnis bleibt?

Genau darüber habe ich mit **Gabriele Euchner** gesprochen. Mit ihrer langjährigen Erfahrung als Sparring-Partnerin für Führungskräfte, Executive Coach und internationale Managerin weiß sie, worauf es ankommt, um im Bewerbungsprozess einen bleibenden Eindruck zu hinterlassen. In unserem Gespräch teilt sie ihre besten Tipps, aktuelle Trends und praktische Strategien, die deinen Lebenslauf auf das nächste Level heben.

Wir sprechen darüber:

- was die wichtigsten Elemente für einen herausragenden Lebenslauf sind.
- welche Details deinem Lebenslauf das gewisse Etwas verleihen.
- wie du Lücken geschickt darstellst, ohne dass sie negativ auffallen.
- welche Trends im Lebenslauf-Design du kennen solltest.
- was in deinem Lebenslauf auf keinen Fall fehlen darf.

Kontakt zu Gabriele: *info@gabrieleeuchner.com, www.gabrieleeuchner.com*

Lass dich inspirieren und optimiere deinen Lebenslauf – für die nächste Karrierestufe!

Hier geht's zum Interview mit Gabriele:

VIDEO:
Interview mit Gabriele Euchner, Beraterin und Expertin für Karriere- und Lebenslaufstrategie

Die persönlichen Tipps von Gabriele Euchner bieten dir eine ganzheitliche Anleitung für die erfolgreiche Planung und Umsetzung deines nächsten Karriereschritts. Der Lebenslauf spielt dabei eine zentrale Rolle, aber Gabriele geht weit darüber hinaus: Mit ihrem 3-Phasen-Modell „Get Clear. Get Focused. Get Going." zeigt sie, wie du deine Ziele klar definierst, deine Kompetenzen schärfst und eine durchdachte Strategie entwickelst, um dich optimal im Bewerbungsprozess zu positionieren – ob durch einen starken Lebenslauf, ein überzeugendes LinkedIn-Profil oder den gezielten Aufbau deines Netzwerks.

Von der Klärung deiner beruflichen Vision bis hin zum konkreten Action-Plan führt dich das folgende zum Download bereite Dokument Schritt für Schritt durch alle relevanten Aspekte einer modernen Karriereplanung. Egal, ob du gerade eine neue Herausforderung suchst oder langfristig deine beruflichen Ziele schärfen möchtest – hier findest du die richtigen Impulse, um aktiv und selbstbewusst voranzugehen.

Viel Erfolg bei der Umsetzung!

DOKUMENT:
Gabriele Euchners 3-Phasen-Modell

Dein Foto

Früher dachte ich auch, es reicht, einfach ein Passfoto für den Lebenslauf zu nehmen. Doch im Laufe der Zeit habe ich gelernt, wie entscheidend ein aussagekräftiges Bild wirklich ist – nicht nur für Bewerbungen, sondern auch für dein LinkedIn-Profil. Gerade in Deutschland bleibt ein gutes Foto oft ein Muss, auch wenn in anderen Ländern Bewerbungen ohne Bild völlig normal sind. In der Diskussion um Diversity macht das auch absolut Sinn. Trotzdem: Bei uns wird oft noch ein starkes Foto erwartet, das deine Persönlichkeit und deinen beruflichen Weg unterstreicht.

Ein Foto vermittelt dem potenziellen Arbeitgeber sofort einen visuellen Eindruck von dir. Es schafft eine persönliche Verbindung, bevor überhaupt ein persönliches Treffen stattfindet. Ein freundliches, professionelles Bild kann dir dabei helfen, positiv in Erinnerung zu bleiben. Gerade in großen Unternehmen oder wenn du dich auf mehrere Positionen bei demselben Arbeitgeber bewirbst, kann ein gutes Foto helfen, dich im Gedächtnis der Personaler zu verankern. Es unterstützt den Wiedererkennungswert, besonders wenn du auch dein LinkedIn-Profil mit dem gleichen Bild verknüpfst. Zudem sollte dein Foto deine Professionalität und Persönlichkeit unterstreichen. Es kann zeigen, dass du auf Details achtest und ein Bewusstsein dafür hast, wie du dich im professionellen Umfeld präsentierst.

Deshalb solltest du diesen Aspekt nicht nur ernst nehmen, sondern auch professionell angehen. Klar, eine professionelle Fotografin oder ein Fotograf kostet Geld, aber sich mit dem eigenen Bild wohlzufühlen, ist unbezahlbar. Ein gutes Foto zeigt nicht nur dein Gesicht, sondern auch, wer du bist – und eine erfahrene Fotografin oder ein Fotograf kann dabei helfen, genau das einzufangen. Mit der richtigen Begleitung wird aus einer Fotosession sogar eine wertvolle Erfahrung, die mehr als nur ein Foto liefert.

Ich habe selbst schon mehrere Shootings mit unterschiedlichen Fotografinnen gemacht und dabei gemerkt: Wenn du dich gut vorbereitest und auf den Termin einstimmst, kann das richtig Spaß machen. Und das Beste daran: Du nimmst nicht nur ein starkes Bild mit nach Hause, sondern lernst auch viel über dich selbst – über deine Eigenwahrnehmung und wie andere dich sehen. Das sind Erkenntnisse, die weit über das Foto hinausreichen und dir helfen, dich noch besser zu positionieren.

Das Foto im Lebenslauf wird oft als kleiner, nebensächlicher Aspekt betrachtet – doch es kann einen starken Einfluss auf den ersten Eindruck haben, den du bei potenziellen Arbeitgebern hinterlässt. In einigen Ländern und Branchen wird es standardmäßig erwartet, während es in anderen Fällen sogar unüblich oder nicht empfohlen ist. In jedem Fall sollte dein Foto professionell und passend zu deinem Berufsprofil sein, um den bestmöglichen Eindruck zu hinterlassen.

Soll ich ein Foto in meinen Lebenslauf einfügen?

Ob du ein Foto in deinen Lebenslauf einfügst, hängt von der Branche, dem Land und den Erwartungen der Arbeitgeber ab. In Deutschland und vielen anderen europäischen Ländern ist ein Foto im Lebenslauf noch sehr verbreitet und wird oft erwartet. In angelsächsischen Ländern wie den USA oder Großbritannien hingegen wird das Foto aus Diskriminierungsgründen oft weggelassen.

Recherchiere daher die landesspezifischen und branchenspezifischen Erwartungen, bevor du dein Foto hinzufügst. Wenn du unsicher bist, ob ein Foto gewünscht wird, kannst du in der Stellenanzeige nach Hinweisen suchen oder dich an den allgemein üblichen Praktiken in deinem Berufsfeld orientieren.

Verzichte auch auf das Foto, wenn in der Stellenanzeige ausdrücklich darauf hingewiesen wird, dass kein Foto benötigt wird, oder wenn du das Gefühl hast, dass das Weglassen des Fotos für deine Bewerbung vorteilhafter sein könnte.

Das Bewerbungsfoto ist nicht nur für den klassischen Lebenslauf relevant, sondern auch für dein LinkedIn-Profil und andere professionelle Netzwerke. Konsistenz ist hier der Schlüssel: Verwende dasselbe professionelle Bild, um eine wiedererkennbare Marke zu schaffen. Ein gutes Profilbild sorgt dafür, dass du vertrauenswürdig und ansprechbar wirkst.

TIPP. Achte darauf, dass dein LinkedIn-Profilfoto dieselben Qualitätsstandards erfüllt wie das Bild im Lebenslauf. Es sollte auf allen Plattformen dasselbe Bild verwendet werden, damit dich Personalverantwortliche leicht wiedererkennen.

Wie ein professionelles Bewerbungsfoto aussehen sollte

Ein Bewerbungsfoto sollte einige grundlegende Kriterien erfüllen, um den bestmöglichen Eindruck zu hinterlassen. Hier sind die wichtigsten Punkte:

1. Professionelle Qualität
Das Foto sollte nicht selbst mit dem Smartphone gemacht werden. Lass das Bild von einem professionellen Fotografen aufnehmen, der Erfahrung mit Business-Porträts hat. Dies zeigt, dass du die Bewerbung ernst nimmst und bereit bist, in deine Präsentation zu investieren.

2. Angemessene Kleidung
Dein Outfit sollte zum Berufsfeld und der Branche passen, in der du dich bewirbst. Hier gilt: Kleide dich so, wie du auch im Job erscheinen würdest. In kreativen Berufen darf das Outfit etwas lockerer sein, während in konservativen Branchen wie Finanzen oder Jura formelle Kleidung erwartet wird.

TIPP. Achte darauf, dass dein Outfit in neutralen Farben gehalten ist und nicht zu sehr von deinem Gesicht ablenkt.

3. Freundlicher und selbstbewusster Ausdruck
Ein freundliches, offenes Lächeln macht einen positiven Eindruck und wirkt einladend. Vermeide, zu ernst oder steif zu schauen. Dein Gesichtsausdruck sollte selbstbewusst, sympathisch und natürlich wirken.

4. Hintergrund und Beleuchtung
Der Hintergrund sollte neutral und nicht zu auffällig sein. Ein einfarbiger, heller Hintergrund ist oft die beste Wahl, um deine Person in den Vordergrund zu stellen. Die Beleuchtung muss gleichmäßig und professionell sein, um Schatten im Gesicht zu vermeiden.

5. Aktualität
Das Foto sollte aktuell sein und dich so zeigen, wie du heute aussiehst. Ein veraltetes Bild kann beim persönlichen Treffen zu Verwirrung führen. Achte darauf, das Bild alle paar Jahre zu aktualisieren, besonders, wenn sich dein Erscheinungsbild verändert hat.

Typische Fehler, die du vermeiden solltest

Es gibt einige häufige Fehler, die du bei einem Bewerbungsfoto unbedingt vermeiden solltest, um einen professionellen Eindruck zu hinterlassen:

1. Selfies oder Urlaubsbilder
Ein Bewerbungsfoto sollte niemals ein Schnappschuss aus dem Privatleben sein. Professionelle Qualität ist ein Muss.

2. Unangemessene Kleidung
Freizeitkleidung oder zu legere Outfits vermitteln den falschen Eindruck hinsichtlich deiner Professionalität.

3. Übertriebene Bildbearbeitung
Es ist in Ordnung, ein Foto leicht zu retuschieren (z. B. Helligkeit, Schärfe), aber es sollte nicht so stark bearbeitet sein, dass es unnatürlich wirkt.

4. Zu viel Ausdruck
Vermeide extreme Gesichtsausdrücke wie ein zu breites Lachen oder eine übermäßig ernste Miene. Ziel ist ein angenehmes, professionelles Lächeln.

5. Unpassender Hintergrund
Ein unruhiger oder zu persönlicher Hintergrund lenkt ab und lässt das Bild weniger professionell wirken.

Ein professionelles Bewerbungsfoto ist oft der erste Eindruck, den ein potenzieller Arbeitgeber von dir bekommt – und genau dieser Moment kann entscheidend sein. Doch was macht ein wirklich überzeugendes Bewerbungsfoto aus? Wie gelingt es, sympathisch und authentisch zu wirken? Und was tun, wenn das Budget für einen Fotografen begrenzt ist?

Genau darüber habe ich mit **Sung-Hee Seewald** gesprochen. Sie ist seit vielen Jahren Portraitfotografin von Führungspersönlichkeiten. Sie kombiniert die Ästhetik der Werbe- und Beautyfotografie mit einem feinen Gespür für Persönlichkeit und schafft Bilder, die nicht nur glamourös und puristisch, sondern vor allem echt sind. In unserem Gespräch teilt sie ihre besten Tipps, wie du mit deinem Bewerbungsfoto einen bleibenden Eindruck hinterlässt – ohne dabei deine Authentizität zu verlieren.

Wir sprechen darüber:

- welche Dos and Don'ts wichtig sind für ein professionelles Bewerbungsfoto.
- wie du auch mit wenig Budget zu einem überzeugenden Bild kommst.
- wie du beim Fototermin entspannt und authentisch bleiben kannst.
- welche Rolle Kleidung, Hintergrund und Aktualität deines Fotos haben.

Zudem hat Sung-Hee einen besonderen Insider-Tipp für dich für das perfekte Bewerbungsfoto.

Kontakt zu Sung-Hee: *shs@sungheeseewald.de, www.sungheeseewald.de*

Lass dich inspirieren und zeige dich von deiner besten Seite!

Hier geht's zum Interview mit Sung-Hee:

VIDEO:
Interview mit Profi-Fotografin Sung-Hee Seewald

Ein Bewerbungsvideo als Ergänzung

Ein Bewerbungsvideo kann eine hervorragende Ergänzung zu deinem Lebenslauf sein – insbesondere in kreativen oder kommunikationsintensiven Branchen. Es bietet dir die Möglichkeit, dich persönlich vorzustellen, deine Kommunikationsfähigkeit unter Beweis zu stellen und einen noch stärkeren ersten Eindruck zu hinterlassen. Während der Lebenslauf Fakten und Erfahrungen abdeckt, vermittelt ein Video vor allem deine Persönlichkeit, deine Motivation und dein Selbstbewusstsein.

Dein Bewerbungsvideo sollte kurz, prägnant und professionell sein. Die ideale Länge liegt bei etwa 60 bis maximal 90 Sekunden. Hier sind einige Punkte, die du bei der Erstellung deines Videos beachten solltest:

1. Vorbereitung
Überlege dir im Voraus, was du im Video sagen möchtest. Ein gutes Bewerbungsvideo sollte gut durchdacht und strukturiert sein. Konzentriere dich auf die wichtigsten Punkte:

- Wer bist du?
- Welche beruflichen Erfahrungen und Qualifikationen bringst du mit?
- Warum bewirbst du dich auf diese spezielle Stelle?
- Was macht dich aus und warum solltest du die Position bekommen?

2. Technische Qualität
Auch wenn du kein professionelles Equipment hast, sollte die Bild- und Tonqualität stimmen. Achte darauf, dass das Video gut ausgeleuchtet ist (am besten bei Tageslicht) und dass der Ton klar und deutlich ist. Verwende ein Stativ oder stelle die Kamera stabil auf, um wackelige Aufnahmen zu vermeiden.

3. Professionelles Auftreten
Behandle das Video so, als würdest du zu einem Bewerbungsgespräch erscheinen. Kleide dich passend für die Branche, in der du dich bewirbst, und achte darauf, dass dein Hintergrund aufgeräumt und neutral ist. Ein aufgeräumtes Bücherregal oder ein neutraler Raum wirkt professionell und lenkt nicht ab.

4. Inhaltliche Struktur
Dein Video sollte klar strukturiert und leicht verständlich sein. Ein möglicher Aufbau könnte so aussehen:

- Einleitung: Stell dich kurz vor (Name, Berufserfahrung, aktuelle Position).
- Hauptteil: Erzähle kurz, was dich für die ausgeschriebene Stelle qualifiziert (berufliche Stationen, relevante Fähigkeiten).
- Abschluss: Sag, warum du dich auf die Stelle freust und dass du gerne für ein Vorstellungsgespräch zur Verfügung stehst. Vergiss nicht, mit einem freundlichen Lächeln abzuschließen.

5. Authentizität
Sei natürlich und versuche nicht, dich zu verstellen. Ein Bewerbungsvideo soll deine Persönlichkeit zeigen, daher ist es wichtig, dass du authentisch bleibst. Nervosität ist normal, aber versuche, klar und selbstbewusst zu sprechen. Übung hilft: Nimm mehrere Versionen auf und wähle die beste.

6. Länge und Fokus
Halte das Video kurz und prägnant. 60 bis 90 Sekunden sind ideal. Vermeide es, deine gesamte Karrieregeschichte zu erzählen – dafür ist der Lebenslauf da. Konzentriere dich auf das Wesentliche, also warum du für diese Stelle besonders geeignet bist.

Tipps für deinen Lebenslauf und dein Bewerbungsvideo

Hier noch einige zusätzliche Hacks, die deinen Lebenslauf und dein Bewerbungsvideo auf das nächste Level heben können:

1. Die „10-Sekunden-Regel" anwenden: Sorge dafür, dass deine wichtigsten Informationen auf den ersten Blick sichtbar sind – Personalverantwortliche scannen den Lebenslauf oft in wenigen Sekunden.

2. Custom Design für den Wow-Effekt: Nutze Tools wie Canva oder Adobe Spark, um ein professionelles, aber übersichtliches Layout zu erstellen.

3. Ein optionaler QR-Code: Verlinke über einen QR-Code auf dein LinkedIn-Profil oder dein Bewerbungsvideo – das zeigt nicht nur Kreativität, sondern auch technisches Know-how.

4. Verlinkte Projekte: Füge Links zu relevanten Projekten oder Arbeitsproben hinzu, um deine Erfolge greifbar zu machen.

5. Testimonials: Kurze Referenzen oder Zitate von früheren Arbeitgebern können deinen Lebenslauf authentischer und glaubwürdiger machen.

6. Keyworddichte für ATS-Systeme: Recherchiere die wichtigsten Keywords aus der Stellenanzeige und baue sie sinnvoll in deinen Lebenslauf ein.

Das Wichtigste in Kürze

- Ein moderner Lebenslauf ist mehr als nur eine formelle Zusammenstellung deiner beruflichen Stationen. Er ist dein persönlicher „Pitch“ in Papierform (oder als PDF), der einen ersten, oft entscheidenden Eindruck hinterlässt. Nutze diese Gelegenheit, dich klar und selbstbewusst zu präsentieren.

- Das Bewerbungsfoto ist ein kleiner, aber entscheidender Faktor, der zu einem positiven ersten Eindruck beiträgt. Es ist deine Chance, dich von deiner besten Seite zu zeigen und Professionalität sowie Sympathie auszustrahlen. In Kombination mit einem gut strukturierten Lebenslauf und einem überzeugenden Bewerbungsschreiben ist ein professionelles Foto ein starkes Werkzeug, um im Bewerbungsprozess aufzufallen. Denke daran, dass dein Foto deine persönliche Marke widerspiegelt – setze es gezielt und bewusst ein, um deine beruflichen Ziele zu unterstützen.

- Ein Bewerbungsvideo und ein starkes LinkedIn-Profil ergänzen deinen Lebenslauf ideal. Mit einem gut gepflegten, angepassten Lebenslauf bist du perfekt gerüstet, um deine Karriereziele zu erreichen.

LinkedIn als dein Tor zur beruflichen Positionierung

Als ich das erste Mal mit LinkedIn in Berührung kam, habe ich zwar das Potenzial dieses Netzwerks zwar erkannt, die wirkliche Kraft und Unterstützung, die dieser Kanal bietet, wurde mir jedoch erst während der Pandemie bewusst. Damals, als wir alle plötzlich auf neue digitale Wege angewiesen waren, wurde LinkedIn nicht nur für mich, sondern auch für unsere Kundinnen und Kunden zu einem unverzichtbaren Tool. Und dieser Boom hält bis heute an: Für mich ist LinkedIn aus meinem beruflichen wie persönlichen Leben nicht mehr wegzudenken.

In meiner Arbeit setzen wir LinkedIn mittlerweile als zentralen Kanal zur Positionierung ein, und das mit großem Erfolg. Was ich daran besonders schätze, ist die Möglichkeit, dass jede und jeder Einzelne, nicht nur große Unternehmen und deren Führungsfiguren, sich authentisch und nahbar präsentieren kann. Auf LinkedIn kannst du deine berufliche Expertise zeigen, gleichzeitig aber auch ein bisschen von deiner Persönlichkeit einfließen lassen. Das macht das Netzwerk so wertvoll – und schafft oft eine direkte, inspirierende Rückmeldung aus der eigenen Community.

Ich habe zudem persönlich erlebt, wie viele spannende Möglichkeiten durch LinkedIn entstehen können: Anfragen für Konferenzauftritte, Feedback zu Projekten oder neue Ideen für die Unternehmensstrategie. Das ist das Besondere an LinkedIn – es ist ein Kanal des Austauschs, des Netzwerkens und der Ideenfindung.

Allerdings braucht die Pflege deines Auftritts auf LinkedIn, wie so oft, Zeit und Beständigkeit. Eine langfristige Präsenz und kontinuierliche Aktivität sind entscheidend, um wirklich sichtbar und erfolgreich zu werden. Dranbleiben lohnt sich – auch wenn manche Beiträge weniger Resonanz bekommen, als man vielleicht erwartet hat. Oft sind es die kleinen, authentischen Einblicke, die den Unterschied machen. Daher ist es auch wichtig, die richtige Balance zu finden: Persönliche Geschichten, die inspirieren, und fachliche Inhalte, die deine Expertise zeigen, sind der Schlüssel für eine nachhaltige Positionierung.

TIPP. Lass, bevor du etwas auf LinkedIn postest, ruhig eine Person deines Vertrauens über deinen Beitrag lesen. Oft fehlt uns selbst der objektive Blick auf unsere eigenen Worte. Die kleine Extrarunde lohnt sich, und du kannst sicherstellen, dass deine Botschaft wirklich so ankommt, wie du es dir wünschst.

In diesem Kapitel erfährst du, wie du dein LinkedIn-Profil aussagekräftig und ansprechend gestaltest, welche Vernetzungsstrategien sinnvoll sind und wie du mit gezielten Inhalten Aufmerksamkeit und Mehrwert schaffst. Dabei erhältst du nicht nur praktische Tipps, sondern auch bewährte Strategien, um auf LinkedIn wirklich erfolgreich zu sein – ganz gleich, ob du gerade erst startest oder deine Präsenz weiter ausbauen möchtest. Probiere es aus und finde deinen eigenen Stil.

Strategische Kommunikation auf LinkedIn

Eine erfolgreiche LinkedIn-Strategie zu entwickeln, bedeutet nicht nur, regelmäßig etwas zu posten, sondern auch, eine fundierte Kommunikationsstrategie zu erarbeiten. Dabei geht es um weit mehr, als einfach nur sichtbar zu sein. Du musst eine klare Positionierung finden, die auf deine beruflichen Ziele und Zielgruppen zugeschnitten ist. In einer Welt, in der Informationen im Überfluss vorhanden sind, ist es entscheidend, mit gezielten Inhalten aufzufallen und langfristig Vertrauen aufzubauen.

Die Bausteine deiner LinkedIn-Strategie

Um eine langfristige und erfolgreiche LinkedIn-Strategie zu entwickeln, solltest du dir folgende zentrale Fragen stellen:

1. Was willst du erreichen?
Deine Ziele sind das Herzstück jeder Strategie. Möchtest du deine Reichweite erhöhen? Willst du dein berufliches Netzwerk ausbauen oder dein Fachwissen in einer bestimmten Nische präsentieren? Vielleicht hast du auch das Ziel, Leads zu generieren oder deine persönliche Marke zu stärken. Welche konkreten Kennzahlen wirst du verwenden, um deinen Erfolg zu messen? Es ist essenziell, diese Fragen zu klären, bevor du mit der Planung beginnst.

2. Welche Geschichte erzählst du?
Eine gute Story ist das Fundament einer erfolgreichen Kommunikationsstrategie. Es ist wichtig, dass du nicht einfach nur Informationen teilst, sondern eine Geschichte erzählst, die deine Zielgruppe anspricht. Überwundene Herausforderungen, inspirierende Wendepunkte oder besondere Einblicke in dein berufliches Leben sind gute Ansätze. Frage dich: Gibt es ein Narrativ, das sich durch deine Inhalte ziehen kann?

3. Wer sind deine Heldinnen und Helden?
Helden in deiner Geschichte können du selbst oder Personen aus deinem beruflichen Umfeld sein. Sie geben deiner Kommunikation ein menschliches Gesicht und

helfen, Emotionen zu wecken. Überlege, wer die Schlüsselpersonen in deiner Story sind. Wer könnte mit seiner oder ihrer Präsenz dazu beitragen, dass deine Botschaften glaubwürdiger und einprägsamer werden?

4. Welche Kanäle nutzt du?
LinkedIn bietet verschiedene Kommunikationskanäle, die du strategisch einsetzen kannst: vom klassischen Beitrag über längere Artikel bis hin zu Videos oder Kommentaren. Überlege, welche Formate sich am besten für deine Ziele eignen. Manchmal sind persönliche Nachrichten an entscheidende Kontakte genauso wirkungsvoll wie öffentliche Postings.

5. Welchen Mehrwert bietest du?
Entscheidend ist: Was haben deine Followerinnen und Follower von deinen Inhalten? Wollen sie informiert, inspiriert oder unterhalten werden? Menschen folgen dir nicht nur aus Sympathie, sondern weil sie einen klaren Nutzen aus deinen Beiträgen ziehen. Sei dir dessen immer bewusst, wenn du Content erstellst.

6. Wer ist deine Zielgruppe?
Verstehe deine Zielgruppe. LinkedIn ermöglicht es dir, sehr gezielt zu arbeiten, was ein großer Vorteil gegenüber anderen Plattformen ist. Bist du auf der Suche nach neuen Geschäftspartnern? Möchtest du die Entscheiderinnen und Entscheider in Unternehmen ansprechen? Oder geht es dir darum, potenzielle Mitarbeitende für dein Team zu gewinnen? Unterschiedliche Zielgruppen erfordern unterschiedliche Ansätze.

7. Welche Ressourcen stehen dir zur Verfügung?
Eine erfolgreiche Strategie benötigt Planung und Zeit. Verfügst du über die notwendigen Tools, um deine Inhalte regelmäßig zu veröffentlichen und zu monitoren? Eine realistische Planung deiner Ressourcen sorgt dafür, dass du nicht nach wenigen Wochen die Lust verlierst.

8. Expertenstatus oder Influencer-Rolle?
Auf LinkedIn gibt es zwei dominante Arten der Positionierung: Du kannst dich als Expertin oder als Experte positionieren oder als Influencerin oder Influencer auftreten. Beide Strategien haben ihre Vorteile und du solltest entscheiden, welche besser zu deinen Stärken passt.

Expertenstatus: Wenn du dich als Expertin oder Experte positionierst, liegt der Fokus auf deinem tiefen Fachwissen. Du teilst spezifische Inhalte, die für deine Branche oder Nische von großem Interesse sind. Diese Art der Positionierung zieht ein eher fachspezifisches Publikum an und sorgt dafür, dass du in deiner Branche als ernstzunehmende Stimme wahrgenommen wirst.

Influencer-Rolle: Als Influencerin oder Influencer teilst du mehr von deiner persönlichen Seite und deinen Erfahrungen. Der Fokus liegt auf deinem Werdegang, auf inspirierenden Erlebnissen und einer emotionalen Ansprache. Influencerinnen oder Influencer sind oft in der Lage, eine breite Masse zu erreichen, indem sie Geschichten erzählen, die Menschen bewegen.

Es gibt kein Richtig oder Falsch – wichtig ist, dass du deine Entscheidung bewusst triffst und deine Kommunikation konsequent danach ausrichtest.

Um deine Gedanken zu sortieren und Klarheit in deine Planung zu bringen, kannst du das LinkedIn-Canvas verwenden. Es ist ein einfaches, aber effektives Tool, das dir hilft, Struktur in deine Kommunikationsstrategie zu bringen. Gliedere es in folgende Bereiche:

- Story: Was ist das zentrale Thema, das du vermitteln möchtest?
- Heldinnen und Helden: Wer sind die Personen, die deine Story tragen?
- Schlüssel-Aktivitäten: Welche Kommunikationsmaßnahmen willst du ergreifen?
- Kanäle: Über welche Kanäle wirst du kommunizieren?
- Mehrwert: Welchen Nutzen hat deine Zielgruppe von deinen Inhalten?
- Zielgruppen: Wen möchtest du ansprechen?
- Ressourcen: Welche Personen, Tools und Budgets stehen dir zur Verfügung?

Mit dieser Struktur hast du eine solide Grundlage für deine LinkedIn-Präsenz und kannst deine Strategie Schritt für Schritt umsetzen.

Die Inhalte

Nun, da du die Grundlagen deiner Strategie festgelegt hast, geht es an die konkrete Umsetzung. Ein erfolgreicher LinkedIn-Auftritt lebt von einem klaren Redaktionsplan und einer gut durchdachten Content-Strategie. Ein planvolles Vorgehen hilft dir, regelmäßig relevante Inhalte zu veröffentlichen, die aufeinander abgestimmt sind und deine Followerinnen und Follower begeistern.

1. Entwickle einen „Themenplan“
Dein Themenplan dient dir als Fahrplan für deine LinkedIn-Aktivitäten. Er zeigt dir, welche Inhalte du wann veröffentlichen möchtest und in welchem Format. Ein solcher Plan sorgt dafür, dass deine Kommunikation auf LinkedIn nicht zufällig oder sporadisch verläuft, sondern strategisch und zielgerichtet.

2. Verwende Inhalte mehrfach
Ein zentrales Prinzip erfolgreicher Content-Strategien ist die Mehrfachnutzung von Inhalten. Du solltest deine Inhalte so planen, dass du sie in verschiedenen Formaten wiederverwenden kannst. Ein gut geschriebener Blogpost kann zum Beispiel als Grundlage für ein Video, einen Kurzbeitrag oder eine Podcast-Episode dienen. Dieses Konzept wird auch als „Pillar Content" bezeichnet und sorgt dafür, dass du mit weniger Aufwand mehr erreichen kannst.

3. Nutze ein Themenmanagement-Tool
Um den Überblick über deine Inhalte zu behalten, hilft es, deine Themen in einer einfachen Tabelle zu erfassen. Hier kannst du festhalten, welche Themenbereiche du abdeckst und wie häufig du sie ansprichst. So siehst du auf einen Blick, welche Themen du stärker fokussieren möchtest und wo vielleicht noch Lücken sind.

4. Behalte die Reaktionen im Blick
Eine der Stärken von LinkedIn ist die direkte Interaktion mit deiner Zielgruppe. Du solltest daher regelmäßig überprüfen, wie deine Inhalte bei deinem Publikum ankommen. Reagiere auf Kommentare, stelle Fragen und fordere deine Followerinnen und Follower aktiv zur Diskussion auf. Der Dialog ist ein wichtiger Teil des Beziehungsaufbaus und hilft dir, langfristig eine treue Community zu gewinnen.

Mit diesen Tools und einer strategischen Planung deiner Inhalte wirst du in der Lage sein, deine LinkedIn-Präsenz professionell und erfolgreich zu gestalten. Denke daran: Eine gute Strategie basiert auf klaren Zielen, konsistenten Inhalten und einem echten Mehrwert für deine Zielgruppe.

Social Listening

Ein häufig übersehener Aspekt in der LinkedIn-Strategie ist das sogenannte Social Listening. Es bedeutet, dass du aktiv zuhörst und beobachtest, was in deiner Community oder Branche passiert: Was bewegt die Menschen in deinem Umfeld? Welche Themen werden viel diskutiert? Social Listening hilft dir, immer am Puls der Zeit zu bleiben und schnell auf neue Trends oder Bedürfnisse zu reagieren.

Was du tun kannst:

- Schenke den Beiträgen und Kommentaren von Followern und wichtigen Persönlichkeiten in deiner Branche besondere Aufmerksamkeit.
- Sammle auf Branchenevents, Konferenzen oder Webinaren aktuelle Themen und überlege, wie du dazu auf LinkedIn eigene Beiträge verfassen kannst.

- Tritt LinkedIn-Gruppen bei, die für dein Fachgebiet relevant sind, um Diskussionen zu verfolgen und selbst beizutragen.

Social Listening ist eine effektive Methode, um deinen Content zielgenau zu gestalten und sicherzustellen, dass du die Interessen deiner Zielgruppe triffst. Indem du aufkommende Trends frühzeitig erkennst und dich aktiv an den entsprechenden Diskussionen beteiligst, kannst du dich als Vordenkerin oder Vordenker in deinem Bereich etablieren.

Authentizität und Transparenz

Ein weiterer entscheidender Faktor für den Erfolg auf LinkedIn ist Authentizität. Menschen folgen Profilen, die ehrlich und transparent sind. Poste also Inhalte mit Mehrwert, keine Werbung. Denke wie ein Redakteur oder Verleger: Welche Themen sind für deine Followerinnen und Follower inspirierend oder interessant? Sprich nicht zu viel über dein Unternehmen oder dich selbst – der Mehrwert steht im Vordergrund. Deine Leserinnen und Leser wollen die Person hinter den Beiträgen sehen und spüren, dass die Kommunikation echt ist.

Daher ist es wichtig, dass du immer authentisch bleibst und deine eigene Stimme findest. Das bedeutet:

- Teile auch deine Herausforderungen und Fehler. Niemand erwartet Perfektion. Gerade in der Businesswelt schätzen viele Follower Offenheit, weil sie sich selbst mit ihren eigenen Erfahrungen und Schwierigkeiten darin wiederfinden.
- Sei transparent in Bezug auf deine Ziele und Absichten. Wenn du ein neues Projekt startest oder auf einen bestimmten Meilenstein hinarbeitest, lass deine Followerinnen und Follower daran teilhaben.
- Zeige Emotionen. Ob Freude über einen Erfolg, Frustration über eine Hürde oder Begeisterung für ein neues Projekt – Emotionen sind das, was uns verbindet und uns als Menschen wahrnehmbar macht.

Durch authentische und transparente Kommunikation kannst du auf LinkedIn eine enge Bindung zu deiner Zielgruppe aufbauen, die über einfache Klicks hinausgeht.

Dein LinkedIn-Netzwerk aufbauen

Auf LinkedIn geht es nicht nur darum, viele Follower zu haben – es geht vor allem darum, die richtigen Followerinnen und Follower zu haben. Ein weit verbreiteter

Irrtum ist es, zu glauben, dass eine hohe Follower-Zahl automatisch mehr Reichweite und Erfolg bedeutet: Viel wichtiger ist die Qualität der Verbindungen, die du aufbaust, und wie aktiv dein Netzwerk mit deinen Inhalten interagiert. Eine hohe Anzahl an Followerinnen und Followern hilft dir wenig, wenn diese nicht regelmäßig mit deinen Beiträgen interagieren oder nicht in deiner Zielgruppe sind.

Es ist entscheidend, auf qualitatives Wachstum zu setzen. Dazu gehören:

- Verbindungen mit Menschen, die tatsächlich Interesse an deinen Inhalten haben.
- aktive Engagements in Form von Likes, Kommentaren und Shares.
- eine gezielte Ansprache deiner Zielgruppe durch relevante Inhalte.

Lautstarke Menschen scheinen oft die größten Netzwerke zu haben. Aber was, wenn du eher introvertiert bist und dich im Netzwerken unsicher fühlst? Die gute Nachricht ist: Netzwerken auf LinkedIn muss nicht laut und offensiv sein. Auch als eher leisere Person kannst du ein starkes und wertvolles Netzwerk aufbauen.

1. Mitlesen und mutig sein

Beginne damit, Beiträge anderer zu lesen und zu kommentieren. Wenn dir ein Beitrag gefällt, hinterlasse einen Kommentar oder schicke der Person eine persönliche Nachricht. So baust du nach und nach Verbindungen auf, ohne sofort selbst im Rampenlicht zu stehen.

2. Liken und kommentieren

Auch das regelmäßige Liken und Kommentieren von Beiträgen anderer ist eine effektive Möglichkeit, dich sichtbar zu machen. Du musst nicht immer eigene Beiträge schreiben – oft reicht es schon, in den Dialog mit anderen zu treten. Es ist auch zielführend, um sich einem Kontakt zu nähern, den du kennenlernen möchtest.

3. Mit persönlichen Begegnungen verknüpfen

Nutze LinkedIn auch, um dich mit Menschen zu vernetzen, die du bei realen Veranstaltungen kennengelernt hast. Oft ergeben sich aus solchen Begegnungen wertvolle Verbindungen, die du durch regelmäßige Interaktionen auf LinkedIn weiter pflegen kannst.

4. Strategisch netzwerken auf LinkedIn

Überlege dir, wen du in deinem Netzwerk haben möchtest. Nutze LinkedIn gezielt, um Verbindungen zu Personen aufzubauen, die dir beruflich oder persönlich weiterhelfen können. Manchmal kann es helfen, gezielt nach neuen Verbindungen zu suchen, die Expertise in Bereichen haben, die für dich relevant sind.

5. Frage dein eigenes Netzwerk
Wenn du eine bestimmte Person kennenlernen möchtest und du siehst, dass ein persönlicher Kontakt von dir bereits mit dieser Person vernetzt bist, frage einfach, ob dein Kontakt einen ersten Kontakt herstellt und dich vorstellt.

Dein LinkedIn-Netzwerk ausbauen

LinkedIn ist nicht nur eine Plattform, um Inhalte zu teilen, sondern auch, um wertvolle Kontakte zu knüpfen. Der Aufbau eines starken Netzwerks ist ein wesentlicher Bestandteil deines langfristigen Erfolgs.

Hier einige Tipps, wie du dein Netzwerk effektiv erweitern kannst:

1. Proaktiv Kontakte knüpfen
Warte nicht darauf, dass andere dich kontaktieren. Suche gezielt nach Personen in deiner Branche oder Nische, die für dich interessant sein könnten. Schicke ihnen eine persönliche Nachricht, in der du erklärst, warum du sie in deinem Netzwerk haben möchtest.

2. Veranstaltungen nutzen
Webinare, Konferenzen oder virtuelle Veranstaltungen bieten hervorragende Gelegenheiten, um dein Netzwerk zu erweitern. Viele Teilnehmerinnen und Teilnehmer sind nach solchen Events offen für neue Verbindungen. Nutze diese Chance und vernetze dich mit Menschen, die du auf solchen Veranstaltungen triffst.

3. Echte Beziehungen aufbauen
Vernetzung sollte nicht nur ein Mittel zum Zweck sein. Es geht darum, echte Beziehungen aufzubauen, die auf gegenseitigem Austausch und Unterstützung beruhen. Beteilige dich an den Beiträgen deiner Kontakte, stelle Fragen und zeige echtes Interesse an ihren Inhalten.

4. Wert liefern
Vernetzungen funktionieren am besten, wenn du deinen Kontakten auch etwas zu bieten hast. Überlege dir, wie du Mehrwert liefern kannst – sei es durch hilfreiche Informationen, Tipps oder das Teilen interessanter Artikel und Studien.

LinkedIn ist weit mehr als nur eine Plattform für berufliche Kontakte – es ist ein mächtiges Tool, um dein Netzwerk zu stärken, deine Karriereziele zu verfolgen und sichtbar zu werden. Doch wie baust du ein authentisches Netzwerk auf, ohne dass es sich „verkaufsorientiert" anfühlt? Welche Inhalte sorgen dafür, dass du positiv auffällst? Und wie kannst du LinkedIn effektiv nutzen, ohne ständig online zu sein?

Genau darüber habe ich mit **Selena Gabat** gesprochen. Als Leiterin des internationalen Brand Marketing Teams bei LinkedIn und Karriere-Expertin bringt Selena wertvolle Einblicke mit, wie du das Potenzial von LinkedIn optimal ausschöpfen kannst. Mit ihrer Erfahrung aus über 20 Jahren Berufsleben teilt sie ihre besten Strategien, um auf LinkedIn sichtbar, authentisch und erfolgreich zu sein – auch für diejenigen, die wenig Zeit haben.

Wir sprechen darüber:

- wie du ein starkes LinkedIn-Netzwerk aufbaust, das authentisch bleibt.
- welche Beiträge und Inhalte auf LinkedIn wirklich auffallen.
- welche Abschnitte deines Profils Personalentscheider besonders beachten.
- wie du LinkedIn für deine Karriereziele nutzt, ohne ständig online sein zu müssen.
- wie du Erfolge und Projekte inspirierend und authentisch teilst.

Lass dich inspirieren und entdecke, wie LinkedIn dich auf deinem Karriereweg unterstützen kann!

Hier geht's zum Interview mit Selena:

VIDEO:
Interview mit Selena Gabat, CMO LinkedIn

Ergänzend zum Video gibt Selena Gabat in diesem schriftlichen Interview weitere wertvolle Einblicke, wie du LinkedIn gezielt für deine Karriere nutzen kannst. Ob es darum geht, ein starkes Netzwerk aufzubauen, dein Profil für Personalentscheider attraktiv zu gestalten oder authentisch über deine Erfolge und Herausforderungen zu berichten – Selena teilt ihre besten Tipps und Strategien, die du direkt umsetzen kannst.

Mit ihrer langjährigen Erfahrung als Führungskraft und Karriere-Expertin zeigt sie, wie LinkedIn dir helfen kann, deine beruflichen Ziele zu erreichen, ohne dabei ständig online sein zu müssen.

Lies weiter und erfahre, wie du LinkedIn optimal für dich einsetzt – und zwar auf eine Art, die echt, inspirierend und effektiv ist!

DOKUMENT:
Interview mit LinkedIn-Expertin Selena Gabat

Strategisches Selbstmarketing mit LinkedIn

Ein langfristiges Ziel deiner LinkedIn-Strategie sollte es sein, dich als Thought Leader in deinem Bereich zu etablieren. Thought Leadership bedeutet, dass du als führende Stimme und Meinungsbildner oder Meinungsbildnerin in deiner Branche wahrgenommen wirst. Das erreichst du nicht über Nacht, aber durch kontinuierliche Arbeit an deiner Positionierung kannst du es langfristig schaffen.

Hier einige Maßnahmen, die dir helfen können, dich als Thought Leader zu etablieren:

1. Regelmäßig Artikel schreiben
LinkedIn bietet die Möglichkeit, längere Artikel zu veröffentlichen. Diese sollten tiefergehende Einblicke in deine Expertise geben und fundierte Analysen oder Meinungen zu aktuellen Branchenthemen beinhalten.

2. Webinare oder Live-Events veranstalten
Indem du dein Wissen live teilst und direkten Austausch mit deinem Publikum suchst, positionierst du dich als Expertin oder Experte und erreichst gleichzeitig eine größere Reichweite.

3. Interviews und Gastbeiträge geben
Sei als Gast in Podcasts oder Webinaren anderer Expertinnen oder Experten vertreten. Dies erhöht deine Sichtbarkeit und stärkt deine Reputation in der Branche.

4. Fallstudien und Erfolgsgeschichten teilen
Zeige anhand konkreter Beispiele, wie du Herausforderungen gemeistert oder anderen geholfen hast, erfolgreich zu sein. Fallstudien sind eine großartige Möglichkeit, dein Wissen zu demonstrieren und Vertrauen aufzubauen.

So erstellst du inspirierende und persönliche Beiträge, die deine Karriere voranbringen

LinkedIn ist eine Plattform, auf der täglich Millionen von Beiträgen erscheinen. Wie sorgst du dafür, dass deine Posts in der Masse nicht untergehen? Der Schlüssel liegt darin, Beiträge zu erstellen, die auffallen und Engagement hervorrufen. Hier findest du bewährte Tipps, um mit deinen Beiträgen aufzufallen und das Interesse an deiner Person zu steigern. Mit diesen Tipps bist du bestens ausgerüstet, um auf LinkedIn oder anderen beruflichen Plattformen Aufmerksamkeit zu generieren und deine Reichweite zu steigern.

Erfolgreiches Posten ist keine Zauberei – es erfordert nur ein wenig Planung, Kreativität und die Bereitschaft, regelmäßig Inhalte zu teilen. Indem du deine Expertise sichtbar machst, stärkst du nicht nur dein berufliches Netzwerk, sondern auch deine Position als Expertin oder Experte in deinem Fachgebiet.

1. Das richtige Format
Auf LinkedIn haben sich besonders kurze, prägnante Beiträge (Posts) als sehr wirkungsvoll erwiesen. Diese Posts sind auf 3.000 Zeichen begrenzt, was dich dazu bringt, dich auf das Wesentliche zu konzentrieren. Vermeide langatmige Erklärungen, die besser in einem Artikel oder Blogbeitrag Platz finden. Dein Post sollte einen klaren Fokus haben und die wichtigsten Informationen in wenigen Absätzen zusammenfassen. Direkt am Anfang sollte ein starker, einprägsamer Satz stehen, der neugierig macht und zum Weiterlesen anregt.

2. Ansprechende Visuals
Ein Bild, eine Infografik oder ein Video verdoppeln die Chancen, dass dein Beitrag beachtet wird. Statistiken zeigen, dass visuelle Inhalte auf LinkedIn deutlich mehr Engagement hervorrufen. Ob es ein professionelles Foto, eine Grafikanalyse oder ein simpler Screenshot ist – ein gut platziertes Bild zieht die Aufmerksamkeit deiner Leserinnen und Leser sofort auf sich. Erzähle mit dem Bild eine kleine Geschichte und achte darauf, dass es gut zum Inhalt deines Beitrags passt. Falls du Unterstützung bei der Erstellung brauchst, kannst du kostenlose Tools wie Canva oder Piktochart nutzen. Mit wenigen Klicks kannst du dort beeindruckende Visuals erstellen.

3. Der richtige Moment
Es gibt keine perfekte Uhrzeit, die für jede Zielgruppe gilt, doch Studien zeigen, dass Posts zu bestimmten Zeiten besonders gut performen. Vormittags um 9 Uhr oder nach dem Mittagessen, um 14 Uhr, ist die Aktivität auf LinkedIn besonders hoch. Viele Berufstätige schauen morgens oder während der Mittagspause auf ihre Feeds. Falls du deine Beiträge am Wochenende oder an Feiertagen postest, kannst du

davon profitieren, dass weniger Konkurrenz herrscht und dein Post mehr Raum bekommt. Teste verschiedene Zeiten und nutze Analyse-Tools, um herauszufinden, wann deine Zielgruppe am aktivsten ist. Meine persönliche Erfahrung: In der Regel funktionieren Posts wochentags (außer freitags) zwischen 8 und 20 Uhr am besten. Teste es aus und finde die optimale Zeit für deine Community.

4. Geschichten für mehr Authentizität
Ein effektiver Post auf LinkedIn sollte nicht wie eine trockene Mitteilung klingen. Schreibe persönlich, sprich deine Leserinnen und Leser direkt an und erzähle eine Geschichte, die einen Bezug zu deinem Berufsleben hat. Du kannst zum Beispiel ein Erlebnis aus dem Alltag teilen, das für andere relevant ist. Verwende die Ich-Perspektive und sei dabei so authentisch wie möglich. Leserinnen und Leser reagieren positiv auf Einblicke, die persönlich und ehrlich sind – das zeigt, dass du mehr als nur berufliches Wissen mitbringst, nämlich auch menschliche Erfahrungen.

5. Videos für mehr Interaktion
Videos sind das Medium der Zukunft, auch auf LinkedIn. Sie schaffen es, komplexe Themen schnell und emotional zu vermitteln. Ein kurzes, informatives Video kann das Interesse und die Aufmerksamkeit auf dich ziehen. Wenn du ein Video postest, achte auf die Länge: Ideal sind ein bis zwei Minuten.

> **TIPP.** Viele schauen Videos ohne Ton an, daher sind Untertitel oder eine starke visuelle Aussage essenziell. Denke daran, dass der Ton trotzdem nicht vernachlässigt werden sollte. Mit einem einfachen Mikrofon kannst du deine Audioqualität erheblich verbessern.

6. Hashtags für mehr Reichweite
Auf LinkedIn solltest du Hashtags klug einsetzen, um deine Beiträge zu kategorisieren und die Reichweite zu erhöhen. Wähle zwei bis drei relevante Hashtags, die gut zu deinem Thema passen, und überlege, welche Schlagwörter deine Zielgruppe interessieren könnten. Beliebte Hashtags zu wählen, ist gut – noch besser ist es, wenn du dir ein paar spezialisierte, branchenspezifische Hashtags suchst. So werden deine Beiträge von den richtigen Personen gefunden, ohne in der Masse unterzugehen.

7. Emojis und besondere Schriftarten
Auch auf einer professionellen Plattform wie LinkedIn können Emojis und verschiedene Schriftarten dabei helfen, den Text aufzulockern und zu strukturieren. Emojis geben dem Beitrag eine persönliche Note und können gezielt verwendet werden,

um Emotionen oder Highlights zu verdeutlichen. Verschiedene Schriftarten, die auf LinkedIn verfügbar sind, können außerdem helfen, wichtige Inhalte hervorzuheben oder den Text zu gliedern. So hebst du dich von der Masse ab und machst deine Beiträge leichter lesbar.

8. Links zu externen Seiten
Solltest du Links zu externen Seiten direkt in deinen Post einfügen oder sie besser in die Kommentare packen? Darüber gibt es geteilte Meinungen. Manche sagen, dass LinkedIn Beiträge mit Links weniger stark ausspielt, andere schwören darauf, dass es keinen Unterschied macht. Fakt ist: Ein Link sollte immer relevant und sinnvoll sein. Teste beide Varianten und finde heraus, was für dich besser funktioniert. Wenn du auf Podcasts, Artikel oder Webseiten hinweist, achte darauf, dass der Link nicht den gesamten Post dominiert – er sollte das Thema unterstützen, aber nicht der Hauptinhalt sein.

9. Karussell-Posts
Ein Karussell-Post ist ein Beitrag, bei dem du mehrere Bilder oder Slides hochladen kannst, die Nutzerinnen und Nutzer durchklicken. Das ist besonders hilfreich, wenn du ein komplexes Thema Schritt für Schritt erklären möchtest oder mehrere Punkte visuell darstellen willst. Es ist eine beliebte Methode, um auf kreative Weise Wissen zu vermitteln. Verwende hochwertige Bilder und achte darauf, dass die Slides logisch aufeinander aufbauen. Ein Karussell-Post hat außerdem den Vorteil, dass Leserinnen und Leser länger bei deinem Beitrag verweilen, da sie durch die Bilder scrollen.

So misst du den Erfolg deiner LinkedIn-Strategie

Ein wichtiger Aspekt jeder Strategie ist die Erfolgsmessung. Ohne klare Daten und Kennzahlen weißt du nicht, ob deine Bemühungen wirklich fruchten. LinkedIn bietet viele nützliche Analysetools, mit denen du deine Reichweite, dein Engagement und das Wachstum deines Netzwerks nachvollziehen kannst.

Hier nenne ich dir einige Kennzahlen, die du im Blick behalten solltest. Indem du diese Kennzahlen regelmäßig überprüfst, kannst du deine Strategie anpassen und optimieren. Teste verschiedene Formate, analysiere, welche Beiträge besonders gut ankommen, und ziehe Rückschlüsse daraus, wie du deine Inhalte weiter verbessern kannst. Alles, was dir wichtig ist, solltest du versuchen, messbar zu machen. Damit das gelingt, müssen deine Ziele „SMART“ sein: spezifisch, messbar, attraktiv, realistisch und terminiert. Deshalb solltest du bereits bei der Formulierung der Ziele wissen, was du messen kannst.

Engagement-Rate
Die Engagement-Rate ist eine der wichtigsten Metriken auf LinkedIn. Diese misst, wie viele Interaktionen (Likes, Kommentare, Shares) deine Beiträge im Verhältnis zur Reichweite generieren. Eine hohe Engagement-Rate zeigt, dass deine Inhalte bei deiner Zielgruppe ankommen. Es ist besonders wichtig, dieses Verhältnis im Auge zu behalten, da eine hohe Reichweite ohne entsprechendes Engagement nicht viel aussagt. Ideal ist eine Engagement-Rate von mindestens 2 bis 3 Prozent, doch das hängt stark von deiner Branche und deinen Zielen ab.

Follower-Wachstum
Achte darauf, ob dein Netzwerk kontinuierlich wächst. Dabei ist es wichtiger, qualifizierte Kontakte zu gewinnen, die tatsächlich Interesse an deinem Content haben, als möglichst viele Follower.

Beitragsreichweite
Wie viele Menschen haben deine Beiträge gesehen? Eine große Reichweite bedeutet nicht immer viel, aber sie kann dir helfen, das Potenzial deiner Inhalte zu bewerten.

Conversion-Rate
Falls du bestimmte Ziele wie Lead-Generierung oder die Bewerbung eines Produkts verfolgst, solltest du messen, wie viele Follower tatsächlich eine gewünschte Handlung ausführen (z. B. Klicks auf einen Link oder die Anmeldung für ein Event).

Für Unternehmensseiten bietet LinkedIn zudem spezifische Tools an. Unter dem Tab „Analyse“ kannst du deine Seitenperformance tracken und mit anderen Unternehmensseiten vergleichen. Das hilft dir, dich im Wettbewerb besser zu positionieren.

TIPPS. Mit LinkedIn-Daten arbeiten

Es gibt einige Daten, die sich über dein LinkedIn-Profil ermitteln lassen, beispielsweise die Zahl deiner Kontakte sowie die Zahl deiner Followerinnen und Follower und der Betrachtenden deines Profils: Wer hat Interesse an deinem Profil gezeigt und es besucht? Diese Kennzahl kann dir zeigen, wie attraktiv dein Profil für potenzielle Netzwerkpartnerinnen und Netzwerkpartner ist.

Die Zahlen der Likes, Shares und Kommentare zu deinen Beiträgen zeigen dir, wie gut deine Inhalte ankommen. Besonders die Engagement-Rate (die

Anzahl der Interaktionen im Verhältnis zur Reichweite) ist ein wichtiger Indikator.

LinkedIn bietet dir Einblicke in die berufliche Position, den Standort und die Branche deiner Kontakte, also in demografische Informationen über deine Followerinnen und Follower. Dadurch kannst du besser nachvollziehen, ob du deine Zielgruppe erreichst.

Oft gehen die internen LinkedIn-Daten aber nicht tief genug. Es gibt auch externe Tools, mit denen du weitere Daten analysieren kannst.

Mit diesen misst du z. B. die Medienresonanz: Welche deiner Posts wurden von externen Quellen oder Medien zitiert oder weiterverbreitet? Besonders im Zusammenhang mit Personal Branding oder Corporate Influencing kann diese Kennzahl wertvoll sein.

Rekrutierungsdaten: Wurde dein Profil häufig in Bewerbungen genannt oder in Vorstellungsgesprächen thematisiert? Gerade, wenn du dich in der Phase der beruflichen Neuorientierung befindest, können solche Daten entscheidend sein.

Verkaufszahlen von Produkten oder Dienstleistungen: Wenn du LinkedIn zur Verkaufsförderung nutzt, kannst du messen, wie viele deiner Followerinnen und Follower nach einem Post ein Produkt gekauft oder sich für eine Dienstleistung angemeldet haben.

So maximierst du deine Reichweite und deine Content-Qualität

Welche Tools und welche Technologien können dir dabei helfen, deine Beiträge hervorzuheben und dein Netzwerk zu erweitern? In diesem Kapitel stelle ich dir eine Auswahl an hilfreichen Tools vor, die deine Inhalte auf das nächste Level bringen und dir helfen, deine Ziele zu erreichen.

Mit den gleich vorgestellten Tools hast du alle Werkzeuge an der Hand, um deine Präsenz auf LinkedIn und anderen Plattformen zu maximieren. Egal, ob du nach neuen Kontakten suchst, deine Inhalte besser organisierst oder deine Erfolge messen möchtest – es gibt für jedes Ziel die passende Lösung. Nutze diese Möglichkeiten, um deine Karriere voranzutreiben und dich als Expertin oder Experte in deinem Bereich zu positionieren.

1. Such- und Networking-Tools
Die Suche nach den richtigen Kontakten ist zeitaufwendig – es sei denn, du nutzt die passenden Werkzeuge. Eines davon ist der **Sales Navigator** von LinkedIn, ein kostenpflichtiges Tool, mit dem du gezielt nach Personen und Unternehmen suchen kannst. Damit lassen sich potenzielle Arbeitgeberinnen und Arbeitgeber, Kundinnen und Kunden oder Kooperationspartnerinnen und -partner nach bestimmten Kriterien finden. Es hilft dir auch dabei, Personen im gleichen Umfeld zu identifizieren und anzusprechen. Besonders nützlich: Du kannst dir regelmäßig Empfehlungen für neue Kontakte zuschicken lassen, was dir die Arbeit erheblich erleichtert.

2. Analyse-Tools
Wenn du deine Aktivitäten auf LinkedIn strategisch steuern willst, brauchst du mehr als nur ein gutes Gefühl für Inhalte. Tools wie **Taplio** und **Inlytics** analysieren die Performance deiner Beiträge und helfen dir, besser zu verstehen, wie was funktioniert. Von Engagement-Rates bis zur Reichweite – diese Tools liefern dir wertvolle Einblicke, mit denen du deine Strategie verfeinern kannst. Beide Programme bieten kostenpflichtige Versionen an, aber die Basisfunktionen reichen oft schon aus, um erste Erfolgsmessungen durchzuführen. So kannst du deine Erfolge besser nachverfolgen und gezielt daran arbeiten, deine Sichtbarkeit zu steigern.

3. Starke Bilder
Visuelle Inhalte sind der Schlüssel, um auf Plattformen wie LinkedIn aus der Masse herauszustechen. Tools wie **Canva** und **Adobe Express** machen es dir leicht, beeindruckende Grafiken oder Infografiken zu erstellen – selbst, wenn du kein Designprofi bist. Canva bietet sogar Vorlagen speziell für soziale Netzwerke, die du mit wenigen Klicks an deine Bedürfnisse anpassen kannst. Es gibt auch kostenfreie Versionen, die schon viele Funktionen abdecken. Ob ein starker Header oder ein begleitendes Bild zu deinem Beitrag – nutze die Macht der Bilder, um deine Message noch eindrucksvoller zu gestalten.

4. Planung und Organisation
Projekte und Content-Pläne lassen sich viel einfacher umsetzen, wenn du die richtigen Tools nutzt. Programme wie **Trello** oder **Asana** helfen dir, deine Aufgaben und Deadlines zu organisieren, Inhalte vorzubereiten und Fortschritte zu verfolgen. Besonders wenn du langfristige Themen oder Kampagnen planst, sind solche Tools unerlässlich. Du kannst damit Boards anlegen, um deine Inhalte nach Themen oder Veröffentlichungsdatum zu sortieren. So behältst du jederzeit den Überblick über deine nächsten Schritte und kannst sicherstellen, dass dein Content pünktlich und gut strukturiert veröffentlicht wird.

5. Werbung auf LinkedIn
Wenn du dein Netzwerk erweitern willst, kann es sinnvoll sein, in **gesponserte Beiträge** zu investieren. Das bedeutet, dass deine Beiträge gegen Bezahlung gezielt an eine größere oder speziell ausgewählte Zielgruppe ausgespielt werden. Besonders für berufliche Inhalte oder spezielle Projekte kann das den entscheidenden Unterschied machen. Mit einem kleinen Budget kannst du so eine weitaus größere Reichweite erzielen und deine Sichtbarkeit deutlich erhöhen. Wichtig dabei ist, dass du genau überlegst, welche Zielgruppe du ansprechen willst, damit deine Investition auch den gewünschten Effekt hat.

6. Digitale Notiz- und Kreativtools
Für die Ideensammlung und Brainstorming-Sessions eignet sich das Tool **Miro** hervorragend. Hiermit kannst du Mindmaps erstellen und Ideen strukturiert sammeln. Gerade wenn du in einem Team arbeitest, ist dieses Tool ideal, um gemeinsam Inhalte zu planen. Es gibt kostenfreie Versionen, die für kleinere Projekte völlig ausreichen: Du kannst Themen sammeln, Konzepte entwickeln und dabei den Überblick behalten. So gehen dir nie die Ideen aus und du kannst sicherstellen, dass du immer frischen Content parat hast.

7. Externe Tools zur Content-Erstellung
Manchmal brauchst du nicht nur Inspiration, sondern auch konkrete Inhalte, die du verwenden kannst. Hier kommen Tools wie **Sociabble** und **Hailo Share** ins Spiel. Diese Plattformen bieten dir vorbereitete Inhalte, die du direkt in deine Social-Media-Profile einfügen kannst. Besonders hilfreich ist das, wenn du mal keine Zeit hast, eigenen Content zu erstellen. Natürlich solltest du darauf achten, dass diese Inhalte gut zu deinem eigenen Stil und deiner Marke passen – aber als Inspirationsquelle sind sie auf jeden Fall nützlich.

8. Creator Mode und mehr Funktionen auf LinkedIn
Wenn du deine Aktivitäten auf LinkedIn professionell aufziehen möchtest, solltest du den **Creator Mode** aktivieren. Dieser bietet dir einige zusätzliche Funktionen, die dir helfen, noch besser wahrgenommen zu werden. So wird zum Beispiel der „Vernetzen"-Button durch einen „Folgen"-Button ersetzt, was den Fokus stärker auf deine Beiträge legt statt auf private Verbindungen. Auch kannst du Hashtags hinzufügen, die dich und deine Beiträge noch sichtbarer machen. Diese Funktion ist besonders nützlich, wenn du regelmäßig Inhalte teilst und deine Followerzahl steigern möchtest.

9. Tracking-Tools für deine Posts
Wenn du wissen willst, wie gut deine Beiträge ankommen, brauchst du eine Möglichkeit, die Performance zu messen. **Shield** und **Inlytics** sind Tools, die dir detaillierte

Analysen zu deiner Reichweite, den Interaktionen und der Performance deiner Beiträge liefern. So kannst du nachvollziehen, welche Inhalte besonders gut funktionieren und welche weniger gut ankommen. Diese Daten helfen dir, deine Content-Strategie weiter zu verbessern und an die Bedürfnisse deines Netzwerks anzupassen.

TIPPS. Zum Schluss: Meine persönlichen Superpower-LinkedIn-Tipps

Ein Mindshift ist entscheidend – und das ist der wichtigste Tipp für deinen Erfolg auf LinkedIn. Denke wie ein LinkedIn-Algorithmus-Entwickler! Was will LinkedIn? Ganz einfach: Engagement steigern, die Verweildauer erhöhen und vollständige Profile fördern. Das Unternehmen LinkedIn ist umso erfolgreicher, je mehr engagierte Nutzerinnen und Nutzer aktiv sind und Zeit auf der Plattform verbringen. Du musst also kein LinkedIn-Guru sein – es geht um gesunden Menschenverstand.

Es ist eigentlich simpel: Bei LinkedIn wäscht eine Hand die andere. Tue, was LinkedIn guttut, und LinkedIn wird dich belohnen. Bleib neugierig, informiere dich über Algorithmus-Updates und reagiere auf Veränderungen. Es gibt viele Foren, aber oft merkst du selbst, wenn sich bei LinkedIn etwas ändert. Handle dann schnell!

Organische Reichweite und Social Selling Index (SSI): Dein SSI-Index und deine Reichweite hängen eng zusammen. Ein niedriger SSI bedeutet weniger Reichweite und umgekehrt. Erhöhe deinen SSI, indem du an Diskussionen teilnimmst, dein Netzwerk pflegst und dein Profil regelmäßig aktualisierst. LinkedIn liebt aktive Diskussionen und vollständige Profile.

SSI-Check: Logge dich bei LinkedIn ein und gehe auf www.linkedin.com/sales/ssi. Hier siehst du sofort deinen Social-Selling-Index. Das Tool zeigt dir, wo du stehst und wo du dich verbessern kannst.

Hashtags: Verwende immer Hashtags! Idealerweise drei bis fünf. Zu viele Hashtags können deiner Reichweite schaden, also halte es simpel und effektiv.

Tagging: Markiere („tagge“) Personen nur, wenn sie wirklich relevant sind und am besten auf deinen Beitrag reagieren werden. Mindestens 25 bis 50 % der markierten Personen sollten interagieren. Wenn du wahllos taggst und keiner reagiert, straft LinkedIn dich mit geringerer Reichweite ab.

Sei schnell: Die erste Stunde nach deinem Post ist entscheidend. Wenn in dieser Zeit keine Interaktion passiert, wird es schwierig, noch Reichweite zu generieren. Nicht nur Likes sind wichtig, sondern vor allem Kommentare. Antworte auf jeden Kommentar – selbst ein einfaches „Danke" oder ein Daumen hoch zählt für den Algorithmus. Vielleicht fragst du Kolleginnen und Kollegen, Freundinnen und Freunde, um dich hier in der ersten Stunde zu unterstützen.

Kommentiere: Ein Kommentar ist viel wertvoller als ein Like – mindestens 10-mal mehr. Ermutige deine Followerinnen und Follower, zu kommentieren, statt nur zu liken. Likes sind nett, aber bringen nicht viel für deine Reichweite.

Teile Beiträge nicht: Verwende nicht die Share-Funktion von LinkedIn – das killt deine Reichweite. Der Algorithmus will, dass die Nutzerinnen und Nutzer auf der Seite bleiben und neue Inhalte schaffen. Teile Beiträge lieber in deinen eigenen Worten und erwähne die ursprüngliche Quelle. Das kann dir bis zu 5-mal mehr Reichweite bringen als ein reiner Share.

Poste nicht mehr als einmal am Tag: Jeder neue Post verlangsamt den vorherigen. Besonders, wenn ein Post gut läuft, warte 24 Stunden, bevor du wieder postest. Kommentare und Likes sind von dieser Regel ausgenommen. Ausnahme: Wenn ein Beitrag nicht funktioniert, kannst du recht bald einen neuen Versuch starten.

Personen vor Marken: Menschen folgen Personen, nicht Unternehmensseiten. Nur etwa 5 Prozent der Followerinnen und Follower sehen den Content von Unternehmensseiten. Persönliche Profile haben eine viel größere Reichweite. Deshalb ist deine persönliche LinkedIn-Strategie so wichtig – für dich und dein Unternehmen!

Das Wichtigste in Kürze

- Strategische Positionierung: LinkedIn ist ein unverzichtbares Tool, um dich beruflich zu positionieren und sichtbar zu machen. Nutze es, um deine Expertise zu zeigen und gleichzeitig authentische Einblicke in deine Persönlichkeit zu geben.

- Ziele definieren: Kläre, was du erreichen willst – z. B. Netzwerkausbau, Expertenstatus oder Generieren von Leads – und richte deine LinkedIn-Strategie konsequent daran aus.

- Mehrwert bieten: Teile Inhalte, die deine Zielgruppe inspirieren, informieren oder unterhalten. Menschen folgen dir, weil sie von deinen Beiträgen profitieren möchten.

- Regelmäßigkeit zählt: Erfolgreich auf LinkedIn zu sein, erfordert eine langfristige, kontinuierliche Präsenz. Bleibe aktiv, auch wenn manche Beiträge weniger Resonanz erhalten.

- Netzwerk aufbauen: Setze auf qualitatives Wachstum. Vernetze dich gezielt mit Menschen, die zu deinen Zielen passen, und pflege diese Kontakte aktiv durch Interaktion.

- Authentizität zeigen: Sei ehrlich, transparent und persönlich in deinen Beiträgen. Teile Herausforderungen, Erfolge und Emotionen, um echte Verbindungen zu deiner Community aufzubauen.

- Erfolg messen und optimieren: Nutze LinkedIn-Analyse-Tools, um zu überprüfen, welche Inhalte funktionieren, und passe deine Strategie bei Bedarf an.

- Mit einer klaren Positionierung, relevanten Inhalten und einem authentischen Auftritt kannst du LinkedIn effektiv nutzen, um deine beruflichen Ziele zu erreichen.

Netzwerken als Erfolgsbaustein deiner Karriere

Netzwerken ist für mich mehr als nur ein Werkzeug oder eine Strategie für die Karriere – es ist Leidenschaft und Herz. Denn im Zentrum steht der Mensch. Es geht darum, wie wir miteinander umgehen, welche Werte wir vertreten und welche Haltung wir anderen gegenüber einnehmen. Genau deshalb liegt mir dieses Thema so sehr am Herzen.

Als ich nach meinem Studium nach München kam, kannte ich gerade mal zwei Menschen. Netzwerken war damals noch kein großes Thema, und schon gar nicht für Frauen. Aber ich wusste aus meiner eigenen Erfahrung: Ohne ein starkes Netzwerk fehlt etwas. Also habe ich nicht lange gewartet. Ich trat einem Marketing-Club bei, stellte aber bald fest, dass es kein adäquates Netzwerk für Frauen in Kommunikationsberufen gab. So fasste ich den Mut und gründete selbst eines. Und das war vor rund 25 Jahren alles andere als selbstverständlich.

Damals gab es in Deutschland kaum Netzwerke für Frauen und noch weniger Menschen, die sich damit beschäftigten. Das Thema „Frauen-Netzwerke" steckte noch in den Kinderschuhen. Doch ich glaubte an die Kraft des Netzwerks und organisierte gemeinsam mit einer Freundin aus der PR-Branche ein Wochenende in Frankfurt, bei dem 30 Frauen aus der Kommunikation zusammenkamen. Aus dieser kleinen Idee ist etwas Großes entstanden: Heute umfasst unser Netzwerk 800 inspirierende Frauen allein in München und hat Ableger in Frankfurt und Berlin.

Es war kein leichter Weg und es hat Mut gebraucht, Pionierin auf diesem Gebiet zu sein. Aber die Belohnung war es wert: Es gibt heute ein Netzwerk, das nicht nur die Karriere voranbringt, sondern das Leben bereichert. Wir unterstützen uns, teilen Jobs, Ideen und Wissen, und dabei passiert etwas Magisches: Es macht Freude. Die Verbindung zu großartigen Menschen, der Austausch und das gegenseitige Inspirieren sind unbezahlbar.

Netzwerken beginnt oft im Kleinen – mit einem Gespräch, einem Kontakt, einer Begegnung. Wichtig ist, dass du mit einer offenen Haltung hineingehst. Es geht zuerst immer darum, zu geben: Unterstützung, Rat oder einfach deine Zeit. Und irgendwann bekommst du etwas zurück. Das kann ein neuer Job, eine Idee oder eine wertvolle Freundschaft sein. Netzwerken ist ein Kreislauf, der sich immer wieder entfaltet, wenn man mit Herz dabei ist.

Was ich dir mitgeben möchte: Netzwerken ist nicht nur eine strategische Karrierehilfe, es ist eine Bereicherung für dein Leben. Es geht nicht nur darum, berufliche

Ziele zu erreichen, sondern auch darum, in Kontakt mit fantastischen, inspirierenden Menschen zu kommen, die dich auf deinem Weg begleiten. Du musst nicht warten, bis ein Netzwerk dich findet – manchmal musst du selbst den ersten Schritt machen, so wie ich es damals getan habe.

Ich wünsche dir, dass auch du Netzwerken als das erkennst, was es wirklich ist – eine Chance, Menschen zu treffen, die dich bereichern, unterstützen und mit denen du gemeinsam wachsen kannst. Und das Beste daran: Es macht unglaublich viel Spaß!

Also, worauf wartest du? Los geht's!

Netzwerken als menschliches Bedürfnis

Netzwerken ist mehr als nur eine berufliche Strategie – es ist ein tief in uns verankertes menschliches Bedürfnis. Der Soziologe Mark Granovetter prägte den Begriff der „Stärke schwacher Bindungen" und stellte fest, dass es oft die lockeren, weniger engen Beziehungen sind, die den größten beruflichen Nutzen bieten.[10] Diese schwachen Bindungen, wie etwa flüchtige Bekanntschaften oder gelegentliche Kontakte, eröffnen uns Zugang zu neuen Informationen, Möglichkeiten und Perspektiven. Warum? Weil Menschen, die uns nicht nahestehen, oft Verbindungen und Einsichten haben, die außerhalb unseres üblichen Kreises liegen. Dies bedeutet, dass du durch das bewusste Pflegen und Erweitern solcher „schwachen" Netzwerke möglicherweise Türen öffnest, die dir durch engere Bindungen verschlossen bleiben würden.

Auch aus der Neuropsychologie wissen wir, dass Netzwerken wichtige kognitive und soziale Fähigkeiten fördert. Es trainiert unsere emotionale Intelligenz, die Fähigkeit, uns in andere Menschen hineinzuversetzen und auf sie einzugehen. Beim Netzwerken aktivieren wir Hirnregionen, die für die Verarbeitung sozialer Signale und das Knüpfen von Beziehungen verantwortlich sind. Diese Prozesse stärken nicht nur unsere Fähigkeit, uns beruflich besser zu positionieren, sondern fördern auch unsere soziale Kompetenz und Empathie – beides essenzielle Fähigkeiten in einer sich ständig verändernden Arbeitswelt.

Noch tiefer geht der Soziologe Hartmut Rosa mit seiner Resonanztheorie. In einem Interview mit Herder Korrespondenz beschreibt Rosa, dass das Bedürfnis nach Resonanz, also nach einer Antwort der Welt auf unser Handeln, grundlegend für ein „gutes Leben" ist. „Ich muss mit Dingen und mit Menschen so in Kontakt kommen können, dass ich mich durch die Begegnung verändern kann. Ein gutes Leben ist ein Leben, das in Bezogenheit auf etwas da draußen geführt wird."[11] Netzwerken bietet genau diese Art von Resonanz: Wir treten mit anderen in Kontakt und erfahren, dass unsere Ideen, unsere Persönlichkeit und unsere Ziele von anderen wahrgenommen und wertgeschätzt werden. Durch dieses wechselseitige Geben und Nehmen entsteht ein Gefühl der Verbundenheit und der Wirksamkeit, das uns nicht nur beruflich, sondern auch persönlich stärkt. Rosa betont, dass Resonanz ein Schlüsselaspekt eines gelungenen Lebens ist – und Netzwerken bietet aus meiner Sicht und in Anlehnung an Rosa die Möglichkeit, diese Resonanz im beruflichen Umfeld zu erleben.

Die Theorie der „Stärke schwacher Bindungen“ von Mark Granovetter bietet einen spannenden Perspektivwechsel auf das Netzwerken. Oft denken wir, dass enge Beziehungen – wie enge Freundinnen oder Freunde, Kolleginnen oder Kollegen und Mentorinnen oder Mentoren – die wichtigsten beruflichen Türen öffnen. Doch Granovetter zeigt, dass es oft die loseren, weniger intensiven Kontakte sind, die uns neue berufliche Möglichkeiten bringen. Warum? Weil diese Personen in anderen Netzwerken unterwegs sind und dir Zugang zu Informationen verschaffen, die du innerhalb deines engen Kreises nicht finden würdest.

Das bedeutet konkret: Wenn du auf einem Event mit neuen Leuten sprichst oder dich auf LinkedIn mit entfernten Bekannten vernetzt, eröffnest du dir möglicherweise völlig neue Chancen. Diese Kontakte können Informationen über Jobangebote, Trends oder Kooperationen liefern, die dir sonst entgehen würden. Das mag auf den ersten Blick unlogisch klingen, doch es ist genau diese Vernetzung außerhalb deines unmittelbaren Kreises, die langfristig den Unterschied machen kann.

Deshalb ist es wichtig, nicht nur enge, vertrauensvolle Netzwerke zu pflegen, sondern auch regelmäßig neue, lose Verbindungen zu knüpfen. Diese „schwachen“ Bindungen können dir in Schlüsselmomenten deiner Karriere entscheidend weiterhelfen.

Netzwerken und Neuropsychologie

Netzwerken fördert nicht nur unsere beruflichen Kontakte, sondern stärkt auch unsere soziale und emotionale Intelligenz. Im Netzwerken aktivieren wir Hirnregionen, die uns dabei helfen, soziale Signale zu deuten, Empathie zu zeigen und Beziehungen aufzubauen. Diese Fähigkeiten sind in der heutigen Arbeitswelt, die von Kooperation und Kommunikation geprägt ist, unverzichtbar.

Durch regelmäßiges Netzwerken verbessern wir unsere Fähigkeit, uns in andere Menschen hineinzuversetzen, ihre Bedürfnisse zu verstehen und entsprechend zu reagieren. Dies stärkt nicht nur unsere zwischenmenschlichen Beziehungen, sondern auch unser eigenes Selbstbewusstsein und unser Gefühl der sozialen Kompetenz.

Besonders spannend ist, dass Netzwerken auch unser Gehirn langfristig formt: Studien zeigen, dass Menschen, die häufig Netzwerken und viele soziale Verbindungen pflegen, flexibler in ihrem Denken sind und kreativer auf Probleme reagieren können. Diese neuropsychologischen Vorteile sind ein Grund mehr, Netzwerken als kontinuierlichen Prozess zu sehen, der weit über den beruflichen Nutzen hinausgeht.

Beim Netzwerken treten wir in Kontakt mit anderen, tauschen Ideen aus und erhalten oft sofortiges Feedback. Dieses Feedback kann in Form von Anerkennung, Interesse oder Unterstützung erfolgen – alles Signale, die uns zeigen, dass wir wahrgenommen und geschätzt werden. Diese zwischenmenschliche Resonanz gibt uns das Gefühl, beruflich und persönlich wirksam zu sein.

Rosa betont, dass es genau diese Art der Verbindung ist, die uns langfristig stärkt. Wenn wir spüren, dass wir mit anderen in eine echte Beziehung treten und unser Handeln Bedeutung hat, dann erleben wir Erfüllung. Netzwerken, wenn es richtig gemacht wird, bietet uns genau diese Art der Resonanz: Wir vernetzen uns nicht nur, um unsere Karriere voranzutreiben, sondern um in der Welt gehört und verstanden zu werden.

Der ultimative Netzwerk-Test: Welcher Netzwerk-Typ bist du?

Um das Netzwerken erfolgreich zu meistern, musst du verstehen, welcher Netzwerk-Typ du bist: Bist du neugierig, aktiv und umsetzungsstark? Oder pflegst du nur ab und zu Kontakte und könntest mehr tun? Vielleicht stehst du noch am Anfang und suchst nach mehr Tipps?

Mache den Test, entscheide dich für die Antwort, die dir am ehesten entspricht, und notiere dir die dafür vergebenen Netzwerksterne:

1. Netzwerken muss ein Ziel haben!
a) „Ja, mit Spaß und Energie nutze ich Networking, um meine beruflichen Ziele zu erreichen!“ (3 Netzwerksterne)
b) „Das klingt interessant, habe ich bisher nicht bewusst gemacht.“ (2 Netzwerksterne)
c) „Ich weiß, ich sollte mehr tun, aber wie fange ich an?“ (1 Netzwerkstern)

2. Wie viele Netzwerktermine hast du pro Woche?
a) „Zählt das Mittagessen mit meinem Kollegen?“ (1 Netzwerkstern)
b) „Morgens, mittags, abends – ich nutze jede Gelegenheit!“ (3 Netzwerksterne)
c) „Ab und zu mal, aber ohne viel Planung.“ (2 Netzwerksterne)

3. Wie bereitest du dich auf ein Event vor?
a) „Visitenkarten eingepackt und los!“ (2 Netzwerksterne)
b) „Ich analysiere die Gästeliste und überlege, wie ich auf spannende Gespräche eingehen kann.“ (3 Netzwerksterne)
c) „Ich weiß nie so recht, was ich dort machen soll.“ (1 Netzwerkstern)

4. Du stehst auf einer Veranstaltung mit einem Glas in der Hand allein am Tisch. Warum?
a) „Ich mache eine kurze Pause nach fünf intensiven Gesprächen – jetzt brauche ich Energie für die nächste Runde!“ (3 Netzwerksterne)
b) „Der Vortrag war nicht so spannend, aber zumindest gab es was zu essen.“ (1 Netzwerkstern)
c) „Ich habe doch jemanden am Nebentisch schon mal getroffen, aber was könnte ich ihm erzählen?“ (2 Netzwerksterne)

5. Du suchst einen Partner für ein neues Projekt und denkst:
a) „Schwierig, ich weiß nicht, wo ich anfangen soll.“ (1 Netzwerkstern)
b) „Ich habe doch letztens jemanden kennengelernt, aber wo ist ihre Visitenkarte?“ (2 Netzwerksterne)
c) „Ich frage meinen Inner Circle und stelle die Idee beim nächsten Networking-Frühstück vor!“ (3 Netzwerksterne)

Auswertung:
Zähle deine Sterne zusammen und schau, wie gut du beim Netzwerken schon unterwegs bist:

- 5 bis 8 Punkte: Du stehst noch am Anfang – jetzt kann’s losgehen!
  Netzwerken ist wichtig, das spürst du. Aber wie funktioniert es richtig? Hier fehlt dir noch etwas Struktur. Kein Problem – in diesem Kapitel erhältst du genau die Informationen und Tools, die du brauchst, um durchzustarten!

- 9 bis 13 Punkte: Netzwerken macht Spaß – und bringt Erfolg! Ich will mehr!
  Du hast schon erste Kontakte geknüpft, aber so richtig sicher fühlst du dich noch nicht. Du möchtest mehr tun, aber dir fehlen Ideen. In diesem Kapitel findest du praktische Anregungen, um deine Netzwerkschritte gezielter und erfolgreicher zu machen.

- 14 bis 18 Punkte: Netzwerken? Mach ich mit links!
  Du hast Netzwerken zu einem festen Bestandteil deines Berufslebens gemacht. Du weißt, wie du Kontakte knüpfst, und nutzt deine Netzwerke gezielt. Vielleicht kannst du hier noch neue Inspiration finden, um deine Netzwerkarbeit weiter zu optimieren. Weiter so – vielleicht ist es Zeit, dein eigenes Netzwerk zu gründen?

Werte des Netzwerkens

Leider wird Netzwerken oft noch mit Klüngeln oder Kaffeeklatsch gleichgesetzt. Es ist auch viel mehr als Visitenkarten sammeln oder oberflächliche Gespräche auf Events. Beim Netzwerken geht es um den Aufbau echter Beziehungen, die von Vertrauen, Ehrlichkeit und gegenseitigem Respekt geprägt sind. Netzwerken basiert auf der Bereitschaft zu geben, bevor man nimmt, und auf einer Haltung, die den langfristigen Beziehungsaufbau fördert.

Ich habe Netzwerken so für mich definiert: „Netzwerken ist die Fähigkeit, das Beste in Menschen zu verbinden, wenn sie sich begegnen, und Neues daraus entstehen zu lassen." Genau darum geht es: Um Verbindungen, die Mehrwert schaffen – für dich und für dein Gegenüber. Ohne die folgenden Werte ist Netzwerken nichts wert:

Vertrauen: Ohne Vertrauen gibt es kein erfolgreiches Netzwerken. Besonders wenn es um vertrauliche Informationen oder die Suche nach neuen beruflichen Chancen geht, muss klar sein, dass das Gesagte unter den Beteiligten bleibt.

Ehrlichkeit: Offenheit ist das Fundament für fruchtbare Netzwerke. Nur wenn wir ehrlich miteinander sind, können echte Synergien entstehen.

Hilfsbereitschaft: Gib bevor du nimmst. Überlege dir, welchen Mehrwert du deinem Netzwerk bieten kannst – sei es durch dein Wissen, deine Kontakte oder deine Zeit.

Neugier: Sei neugierig auf die Menschen in deinem Netzwerk, auf ihre Geschichten und Herausforderungen. So entstehen tiefe Verbindungen und kreative Ideen.

Respekt: Wertschätzung ist entscheidend. Bedanke dich für die Unterstützung, die du erhältst, für nützliche Tipps oder für die Vermittlung eines Kontakts. Dies kann eine E-Mail sein, ein kleines Geschenk oder, wenn es um größere Projekte geht, eine Provision. Sei transparent und klar, wie du deine Dankbarkeit zeigen möchtest.

Effektives Netzwerken

Netzwerken spielt eine große Rolle in deiner Eigen-PR. Durch gezielte Netzwerkarbeit kannst du deine Sichtbarkeit erhöhen und dich als Expertin oder Experte positionieren. Überlege, welche Themen dich besonders interessieren und wie du dich dazu in öffentlichen Diskussionen oder auf Fachveranstaltungen einbringen kannst. Ein gutes Netzwerk hilft dir, Speaker-Anfragen zu bekommen oder Kooperationen anzustoßen, die deine berufliche Reichweite erhöhen. Dabei solltest du darauf achten, aktiv und authentisch zu bleiben.

Netzwerken und Eigen-PR gehen Hand in Hand: Je präsenter du in den richtigen Netzwerken bist, desto sichtbarer wirst du für potenzielle Kooperationspartnerinnen oder Kooperationspartner, Arbeitgeberinnen oder Arbeitgeber oder Kundinnen oder Kunden.

Hier sind einige Ideen, wie du Netzwerken gezielt für deine Eigen-PR nutzen kannst:

1. Positioniere dich als Expertin oder Experte
Teile regelmäßig deine Expertise auf Plattformen wie LinkedIn, indem du Artikel oder Beiträge zu aktuellen Branchenthemen schreibst. Das erhöht deine Sichtbarkeit und stärkt dein Profil als Expertin oder Experte in deinem Fachgebiet.

2. Tritt als Speakerin oder Speaker auf
Nutze Netzwerke, um Gelegenheiten für Speaker-Slots zu finden. Netzwerkevents, Konferenzen und Webinare bieten oft die Möglichkeit, sich als Rednerin oder Redner zu positionieren. Eine solche Präsenz bringt nicht nur Reichweite, sondern zeigt auch deine fachliche Kompetenz.

3. Nutze Kooperationen und Gemeinschaftsprojekte
Durch Netzwerke ergeben sich oft Kooperationsmöglichkeiten. Überlege, welche Projekte du gemeinsam mit anderen umsetzen kannst. Das könnte eine gemeinsame Veranstaltung, ein Artikel oder eine Webinarreihe sein.

4. Verlinkungen und Tags
Wenn du in sozialen Netzwerken aktiv bist, verlinke andere Personen oder Organisationen, mit denen du kooperierst. So profitierst du von deren Reichweite, und sie können ebenfalls auf deine Expertise aufmerksam machen.

So netzwerkst du zielgerichtet

Überlege dir, in welchen Netzwerken du aktiv sein möchtest. Es gibt zahlreiche branchenspezifische Netzwerke sowie allgemeine Business-Netzwerke. Vielleicht sind auch speziell auf Frauen ausgerichtete Netzwerke eine Option für dich? Am Ende kommt es darauf an, wo du den meisten Mehrwert siehst und wo du dich aktiv einbringen kannst.

Bevor du dich in verschiedenen Netzwerken engagierst, solltest du dir also über ein paar Dinge im Klaren sein: Was ist dein Ziel? Wie viel Zeit möchtest du ins Netzwerken investieren? Und was kannst du ins Netzwerk einbringen?

Hier ein paar wichtige Fragen für zielgerichtetes Netzwerken:

1. Was ist dein Networking-Ziel?
Möchtest du dich breiter aufstellen, um neue Branchen und Chancen kennenzulernen? Oder geht es darum, dich strategisch für den nächsten Karriereschritt zu positionieren?

2. Wen kennst du bereits?
Frage Menschen in deinem Umfeld, die gut vernetzt sind, nach ihren Tipps. In welchen Netzwerken sind sie aktiv? Wo könntest auch du dich einbringen?

3. Was kannst du beitragen?
Überlege dir genau, welche Expertise, Kontakte oder Einblicke du ins Netzwerk einbringen kannst. Erst, wenn du etwas zu geben hast, kannst du erwarten, etwas zurückzubekommen.

4. Wie bereitest du dich vor?
Gute Vorbereitung ist das A und O. Welche Themen stehen bei der Veranstaltung an? Wer steht auf der Gästeliste? Mit wem möchtest du ins Gespräch kommen?

5. Welche digitalen und analogen Netzwerke kannst du nutzen?
Besonders in der digitalen Welt gibt es viele Möglichkeiten, dich mit Menschen zu vernetzen. Plattformen wie LinkedIn und Xing bieten nicht nur die Chance, berufliche Kontakte zu knüpfen, sondern auch themenspezifische Gruppen, in denen du dich aktiv beteiligen kannst. So kannst du neue Kontakte nicht nur knüpfen, sondern auch langfristig pflegen.

Effektives Netzwerken braucht klare Ziele, die sich an der **SMART-Methode** orientieren. Das bedeutet, die Ziele sollten spezifisch, messbar, erreichbar, relevant und terminiert sein. Hier ein Beispiel, wie du diese Methode auf dein Networking anwenden kannst:

- Spezifisch: „Ich möchte in den nächsten drei Monaten fünf neue Kontakte aus meiner Branche knüpfen."
- Messbar: „Ich plane, wöchentlich zwei Networking-Gespräche zu führen."
- Erreichbar: „Durch gezielte Nutzung von LinkedIn und das Besuchen von Branchenveranstaltungen kann ich dies umsetzen."
- Relevant: „Diese Kontakte sollen mir bei meinem aktuellen Projekt oder meiner Karriereplanung helfen."
- Terminiert: „Ich überprüfe nach einem Monat, ob ich auf dem richtigen Weg bin, und passe meine Strategie bei Bedarf an."

Durch SMART-Ziele wird dein Netzwerken nicht nur zielgerichteter, sondern auch greifbarer und messbarer.

Ein weiteres nützliches Tool ist die **SWOT-Analyse**, mit der du deine Stärken, Schwächen, Chancen und Risiken erkennst, um dein aktuelles Netzwerk zu evaluieren. Sie hilft dir, deine Netzwerkarbeit zu reflektieren und gezielt zu verbessern:

- Stärken: Welche wertvollen Kontakte hast du bereits? Gibt es Expertinnen und Experten oder Mentorinnen und Mentoren in deinem Netzwerk?
- Schwächen: Wo fehlen dir wichtige Kontakte? Gibt es Branchen, in denen du noch nicht gut vernetzt bist?
- Chancen: Welche Veranstaltungen oder Plattformen bieten Potenzial, um dein Netzwerk gezielt auszubauen?
- Risiken: Bist du zu stark von bestimmten Kontakten abhängig? Gibt es Lücken, die du schließen solltest?

Durch diese Analyse kannst du gezielt an deiner Netzwerkstrategie arbeiten und deinen Erfolg maximieren.

Ein starkes berufliches Netzwerk kann Türen öffnen, von denen du vielleicht gar nicht wusstest, dass sie existieren – doch wie baut man ein solches Netzwerk auf? Was macht eine gute Netzwerkerin oder einen guten Netzwerker aus, und wie hält man Kontakte lebendig, auch wenn der Alltag stressig ist?

Genau darüber habe ich mit **Monika Scheddin** gesprochen. Sie ist Business Coach, Rednerin und Ausbilderin für Coaches und Expertin im strategischen Netzwerken. Mit ihrer langjährigen Erfahrung zeigt sie, wie wichtig authentische Beziehungen für den beruflichen Erfolg sind und wie du dein Netzwerk gezielt aufbauen, stärken und pflegen kannst.

Im Interview gibt Monika praktische Tipps und Einblicke, wie du erfolgreich netzwerken kannst – auch ohne große Erfahrung oder viele bestehende Kontakte.

Wir sprechen darüber:

- wie du bereits am Anfang deiner Karriere ein starkes Netzwerk aufbauen kannst.
- wie du auf Networking-Events einen positiven Eindruck hinterlässt.
- welche Fähigkeiten eine gute Netzwerkerin oder einen guten Netzwerker auszeichnen – und wie du diese gezielt stärkst.
- wie du ein Netzwerk auch ohne viele Kontakte starten kannst.
- wie du langfristig den Kontakt zu deinem Netzwerk pflegst, selbst wenn du wenig Zeit hast.

Kontakt zu Monika: *www.scheddin.com, monika@scheddin.com*

Und los geht's! Lass dich von Monikas Expertise inspirieren und entdecke, wie du Netzwerken zu (d)einem echten Karrierebooster machen kannst.

Hier geht's zum Video mit Monika:

VIDEO:
Interview mit Monika Scheddin, Business Coach, Rednerin und Ausbilderin

Erfolgreiches Netzwerken braucht keinen großen Plan – sondern vor allem regelmäßige, kleine Schritte. Mit dieser Vorlage für deine **individuelle Netzwerkwoche** kannst du gezielt daran arbeiten, jede Woche neue Kontakte zu knüpfen, bestehende Verbindungen zu pflegen und bei Networking-Veranstaltungen sichtbar zu werden.

Fülle die Vorlage mit deinen persönlichen Zielen und Aktivitäten aus und beobachte, wie dein Netzwerk mit jeder Woche wächst!

DOKUMENT:
Deine Netzwerkwoche

So baust du dein eigenes Netzwerk auf und aus

Netzwerken ist ein mächtiges Tool, das nicht nur deiner Karriere hilft, sondern auch dein Selbstvertrauen stärkt und dir berufliche Sicherheit gibt. Wenn du schon gut vernetzt bist und deine eigenen Ideen und Erfahrungen mit anderen teilen möchtest, kannst du auch ein eigenes Netzwerk aufbauen. Ob branchenspezifisch, intern in deinem Unternehmen oder überregionale Kooperationen – Netzwerke bieten dir viele Vorteile:

- Freiheit und Unabhängigkeit: Durch ein starkes Netzwerk weißt du, dass du immer auf Unterstützung zählen kannst.
- Wissenszugang: Dein Netzwerk gibt dir Zugang zu wertvollen Informationen und Trends.
- Sichtbarkeit: Als Netzwerkerin oder Netzwerker wirst du sowohl intern als auch extern stärker wahrgenommen und positionierst dich als Expertin oder Experte.
- Inspiration: Netzwerke bringen dich nicht nur beruflich weiter, sondern eröffnen dir neue Perspektiven und kreative Ideen.

TIPPS

1. Networking-Buddy-System
Suche dir einen Networking-Buddy! Vereinbart, dass ihr euch gegenseitig bei der Pflege und beim Ausbau eurer Netzwerke unterstützt. Ihr könnt euch wöchentlich oder monatlich austauschen, um euch gegenseitig Feedback zu geben, über Fortschritte zu sprechen und Networking-Ziele zu überprüfen. Dieser „Sparringspartner" hilft dir dabei, am Ball zu bleiben und dein Netzwerk strategisch auszubauen.

2. Erfolgsmessung: KPIs im Networking
Es ist wichtig, deinen Netzwerkerfolg messbar zu machen. Lege KPIs (Key Performance Indicators) fest, um deine Fortschritte zu verfolgen:

- Miss die Anzahl neuer Kontakte: Wie viele neue Kontakte hast du in einem bestimmten Zeitraum geknüpft?
- Ermittle die Qualität der Kontakte: Haben sich daraus wertvolle Gespräche, Projekte oder Kooperationen entwickelt?
- Zähle deine Einladungen zu Events: Wie oft wirst du zu branchenrelevanten Veranstaltungen oder Kooperationen eingeladen?
- Überprüfe deine Karrierefortschritte: Haben sich durch dein Netzwerken neue Karrieremöglichkeiten ergeben?

Netzwerken mit Personalberatungen

Ein professionelles Netzwerk an Personalberaterinnen und Personalberatern kann ein wertvolles Asset für deine Karriere sein. Doch wie kommst du mit den richtigen Personalberaterinnen und Personalberatern in Kontakt? Hier einige Tipps:

- Finde heraus, wer in deiner Branche als Personalberaterinnen und Personalberater bekannt ist. Dies kannst du durch Empfehlungen oder deine Online-Recherche auf Plattformen wie LinkedIn tun.
- Sei vorbereitet: Wenn du dich mit einer Personalberaterin oder einem Personalberater triffst, solltest du klar wissen, wohin deine berufliche Reise gehen soll.
- Pflege deine Social-Media-Profile sorgfältig, denn Personalberaterinnen und Personalberatern schauen nicht nur auf Lebensläufe, sondern auch auf digitale Profile. Präsentiere dich dort so, wie du gesehen werden möchtest.

Interkulturelles Netzwerken

In unserer globalisierten Welt ist interkulturelles Netzwerken von immer größerer Bedeutung. Wer in einem internationalen Umfeld arbeitet oder plant, dies zu tun, sollte sich darüber im Klaren sein, dass Netzwerken in verschiedenen Kulturen unterschiedliche Regeln und Erwartungen mit sich bringt. Hier einige Tipps, um im interkulturellen Kontext erfolgreich zu netzwerken:

1. Kulturelle Unterschiede respektieren

Jede Kultur hat ihre eigenen Normen und Erwartungen, wenn es ums Netzwerken geht. In einigen Kulturen wird direkte Kommunikation geschätzt, während andere eher indirekte und höfliche Ansprachen bevorzugen. Informiere dich vorab über die Kultur, in der du netzwerken möchtest. Zum Beispiel wird in vielen asiatischen Ländern Zurückhaltung und Bescheidenheit geschätzt, während in den USA und Deutschland Offenheit und Selbstbewusstsein bei der Präsentation der eigenen Person oft erwartet werden.

2. Geduld zeigen
In manchen Kulturen, wie z. B. in Japan oder China, braucht es oft mehr Zeit, um Vertrauen aufzubauen. Während in westlichen Ländern Netzwerke häufig effizient und zielorientiert aufgebaut werden, stehen in anderen Regionen langfristige persönliche Beziehungen im Vordergrund. Gib dem Aufbau von Beziehungen Zeit und dränge nicht zu schnell auf geschäftliche Gespräche.

3. Auf die richtige Ansprache achten
Kleine kulturelle Unterschiede in der Anrede oder in nonverbalen Signalen können viel bewirken. Zum Beispiel spielen Visitenkarten in asiatischen Ländern eine besonders wichtige Rolle. Dort ist es üblich, die Visitenkarte mit beiden Händen zu überreichen und sie mit Respekt zu behandeln. In Frankreich wiederum legt man Wert auf formelle Anreden und höfliche Begrüßungen, bevor geschäftliche Themen besprochen werden.

4. Gemeinsamkeiten finden
Egal, in welcher Kultur du dich bewegst: Es hilft, nach gemeinsamen Interessen oder Erfahrungen zu suchen. Oft sind sportliche oder kulturelle Themen gute Anknüpfungspunkte, um ein erstes Gespräch aufzubauen. Menschen weltweit schätzen es, wenn sie sich persönlich verstanden und respektiert fühlen.

Ein interkulturelles Netzwerk zu pflegen, erfordert also mehr als nur das Verstehen beruflicher Zusammenhänge – es ist auch wichtig, die Werte und Erwartungen der jeweiligen Kultur zu kennen. Dieses Verständnis kann dein Netzwerk nicht nur vertiefen, sondern auch Türen öffnen, die in einem rein nationalen Kontext verschlossen bleiben könnten. Erfolgreiches interkulturelles Netzwerken baut auf Respekt, Geduld und einer offenen Haltung gegenüber anderen Kulturen auf. Je besser du verstehst, wie Menschen in anderen Ländern arbeiten und kommunizieren, desto erfolgreicher wirst du im internationalen Business-Netzwerken sein.

Netzwerken in Krisenzeiten

Krisen wie z. B. Wirtschaftskrisen, politische Umbrüche oder globale Ereignisse wie die Corona-Pandemie können das Netzwerken erschweren, aber sie bieten auch besondere Chancen. Hier einige Tipps, wie du in schwierigen Zeiten erfolgreich netzwerken kannst:

1. Empathie zeigen
In Krisenzeiten sind Menschen besonders empfindsam. Achte darauf, dass deine Kontaktaufnahme angemessen und empathisch ist. Ein einfaches „Wie geht es dir?" oder „Wie bewältigst du die aktuelle Situation?" kann viel bewirken und signalisiert, dass dir die persönliche Ebene wichtig ist.

2. Digitales Netzwerken intensivieren
Krisen haben gezeigt, dass digitales Netzwerken eine große Rolle spielt, insbesondere wenn physische Treffen nicht möglich sind. Nutze Plattformen wie LinkedIn oder auch Remote-Konferenzen, um weiterhin aktiv zu bleiben. Webinare, virtuelle Coffee-Chats und Online-Netzwerktreffen sind ausgezeichnete Möglichkeiten, um auch aus der Ferne Verbindungen zu pflegen.

3. Flexibel und resilient agieren
In Krisenzeiten ändern sich Geschäftsmodelle und Branchenlandschaften oft rasant. Dies kann auch bedeuten, dass bestehende Kontakte neu bewertet und ausgebaut werden müssen. Flexibilität und Resilienz sind dabei Schlüsselkompetenzen. Sei offen für neue Branchen oder Berufsfelder und nutze die Gelegenheit, dein Netzwerk um Menschen zu erweitern, die dir helfen können, die Herausforderungen der Krise zu meistern.

4. Gemeinsam an Lösungen arbeiten
In Krisenzeiten sind Netzwerke besonders wertvoll, um gemeinsam Lösungen zu finden. Kooperationen und der Austausch von Ressourcen oder Wissen können entscheidend dazu beitragen, Krisen zu überstehen. Setze auf Teamwork und überlege, wie du deine Netzwerke aktiv zur Problemlösung einsetzen kannst.

5. Chancen in der Krise erkennen
Jede Krise bringt auch neue Möglichkeiten. Denke an Branchen, die trotz der Krise wachsen, und überlege, wie dein Netzwerk dich in neue Märkte oder Projekte führen kann. Nutze die Krise als Chance, dich neu zu positionieren, beispielsweise durch Fortbildungen oder das Erlernen neuer Fähigkeiten, die in der Krise besonders gefragt sind.

6. Geduld und Durchhaltevermögen üben
Netzwerken in Krisenzeiten kann länger dauern und erfordert oft mehr Geduld. Viele Kontakte werden ebenfalls mit eigenen Herausforderungen konfrontiert sein, daher ist es wichtig, nicht sofort Ergebnisse zu erwarten. Halte den Kontakt warm, ohne Druck aufzubauen, und bleibe langfristig dran.

Ein gut gepflegtes Netzwerk kann in Krisenzeiten zu einer Art Sicherheitsnetz werden. Ob es um Jobwechsel, neue Projekte oder einfach nur um emotionale Unterstützung geht – ein starkes Netzwerk hilft dir, auch in schwierigen Phasen auf Kurs zu bleiben.

Netzwerken in der digitalen Welt
Digitale Netzwerke sind eine großartige Ergänzung zum klassischen Netzwerken, aber sie ersetzen den persönlichen Austausch nicht. Nutze Plattformen wie

LinkedIn, um deine Kontakte zu pflegen, aber denke daran: Der persönliche Austausch ist durch nichts zu ersetzen.

Hier einige Tipps, wie du digital erfolgreich netzwerken kannst:

1. Pflege dein Social-Media-Profil
Ein professionelles Profil auf Plattformen wie LinkedIn ist heute unerlässlich. Achte darauf, dass dein Profil aktuell ist und deine Expertise klar hervorgehoben wird. Überlege dir gut, welche Plattformen für dich relevant sind und welche Art von Inhalten du teilen möchtest.

2. Suche nach relevanten Gruppen
In sozialen Netzwerken gibt es viele Fachgruppen, in denen du dich mit Gleichgesinnten austauschen kannst. Beteilige dich aktiv in diesen Gruppen, um dein Wissen zu teilen und neue Kontakte zu knüpfen.

3. Auch digital gilt: Erst geben, dann nehmen
Wenn du mit jemandem in Kontakt treten möchtest, überlege dir vorher, was du dieser Person anbieten kannst. Statt nur eine Verbindungsanfrage zu senden, solltest du auf Beiträge der Person eingehen oder interessante Informationen teilen, die für sie relevant sein könnten. Dies schafft sofort einen Mehrwert und erhöht die Chance auf eine nachhaltige Verbindung.

4. Nutze gemeinsame Kontakte
Wenn du jemanden über LinkedIn oder Xing kontaktieren möchtest, schau nach, ob du über gemeinsame Kontakte bereits eine Verbindung hast. Bitte deinen gemeinsamen Kontakt, dich vorzustellen – das öffnet viele Türen.

5. Wähle deine Kontakte mit Bedacht
Auch im digitalen Raum ist es wichtig, selektiv zu sein. Nicht jede Kontaktanfrage bringt dir einen Mehrwert. Es ist vollkommen in Ordnung, Kontaktanfragen abzulehnen, wenn du keinen beruflichen oder persönlichen Bezug zu der Person siehst. Ein großes Netzwerk bringt nichts, wenn die Qualität der Kontakte nicht stimmt.

6. Sei aktiv bei Remote-Konferenzen und Webinaren
Auch in der digitalen Welt solltest du an Veranstaltungen teilnehmen. Remote-Konferenzen, Webinare oder digitale Networking-Treffen bieten viele Möglichkeiten, um neue Kontakte zu knüpfen. Plane diese Events genauso ein wie analoge Veranstaltungen und überlege dir, wie du dich dort einbringen möchtest.

TIPP. Remote-Networking-Events

Nutze die Gelegenheiten, auch digital am „virtuellen Tisch“ dabei zu sein. Organisiere selbst ein Cyber-Dinner oder ein Remote-Lunch mit Kolleginnen und Kollegen oder beruflichen Kontakten. Auch wenn es kein Ersatz für ein persönliches Treffen ist, kann es eine gute Möglichkeit sein, in Kontakt zu bleiben und Gespräche in entspannter Atmosphäre zu führen.

ÜBUNG. Deine konkreten Netzwerkschritte

Um das Kapitel nicht nur theoretisch zu belassen, sondern dir zu helfen, direkt ins Handeln zu kommen, findest du hier einige praktische Übungen. Diese unterstützen dich dabei, deine Netzwerkarbeit zu strukturieren und erste Maßnahmen zu ergreifen.

Notiere dir nach jeder Übung die nächsten Schritte und erstelle einen persönlichen Aktionsplan, den du in den kommenden Wochen umsetzen wirst. Setze dir wöchentliche Erinnerungen, um deine Fortschritte zu überprüfen und dein Netzwerk kontinuierlich auszubauen.

1. Dein aktuelles Netzwerk analysieren
Erstelle eine Liste von zehn bis 15 Personen, mit denen du aktuell in regelmäßigem Kontakt stehst. Überlege dir bei jeder Person:

- Wie regelmäßig habt ihr Kontakt?
- Was bringt dir dieser Kontakt? (z. B. neue Informationen, Zusammenarbeit, Inspiration)
- Wie könntest du den Kontakt intensivieren oder weiterentwickeln?
- Kannst du dieser Person in den nächsten zwei Wochen etwas anbieten? (z. B. einen hilfreichen Artikel, eine Einladung zu einem Event oder eine Vorstellung in dein Netzwerk)

2. SMARTe Ziele für dein Netzwerken festlegen
Nimm dir 10 Minuten Zeit und formuliere drei konkrete SMART-Ziele für dein Netzwerken in den nächsten drei Monaten. Ein Beispiel könnte sein: „Ich möchte in den nächsten drei Monaten fünf neue Kontakte in meiner Branche knüpfen, indem ich an mindestens zwei Networking-Events pro Monat teilnehme.“

Schreibe dir deine Ziele auf und überprüfe nach einem Monat deinen Fortschritt.

3. Networking-Event recherchieren und planen
Recherchiere drei relevante Networking-Veranstaltungen, sei es in deiner Region oder online. Wähle mindestens eine Veranstaltung aus, die du in den nächsten Wochen besuchen möchtest, und lege fest, wie du dich darauf vorbereitest:

- Wen möchtest du dort unbedingt kennenlernen?
- Welche Themen möchtest du ansprechen?
- Wie bereitest du dich auf Gespräche vor?

4. Netzwerkkontakte reaktivieren
Wähle drei Personen aus deinem bestehenden Netzwerk aus, mit denen du in den letzten sechs Monaten wenig Kontakt hattest. Schreibe ihnen eine kurze, persönliche Nachricht, in der du z. B. auf ein gemeinsames Projekt zurückblickst oder einen interessanten Artikel teilst. Halte den Kontakt lebendig und biete deine Unterstützung an.

5. Deine digitale Präsenz optimieren
Nimm dir einen Nachmittag Zeit, um dein LinkedIn- oder Xing-Profil zu überarbeiten:

- Ist dein Profil auf dem neuesten Stand?
- Hast du deine aktuelle Position und deine Stärken klar beschrieben?
- Gibt es Fachgruppen, in denen du aktiver werden kannst?
- Welche Kontakte könntest du in den nächsten Tagen anschreiben, um dein Netzwerk gezielt zu erweitern?

6. Netzwerkstrategie für Krisenzeiten entwickeln
Überlege, wie du dein Netzwerk in Krisenzeiten nutzen könntest. Beantworte folgende Fragen:

- Welche Kontakte könnten dir in einer schwierigen beruflichen Phase weiterhelfen?
- Wie kannst du diese Beziehungen stärken, bevor du sie brauchst?
- Welche neuen Netzwerke könntest du jetzt aufbauen, um besser auf zukünftige Krisen vorbereitet zu sein?

7. Dein interkulturelles Netzwerk starten
Falls du international arbeiten oder deine Netzwerke über Ländergrenzen hinweg ausbauen möchtest, recherchiere drei internationale Networking-Plattformen oder Veranstaltungen. Überlege:

- Welche neuen Kulturen möchtest du besser kennenlernen?
- Wie kannst du dich gezielt auf interkulturelle Unterschiede vorbereiten?
- Welche drei Kontakte könntest du in den nächsten Wochen ansprechen, um internationale Verbindungen zu knüpfen?

Netzwerke sind der Schlüssel zu beruflichem Erfolg – sie bieten Zugang zu Wissen, Möglichkeiten und inspirierendem Austausch. In Deutschland gibt es eine Vielzahl an Businessnetzwerken, die dabei helfen, Kontakte zu knüpfen, sich weiterzuentwickeln und berufliche Ziele zu erreichen.

Als besonderes Highlight findest du hier außerdem eine Übersicht der wichtigsten **Frauennetzwerke** in Deutschland. Gerade für Frauen sind solche Netzwerke wertvolle Plattformen, um Unterstützung, Sichtbarkeit und gegenseitige Förderung zu erleben – etwas, das mir persönlich sehr am Herzen liegt, da ich selbst vor 25 Jahren ein Frauennetzwerk gegründet habe.

Entdecke nun selbst die Business- und Frauennetzwerke und finde das, was zu dir und deinen beruflichen Zielen passt!

DOKUMENT:
Übersicht über die wichtigsten Netzwerke in Deutschland – Extra: Frauennetzwerke

Das Wichtigste in Kürze

- Netzwerken ist weit mehr als eine berufliche Strategie – es ist ein Erfolgsbaustein, der auf Vertrauen, Ehrlichkeit und gegenseitiger Unterstützung basiert. Ob du deine Karriere vorantreiben, neue Perspektiven gewinnen oder wertvolle Verbindungen knüpfen möchtest: Netzwerken ist der Schlüssel.
- Von der „Stärke schwacher Bindungen“ über die neuropsychologischen Vorteile bis hin zur Resonanz in zwischenmenschlichen Beziehungen – Netzwerken fördert nicht nur deine berufliche Entwicklung, sondern stärkt auch deine soziale Kompetenz und emotionale Intelligenz. Dabei geht es nicht nur um Kontakte, sondern um echte Verbindungen, die dich langfristig inspirieren und unterstützen.
- Mit Tools wie der SMART-Methode und gezielten Strategien für digitales, interkulturelles oder Krisen-Netzwerken kannst du dein Networking auf das nächste Level bringen. Ob durch spontane Gespräche, geplante Events oder den Aufbau deines eigenen Netzwerks: Netzwerken beginnt mit kleinen Schritten und bringt große Chancen.
- Netzwerken ist keine Einbahnstraße – es lebt vom Geben und Nehmen, von gegenseitigem Respekt und dem Mut, auf andere zuzugehen. Es ist nicht nur ein Instrument für berufliche Erfolge, sondern auch eine Bereicherung für dein persönliches Leben.
- Ob über Ländergrenzen hinweg oder in Krisenzeiten – Netzwerken ist eine dynamische Fähigkeit, die sich an unterschiedliche Situationen und Herausforderungen anpassen lässt.
- Durch interkulturelle Sensibilität und eine empathische, flexible Herangehensweise in Krisenzeiten kannst du nicht nur deine Netzwerke erweitern, sondern auch tiefergehende, nachhaltige Beziehungen aufbauen.
- Also: Worauf wartest du? Vernetze dich, entdecke neue Möglichkeiten und gehe den ersten Schritt in eine erfolgreiche Zukunft!

Schritt 4: Deine Geschichte

Storytelling – als ich mit meiner Karriere begonnen habe, gab es diesen Begriff noch gar nicht. Aber auch ohne diesen Begriff zu kennen, habe ich schnell verstanden: Geschichten haben eine unglaubliche Kraft. Sie berühren, inspirieren und bleiben im Gedächtnis. In meiner eigenen Karriere habe ich diese Kraft immer wieder erlebt, besonders in Momenten, in denen ich Entscheidungen erklären oder neue Wege gehen musste.

Schon früh war mir klar, dass ich nur dann erfolgreich bin, wenn ich mich weiterentwickeln kann. Immer dann, wenn ich in einem Job an einen Punkt kam, an dem ich nichts Neues mehr lernen oder nichts mehr bewegen konnte, habe ich mich entschieden, weiterzugehen. Diese Entscheidungen waren nicht immer leicht, und in einer Zeit, in der häufige Jobwechsel als instabil galten, hätte das kritisch gesehen werden können. Aber ich habe immer darauf geachtet, meine Geschichte gut zu erzählen.

Es war nie nur eine Erklärung, warum ich den Job gewechselt habe, sondern eine ehrliche und nachvollziehbare Geschichte meiner Entwicklung – eine Heldinnenreise, mit Höhen und Tiefen, aber immer mit einem klaren Ziel: beruflich zu wachsen, neue Erfahrungen zu sammeln und etwas zu bewegen. Diese persönliche Erzählweise hat mir geholfen, Verständnis und Unterstützung zu bekommen, und ich bin davon überzeugt, dass auch du mit deiner Geschichte Türen öffnen kannst.

Storytelling ist nicht nur eine Technik – es ist die Art und Weise, wie wir unser Leben und unsere Karriere begreifbar machen. Es geht darum, zu zeigen, warum wir die Entscheidungen treffen, die wir treffen, und welche Werte uns leiten. In deiner Karriere wird es immer wieder Momente geben, in denen du deine Geschichte erzählen musst – sei es in einem Bewerbungsgespräch, in einer Verhandlung oder wenn du einen neuen Weg einschlägst. Und wenn du es schaffst, deine berufliche Reise als Geschichte zu erzählen, die persönlich und authentisch ist, wirst du Menschen erreichen und überzeugen.

In diesem Kapitel möchte ich dir zeigen, wie du Storytelling nutzen kannst, um in deiner Karriere voranzukommen. Deine Geschichte – mit all ihren Höhen und Tiefen – ist dein wertvollstes Gut. Sie zeigt, wer du bist, was dich antreibt und warum du genau die richtige Person für den nächsten Schritt bist. Egal, ob es um einen Jobwechsel, eine neue Herausforderung oder das Überwinden von Hürden geht – wenn du deine Geschichte klar und mit Leidenschaft erzählst, wird sie dir den Weg ebnen und dir helfen, beruflich erfolgreich zu sein.

Mache dir bewusst: Deine Karriere ist eine Geschichte, die du gestalten darfst. Und durch Storytelling kannst du deine Ziele, Werte und Erfolge sichtbar und greifbar machen. Ich freue mich darauf, dich in diesem Kapitel in die Kunst des Storytelling mitzunehmen. Es ist mehr als nur eine Technik – es ist der Schlüssel zu deiner Karriere.

Die Kraft des Storytelling

Stell dir vor, du sitzt in einem Vorstellungsgespräch. Dein Lebenslauf liegt auf dem Tisch, die Personalerin hat ihn durchgelesen und kennt deine Stationen. Aber was dich von den anderen Bewerberinnen oder Bewerbern abheben wird, ist nicht nur deine Erfahrung oder deine Qualifikationen. Es ist deine Geschichte – wie du sie erzählst, wie du Emotionen weckst und wie du deine Persönlichkeit durchscheinen lässt. Das ist die Kraft von Storytelling.

In diesem Kapitel zeige ich dir, wie du Storytelling gezielt für deine Karriere nutzen kannst, nicht nur im Bewerbungsgespräch! Geschichten prägen uns und wir erinnern uns oft mehr an das „Warum" hinter jemandes Werdegang als an das „Was". Das gilt für Bewerbungen, bei Networking-Events, aber auch im alltäglichen Arbeitsleben. Wenn du deine berufliche Reise wie eine fesselnde Geschichte erzählst, bleibst du im Gedächtnis und schaffst eine starke emotionale Verbindung.

Die Elemente einer guten Karrieregeschichte

Storytelling bedeutet, deine Erlebnisse, Herausforderungen und Erfolge so zu erzählen, dass sie nicht nur Fakten wiedergeben, sondern eine emotionale Verbindung schaffen. Es geht darum, deinen beruflichen Werdegang wie eine spannende Reise zu schildern – mit Wendepunkten, Herausforderungen, Erfolgen und klaren Zielen, die du verfolgst.

Du kannst Storytelling in vielen beruflichen Situationen nutzen:

- in Bewerbungsgesprächen: Erzähle nicht einfach nur Fakten über deine berufliche Vergangenheit. Zeige, wie du Herausforderungen gemeistert hast und was dich motiviert.
- beim Networking: Beim Knüpfen neuer Kontakte hinterlässt du mit einer gut erzählten Geschichte einen bleibenden Eindruck. Eine packende Story bleibt im Gedächtnis.
- in Teamarbeit und Führungsrolle: Als Führungskraft oder Teammitglied kannst du mit einer guten Geschichte Visionen vermitteln, Menschen motivieren und sie für deine Ideen begeistern.

Geschichten sind tief in unserer menschlichen Natur verwurzelt. Sie helfen uns, komplexe Informationen besser zu verstehen und langfristig zu behalten. Wissenschaftliche Studien zeigen, dass Geschichten nicht nur unseren Verstand, sondern auch unsere Emotionen ansprechen.

Wenn du deine Karrieregeschichte erzählst, sprichst du unterschiedliche Teile des Gehirns an: Verstand, Vorstellungskraft und emotionale Zentren. Fakten allein aktivieren nur den analytischen Teil des Gehirns, während Geschichten ein ganzheitliches Erleben ermöglichen. Das sorgt dafür, dass Menschen deine Botschaft intensiver erleben und sich besser an dich erinnern.

Eine fesselnde Karrieregeschichte zu erzählen, ist eine Kunst. Doch es gibt klare Bausteine, die dir helfen, eine packende Story zu entwickeln. Lass uns diese genauer anschauen.

Der Aufbau deiner Geschichte

1. Ein klarer Anfang, eine Mitte und ein Ende
Jede gute Geschichte hat eine nachvollziehbare Struktur. Dein Anfang beschreibt, wie du auf deinem beruflichen Weg gestartet bist – vielleicht ein prägender Moment oder eine besondere Motivation. In der Mitte erzählst du von den Herausforderungen, die du gemeistert hast, und deinen Lernerfahrungen. Das Ende gibt einen Ausblick: Wohin willst du als Nächstes? Was sind deine Ziele?

2. Du: die Heldin oder der Held deiner Geschichte
In deiner Geschichte spielst du die Hauptrolle – du bist die Heldin oder der Held. Wie bei der klassischen „Heldenreise“ (dazu kommen wir gleich) erlebst du Herausforderungen und Konflikte, überwindest Hindernisse und lernst auf deinem Weg. Wichtig dabei: Zeige dich authentisch. Heldinnen und Helden sind nicht perfekt, sie lernen und wachsen an ihren Aufgaben.

3. Emotionale Momente
Was bewegt dich? Welche Erfolge haben dich stolz gemacht, und wann hast du Zweifel gespürt? Menschen verbinden sich eher über Emotionen als über reine Fakten. Wenn du deine Geschichte erzählst, scheue dich nicht, deine Gefühle zu zeigen – das macht dich nahbar und menschlich.

4. Herausforderungen und Konflikte
Jede gute Geschichte hat ihre Hürden. Berichte von Schwierigkeiten und Rückschlägen – und vor allem, wie du sie überwunden hast. Diese Wendepunkte sind

spannend und zeigen, wie resilient du bist. Genau diese Momente machen deine Geschichte einzigartig und inspirierend.

5. Das Ziel deiner Reise
Deine Geschichte sollte immer zu einem Punkt führen: Was hast du erreicht und was willst du noch erreichen? Ein klares Ziel am Ende deiner Geschichte gibt deinem Zuhörer oder deiner Zuhörerin Orientierung und zeigt, dass du deinen beruflichen Weg bewusst planst und gestaltest.

Die Heldenreise: Ein bewährtes Modell für deine Karrieregeschichte

Eine der bekanntesten Erzählstrukturen ist die Heldenreise, die von dem Mythenforscher Joseph Campbell beschrieben wurde. Sie lässt sich auf fast jede Geschichte anwenden – auch auf deine Karrieregeschichte.

Die Heldenreise folgt zwölf klassischen Schritten, die auch in deinem Berufsleben wiederzuerkennen sind:

1. Die gewohnte Welt: Du beginnst in deinem gewohnten Umfeld. Vielleicht war das der Start deines Studiums oder dein erster Job.

2. Der Ruf des Abenteuers: Du wirst mit einer neuen Herausforderung konfrontiert. Vielleicht eine neue Stelle, ein Projekt oder ein beruflicher Wechsel.

3. Die Weigerung: Zweifel oder Unsicherheiten machen sich breit. Kannst du das schaffen? Das ist der Moment, in dem viele überlegen, ob sie den nächsten Schritt wirklich wagen sollen.

4. Der Mentor: Du findest Unterstützung – das kann eine Mentorin oder ein Mentor sein, eine Kollegin oder ein Kollege oder sogar ein inspirierendes Buch.

5. Überschreiten der Schwelle: Du wagst den Sprung. Vielleicht hast du die neue Herausforderung angenommen oder den Job gewechselt.

6. Prüfungen, Verbündete und Feinde: Auf dem Weg begegnest du Hürden, aber auch Unterstützung. Du sammelst Erfahrungen und entwickelst neue Fähigkeiten.

7. Die tiefste Höhle: Eine große Herausforderung stellt sich dir in den Weg. Vielleicht erlebst du einen beruflichen Rückschlag oder einen Moment des Zweifels.

8. Die große Prüfung: Du musst dein Können und deinen Mut unter Beweis stellen. Dies ist der Wendepunkt deiner Reise.

9. Die Belohnung: Du hast es geschafft. Du hast aus der Herausforderung gelernt und kannst nun stolz auf deine Leistungen zurückblicken.

10. Der Rückweg: Du kehrst in deine gewohnte Welt zurück – aber du bist nicht mehr dieselbe Person. Du hast neue Fähigkeiten erworben und Erfahrungen gesammelt.

11. Die Auferstehung: Dein größter Erfolg – du zeigst, wie sehr du dich weiterentwickelt hast, und überwindest die letzten Hürden.

12. Rückkehr mit dem Elixier: Du hast nicht nur für dich selbst etwas gewonnen, sondern auch etwas, das du anderen geben kannst. Deine Geschichte inspiriert, du teilst deine Erfahrung und nutzt sie für deinen weiteren Weg.

Die Heldenreise ist ein mächtiges Storytelling-Tool, weil sie eine universelle Struktur bietet, die bei den Zuhörerinnen oder Zuhörern auf Resonanz stößt. Wenn du deine Karriere als Heldenreise erzählst, präsentierst du dich als jemand, der Herausforderungen gemeistert hat und daran gewachsen ist – und das macht dich nicht nur kompetent, sondern auch menschlich und inspirierend.

Die Heldenreise ist eine kraftvolle Metapher für Veränderung und Wachstum – und sie kann nicht nur in Filmen oder Büchern inspirieren, sondern auch in deinem Berufsleben. Doch wie erkennst du deinen eigenen „Ruf zum Abenteuer"? Welche Rolle spielen Mentorinnen, Mentoren und Weggefährten auf deinem Weg? Und wie gehst du mit den unvermeidlichen Herausforderungen und Rückschlägen um?

Die Heldenreise ist ein universelles und zeitloses Erzählmodell, das der amerikanische Mythenforscher Joseph Campbell entdeckte, indem er Mythen und Sagen unterschiedlicher Kulturen verglich. Er stellte fest, dass Heldinnen und Helden in allen Erzählungen 18 charakteristische Stationen durchlaufen.[12] In „Storytelling – Das Praxisbuch" reduzieren Karolina Frenzel, Michael Müller und Hermann Sottong dieses Modell aus praktischen Gründen auf fünf Hauptstationen: Der Ruf des Abenteuers, Der Aufbruch ins Unbekannte, Der Weg der Prüfungen, Der Schatz, Die Rückkehr. Im Coaching wird dieses verkürzte Erzählmodell genutzt, um emotionale Herausforderungen zu reflektieren, an denen Menschen „gewachsen“ sind – also Erlebnisse, bei denen sie etwas verändert, gemeistert oder erkannt haben. Das Erzählmodell der Heldenreise steht also sinnbildlich für „Veränderung und Wachstum“. Sie kann nicht nur in Filmen oder Büchern inspirieren, sondern auch in deinem Berufsleben.

Doch wie erkennst du deinen eigenen „Ruf zum Abenteuer“? Welche Rolle spielen Mentorinnen und Mentoren sowie Weggefährtinnen und Weggefährten auf deinem Weg? Wie gehst du mit den unvermeidlichen Herausforderungen und Rückschlägen auf dem Weg der Prüfungen um? Was ist „dein Schatz“ – der innigste Wunsch oder dein Ziel, für das es sich lohnt, deinen Weg zu gehen?

Genau darüber habe ich mit **Tobias Grewe** gesprochen. Als narrativ-systemischer Organisationsentwickler und Coach unterstützt er Unternehmen und Führungskräfte dabei, Veränderungen zu gestalten, die Menschen wirklich mitnehmen.

In unserem Interview zeigt Tobias, wie die Heldinnen- und Heldenreise als Reflexions- und Erzählmodell genutzt werden kann, um berufliche Entwicklungen besser zu verstehen, Herausforderungen zu meistern und den eigenen „Schatz“ zu entdecken.

Wir sprechen darüber:

- wie du die Heldenreise für deine berufliche Entwicklung einsetzen kannst.
- welche Wege es gibt, deinen persönlichen „Ruf zum Abenteuer“ zu erkennen.
- welche Bedeutung Mentorinnen, Mentoren und Weggefährtinnen und -gefährten auf deiner Reise haben.
- wie du mit Rückschlägen und Prüfungen auf deinem eigenen Weg umgehst.

Außerdem gibt Tobias dir inspirierende Beispiele von Heldenreisen im Berufsleben.

Kontakt zu Tobias: *info@tobias-grewe.de, www.tobias-grewe-coaching.de*

Lass dich inspirieren und entdecke, wie die Heldenreise dir dabei helfen kann, deinen eigenen beruflichen Weg mutig zu gestalten!

Hier geht’s zum Interview mit Tobias:

VIDEO:
Interview mit dem Berater, Coach und Storytelling-Experten Tobias Grewe

Ob Heldin oder Held: Diese Reise ist für alle, die ihre persönliche Entwicklung besser verstehen und sichtbar machen möchten. Tobias Grewe nutzt das Erzählmodell der verkürzten Heldenreise auch als Methode zur Reflexion, mit der du die Stationen deiner Transformation – von den ersten Herausforderungen bis hin zu deinen größten Erfolgen – festhalten und erzählen kannst.

Entlang der fünf Stationen – vom Ruf des Abenteuers über den Aufbruch ins Unbekannte durch den Weg der Prüfungen bis zur Rückkehr mit dem Schatz – erkennst du, welche Fähigkeiten dich unterstützen und wie diese Erfahrungen dich geprägt haben und jetzt vielleicht zu einer deiner Stärken geworden sind.

Diese Reise ist nicht nur ein Werkzeug für Klarheit, sondern auch eine Möglichkeit, deine Geschichte zu feiern und sie kraftvoll in Vorstellungsgesprächen, Präsentationen oder im Team zu erzählen – egal, ob du als Held oder Heldin deinen Schatz in den Händen hältst.

Mache dich auf den Weg und entdecke die Magie deiner Heldenreise mit dem Reflexionstool von Tobias!

DOKUMENT:
Deine Heldinnenreise und Heldenreise von und mit Tobias Grewe

Neben der Heldenreise gibt es noch weitere Storytelling-Typen, die du für deine Karriere nutzen kannst:

- Die „Ich habe das Hindernis überwunden“-Geschichte: Erzähle, wie du eine schwierige Situation gemeistert hast. Das zeigt deine Problemlösungsfähigkeiten und deine Widerstandskraft.
- Die oder der „Lernende“: Diese Geschichte konzentriert sich darauf, was du durch eine Erfahrung gelernt hast. Zeige, wie du durch Fehler und Herausforderungen gewachsen bist.
- Die „Visionärin“ oder der „Visionär“: Hier erzählst du von deinen Zielen und Träumen – und wie du sie erreichen möchtest. Diese Story eignet sich gut, um deine Motivation und deinen Ehrgeiz zu unterstreichen.
- Die „Gemeinschaftsbildnerin“ oder der „Gemeinschaftsbildende“: Diese Geschichte handelt von deinem Beitrag zu einem Team oder einer Gemeinschaft. Zeige, wie du andere unterstützt und wie ihr gemeinsam Erfolge feiert.

Jetzt bist du dran! Im Folgenden kannst du üben, deine eigene Karrieregeschichte zu entwickeln:

ÜBUNG.

1. Reflektiere deine Reise:

- Welche Stationen deiner beruflichen Laufbahn waren besonders prägend? Was hat dich inspiriert und herausgefordert?
- Was ist das zentrale Thema, der rote Faden deiner Geschichte? Vielleicht deine Anpassungsfähigkeit oder dein Wille zur Weiterentwicklung?
- Welche Erlebnisse und Erkenntnisse willst du besonders hervorheben? Achte darauf, dass sie zu dem passen, was du in deiner Karriere erreichen möchtest.

2. Schreibe deine eigene Heldenreise:

Nutze das Modell der Heldenreise, um deine berufliche Geschichte zu entwickeln. Nimm dir einen Moment Zeit und beantworte folgende Fragen:

- Was war der Ausgangspunkt deiner Reise? (z. B. dein erster Job oder dein Studium)
- Welche Herausforderungen hast du bisher bewältigt?
- Wer waren deine Mentorinnen und Mentoren oder Unterstützerinnen und Unterstützer?
- Was war deine größte Prüfung oder dein größter Rückschlag?

- Was hast du daraus gelernt?
- Welches Ziel verfolgst du nun?

Schreibe deine Antworten auf und baue daraus deine eigene Heldenreise. Sieh es als ersten Entwurf, den du nach und nach verfeinern kannst.

3. Übe das Erzählen: Storytelling ist eine Fähigkeit, die du trainieren kannst. Übe deine Geschichte laut, bis sie fließend und authentisch wirkt.

Am besten nimmst du dich dabei auf. Achte darauf, eine klare Struktur (Anfang, Mitte, Ende) einzuhalten und deine Emotionen zu zeigen. Wenn du dich dabei wohlfühlst, präsentiere deine Geschichte einem Freund oder einer Freundin und hole dir Feedback ein.

Bevor du deine Geschichte in Bewerbungsgesprächen oder bei Networking-Events einsetzt, prüfe mit dieser Checkliste, ob deine Story alle wichtigen Elemente enthält:

Praktische Checkliste für deine Story

- Habe ich eine klare Struktur (Anfang, Mitte, Ende)?
- Erzähle ich von emotionalen Momenten, die mich bewegt haben?
- Zeige ich eine Herausforderung, die ich gemeistert habe?
- Wirke ich authentisch und ehrlich?
- Schließe ich mit einem klaren Ziel oder Ausblick ab?

Hier sind fünf kleine, aber effektive Storytelling-Hacks, die du im Alltag nutzen kannst:

1. Die „3-Punkte-Regel"
Strukturiere deine Story in drei Hauptpunkte – das macht sie einfacher verständlich und leichter merkbar.

2. Kontraste
Stelle Gegensätze wie „vorher/nachher" oder „Problem/Lösung" dar, um die Spannung und Wirkung deiner Geschichte zu verstärken.

3. „Mini-Erzählung“ statt Fakten
Verpacke Fakten in kleine Anekdoten, um trockene Informationen lebendiger zu machen.

4. Spezifische Details
Baue lebendige, konkrete Details ein; diese sorgen dafür, dass deine Geschichte greifbarer wird.

5. Frage zur Einleitung
Beginne deine Geschichte mit einer Frage, um das Interesse und die Aufmerksamkeit deiner Zuhörerinnen und Zuhörer zu wecken.

Eine gute Geschichte entsteht nicht zufällig – sie wird bewusst entdeckt, entwickelt und erzählt. **Katja Schleicher**, Expertin für Storytelling und Kommunikation, hat einen Quickguide zusammengestellt, um dir zu zeigen, wie du Geschichten gezielt einsetzt, die berühren, inspirieren und überzeugen.

Von der Frage, welche Emotionen deine Story trägt, über die Entwicklung dramatischer Wendepunkte bis hin zur Kunst, Metaphern und Stimme wirkungsvoll einzusetzen – dieser Guide hilft dir, deine Botschaften klar und eindrucksvoll zu gestalten.

Egal, ob für Vorstellungsgespräche, berufliche Präsentationen oder deine eigene Markenbotschaft – mit diesem Quickguide bekommst du die Werkzeuge, um Geschichten zu erzählen, die nicht nur gehört, sondern auch erinnert werden.

Kontakt zu Katja: *ks@interview-training.eu, www.interview-training.eu*

Den Quickguide findest du hier zum Download – schau einfach mal rein und bringe deine Story auf den Punkt!

DOKUMENT:
Quickguide Storytelling von Katja Schleicher

Storys bleiben hängen. Sie wecken Emotionen, schaffen Vertrauen und machen dich und deinen Weg sichtbar. Genau das weiß Katja Schleicher: Seit Jahren begleitet sie

Menschen auf ihrem Weg zu mehr Präsenz, Wirkung und Überzeugungskraft. Ihre Mission? Komplexe Karrieren greifbar machen – in Worten, die bewegen.

In diesem Video zeigt sie dir, wie du deine berufliche Geschichte erzählst, sodass sie im Kopf bleibt. Du erfährst, welche Elemente eine Karriere-Story wirklich überzeugend machen, wie du deine Erfolge spannend verpackst und warum Storytelling im Vorstellungsgespräch ein echter Gamechanger sein kann. Außerdem verrät Katja dir typische Fehler, die du beim Erzählen besser vermeidest.

Mach dich bereit, deine persönliche Geschichte zu erzählen – klar, kraftvoll und authentisch!

VIDEO:
Interview mit Katja Schleicher

Storytelling in digitalen Formaten

Mit der zunehmenden Digitalisierung hat sich auch die Art verändert, wie wir Geschichten erzählen. Bewerbungen, Gespräche und Networking finden häufig online statt. Hier ein paar Tipps, wie du Storytelling in digitalen Formaten einsetzen kannst:

1. LinkedIn-Profile und Posts
Dein LinkedIn-Profil ist eine Plattform für deine Karrieregeschichte. Nutze die „Info"-Sektion, um deine berufliche Reise in einer klaren, authentischen und strukturierten Story zu erzählen. Auch in Beiträgen und Artikeln kannst du Storytelling nutzen, um Erfahrungen oder Ideen zu teilen.

2. Videointerviews
In Online-Bewerbungsgesprächen zählt nicht nur der Inhalt, sondern auch, wie du die Geschichte präsentierst. Achte auf deine Mimik und Gestik, halte Augenkontakt mit der Kamera und sorge dafür, dass du authentisch wirkst, auch wenn das Gespräch digital stattfindet.

3. Social Media
Nutze soziale Netzwerke, um deine beruflichen Erfahrungen in kleine Geschichten zu verpacken. Kurze Anekdoten oder Erkenntnisse, die du in einem Post teilst, können helfen, dein Profil zu stärken und neue Kontakte zu knüpfen.

Manchmal kann es inspirierend sein, die Erfolgsgeschichten anderer zu hören. Hier zwei Beispiele von Menschen, die durch Storytelling ihre Karriere geprägt haben: In seiner berühmten Rede an der Stanford-Universität erzählte Steve Jobs drei Geschichten aus seinem Leben – von Rückschlägen, Herausforderungen und Erfolgen. Diese Geschichten machten ihn als Person greifbarer und stärkten seine Rolle als Visionär. Oprah Winfrey hat durch die Kunst des Erzählens nicht nur ihre Karriere als Medienikone aufgebaut, sondern Millionen Menschen inspiriert. Sie erzählt offen von den Herausforderungen und Hürden, die sie überwinden musste, und schafft es so, eine emotionale Verbindung zu ihrem Publikum herzustellen. Storytelling für deine Karriere: So überzeugst du mit deiner Geschichte

Storys bleiben hängen. Sie wecken Emotionen, schaffen Vertrauen und machen dich und deinen Weg sichtbar. Genau das weiß Katja Schleicher: Sie ist Kommunikations-Coach, Keynote-Speakerin und Storytelling-Expertin. Seit Jahren begleitet sie Menschen auf ihrem Weg zu mehr Präsenz, Wirkung und Überzeugungskraft. Ihre Mission? Komplexe Karrieren greifbar machen – in Worten, die berühren und bewegen.

In diesem Video zeigt sie dir, wie du deine berufliche Geschichte erzählst, sodass sie im Kopf bleibt. Du erfährst, welche Elemente eine Karriere-Story wirklich überzeugend machen, wie du deine Erfolge spannend verpackst und warum Storytelling im Vorstellungsgespräch ein echter Gamechanger sein kann. Außerdem verrät Katja dir typische Fehler, die du beim Erzählen besser vermeidest.

Mach dich bereit, deine persönliche Geschichte zu erzählen – klar, kraftvoll und authentisch!

Für alle, die noch tiefer ins Thema eintauchen möchten, empfehle ich die Leseliste von Katja Schleicher. Storytelling ist eine Kunst – und wie jede Kunst erfordert es Inspiration und Wissen, um sie zu meistern. Katja Schleicher hat für dich eine Auswahl an Büchern zusammengestellt, die nicht nur faszinierende Einblicke in die Welt des Storytelling bieten, sondern dir auch praktische Tipps und neue Perspektiven für deinen eigenen Stil vermitteln.

Wenn du nach diesem Kapitel Lust auf noch mehr Input hast, findest du hier die perfekte Ergänzung, um deine Storytelling-Skills weiter auszubauen. Lass dich inspirieren, lerne von den Besten und entdecke, wie kraftvoll Geschichten wirklich sein können.

Viel Spaß beim Lesen und Ausprobieren!

DOKUMENT:
Leseliste Storytelling von Katja Schleicher

Deine Stimme als Werkzeug

Deine Stimme ist eines der mächtigsten Werkzeuge, die du in deiner Karriere einsetzen kannst. Sie ist mehr als nur ein Mittel zur Kommunikation – sie ist Ausdruck deiner Persönlichkeit, deines Selbstvertrauens und deiner Kompetenz. Egal, ob in Meetings, bei Präsentationen oder im Gespräch mit Kolleginnen und Kollegen. Wie du sprichst, hinterlässt einen bleibenden Eindruck. Studien zeigen, dass die Art und Weise, wie du etwas sagst, oft wichtiger ist als der Inhalt selbst. Deine Stimme kann Türen öffnen – oder schließen.

Jeder Mensch hat eine einzigartige Stimme, die viel über die eigene Persönlichkeit verrät. Sie ist eine Art akustische Visitenkarte. Deine Stimme zeigt, ob du unsicher oder selbstbewusst bist, ob du offen und sympathisch wirkst oder distanziert. Sie vermittelt Emotionen und beeinflusst, wie andere dich wahrnehmen. Ein klarer, ruhiger Ton wirkt oft überzeugender als eine hastige, unsichere Stimme.

Wenn du deine Stimme bewusst einsetzt, kannst du selbst bestimmen, wie du auf andere wirkst. Und genau hier liegt das Potenzial: Deine Stimme ist veränderbar. Du kannst sie trainieren und dadurch nicht nur deine Kommunikationsfähigkeiten verbessern, sondern auch dein Auftreten stärken und gezielt Einfluss auf deine Karriere nehmen.

Als ich in den 90ern in Frankfurt Theater-, Film- und Medienwissenschaften studiert habe, stand ich oft auf der Bühne – und trotzdem hatte ich oft Lampenfieber. Wie viele andere hatte ich nie wirklich gelernt, mich vor Publikum zu präsentieren. Doch dann entdeckte ich zufällig eine Anzeige in einem Stadtmagazin: Atem- und Stimmtraining. Das war mein Glücksfall! Drei Jahre lang lernte ich von einem erfahrenen Radiomoderator die Kunst der Atmung und Stimme. Was ich dabei erkannte: Alles beginnt mit dem Atem. Im ersten Jahr lag ich Woche für Woche auf dem Boden und übte zu atmen, bevor wir überhaupt über Stimme gesprochen haben. Und genau das ist der Schlüssel – deine Atmung beeinflusst deine Stimme und deine Stimme beeinflusst, wie du wahrgenommen wirst.

Deine Stimme ist nicht nur dein Ausdrucksmittel – sie ist ein Werkzeug, mit dem du deinen Raum einnimmst, Präsenz zeigst und sogar Einfluss auf deine Karriere ausüben kannst. In Verhandlungen, Meetings oder Präsentationen ist es oft die Stimme, die entscheidend ist.

Wenn du deine Atmung kontrollierst und deine Stimme findest, wird vieles leichter. Egal, ob du im Gespräch mit deiner Vorgesetzten bist oder vor einem großen Publikum stehst – mit der richtigen Technik gewinnst du Sicherheit. Das Schöne daran ist: Es macht Spaß! Stimme ist nicht nur Werkzeug, sie ist auch Ausdruck deiner Persönlichkeit.

In diesem Kapitel zeige ich dir, wie du mit einfachen Übungen dein Stimm-Potenzial entfalten kannst. Mache dich bereit, deine Stimme zu entdecken – sie ist mächtiger, als du denkst! Viel Spaß beim Ausprobieren!

Die Macht deiner Stimme

Stimmen begleiten uns überall – im Berufsalltag, im persönlichen Leben, auf der Bühne oder am Telefon. Doch hast du jemals darüber nachgedacht, warum dich manche Stimmen sofort anziehen, während andere unangenehm oder gar nervig klingen? Es gibt Stimmen, denen wir stundenlang zuhören könnten – sie sind warm, beruhigend und strahlen Autorität aus. Und dann gibt es jene Stimmen, die uns aufhorchen lassen, weil sie zu hoch, hektisch oder unsicher klingen.

Sonore, tiefe Stimmen etwa besitzen eine fast magische Wirkung. Sie wirken nicht nur beruhigend, sondern vermitteln oft auch Kompetenz und Vertrauen. In der Kommunikation bedeutet das: Tiefe, resonante Stimmen schaffen eine Verbindung und lassen uns das Gesagte ernst nehmen. Nicht umsonst assoziieren wir tiefe Stimmen häufig mit Autorität – denke an Schauspieler wie Morgan Freeman oder Politiker wie Barack Obama, deren Stimmen eine unverwechselbare Wärme und Gelassenheit ausstrahlen. Diese Stimmen „tragen“, weil sie Raum füllen, ohne aufdringlich zu wirken. Sie sind verankert, haben eine natürliche Tiefe und Resonanz, die den Zuhörenden Sicherheit gibt.

Auf der anderen Seite gibt es hohe, schrille Stimmen, die häufig als nervös oder unruhig wahrgenommen werden. Sie sind oft das Ergebnis von Anspannung oder fehlender Atemtechnik. Hohe Stimmen wirken hektisch, wenn sie zu schnell oder ohne Kontrolle eingesetzt werden. Sie können uns auf die Nerven gehen, weil wir das Gefühl haben, dass die Person hinter der Stimme selbst unsicher ist. Die Stimmhöhe und das Tempo beeinflussen unsere Wahrnehmung enorm. Wir assoziieren eine solche Stimme oft mit Überforderung oder Unsicherheit – sie lädt uns nicht zum Zuhören ein, sondern schreckt uns eher ab.

Doch Stimmen können mehr als nur beruhigen oder nerven. Sie transportieren Emotionen, formen Eindrücke und lassen uns spüren, wie sich unser Gegenüber fühlt. Eine Stimme kann uns trösten, aufbauen, inspirieren – oder uns verunsichern. Ein ruhiges, gleichmäßiges Sprechen kann wie Balsam wirken, besonders in stressigen Situationen. Wenn eine Stimme kontrolliert und zugleich authentisch ist, strahlt sie Ruhe und Souveränität aus. Genau das ist in der beruflichen Kommunikation entscheidend: Deine Stimme hat die Macht, den Verlauf eines Gesprächs zu beeinflussen und die Wahrnehmung deiner Persönlichkeit zu prägen.

Warum hören wir also manche Stimmen lieber als andere? Es ist die Mischung aus Klangfarbe, Rhythmus und Kontrolle. Eine gut platzierte, resonante Stimme schenkt uns Vertrauen, sie gibt dem Gesagten Gewicht. Sie zieht uns in ihren Bann, weil sie durch ihre Tiefe und Klarheit Zuversicht vermittelt. Und das Tolle ist: Unsere Stimme ist ein Instrument, das wir formen und beeinflussen können – es liegt in unserer Hand (oder in unseren Stimmbändern), wie wir auf andere wirken.

Unsere Stimme ist eines der kraftvollsten Werkzeuge, die wir besitzen – sie beeinflusst, wie wir wahrgenommen werden, wie überzeugend wir wirken und wie selbstbewusst wir uns fühlen. Doch wie kannst du deine Stimme gezielt einsetzen, um in beruflichen Situationen einen starken Eindruck zu hinterlassen? Und was sind die häufigsten Stolperfallen, die du dabei vermeiden solltest?

Genau darüber habe ich **mit Nicola Tiggeler** gesprochen. Nicola ist Opernsängerin, Schauspielerin, Stimmtrainerin und Coach mit einer beeindruckenden Expertise rund um die Themen Stimme, Präsenz und Wirkung. Viele kennen sie aus bekannten TV-Produktionen, aber sie ist auch eine gefragte Beraterin für Führungskräfte, Rednerinnen und Redner und alle, die in ihrem beruflichen Alltag durch ihre Stimme überzeugen wollen. Ihr Motto: Bleibende Wirkung durch Stimme und Körpersprache.

Im Interview gibt Nicola spannende Einblicke und praktische Tipps, wie du deine Stimme stärken und bewusst einsetzen kannst – sei es für Präsentationen, wichtige Gespräche oder Videokonferenzen.

Wir sprechen darüber:

- wie deine Stimme den Gesamteindruck, den du hinterlässt, beeinflusst.
- welche Übungen und Techniken dir helfen, deine Stimme zu trainieren und auf den Punkt zu bringen.
- wie du in Videokonferenzen klar und souverän klingst.
- welche Fehler du bei deiner Stimmpräsenz unbedingt vermeiden solltest.
- wie du durch deine Stimme mehr Selbstbewusstsein und Wirkung ausstrahlen kannst.

Kontakt zu Nicola: *nt@stimmeundsprechen-muenchen.de, www.stimmeundsprechen-muenchen.de*

Lass dich von Nicolas Expertise inspirieren – hier geht's zum Interview.

Viel Freude beim Ansehen und Umsetzen der wertvollen Impulse.

VIDEO:
Interview mit Schauspielerin und Stimmlehrerin Nicola Tiggeler

Atmung – die Basis für eine starke Stimme

Die Stimme wird durch den Luftstrom an den Stimmbändern erzeugt. Die Grundlage für jede kraftvolle Stimme ist die richtige Atmung. Viele Menschen atmen flach in die Brust, und dadurch bekommen deine Stimmbänder nicht genug Unterstützung, was zu einer weniger resonanten und unsicheren Stimme führt. Eine tiefe, bewusste Bauchatmung füllt die Lungen mit mehr Sauerstoff und verleiht der Stimme Kraft und Stabilität. Die Bauchatmung ermöglicht es dir, deine Stimme bewusst einzusetzen, klarer zu sprechen und insgesamt gelassener zu wirken.

Durch die richtige Atemtechnik wird nicht nur die Stimme klarer und kräftiger, sondern auch die Nervosität in stressigen Situationen wie Präsentationen oder wichtigen Gesprächen reduziert. Zudem hilft eine ruhige, kontrollierte Atmung, deine Nerven zu beruhigen, sodass du souveräner und selbstbewusster auftrittst.

ÜBUNGEN

1. Übung zur Bauchatmung im Sitzen oder Stehen – für eine kraftvolle Stimme und bewusste Atmung
Eine kraftvolle Stimme beginnt mit der Bauchatmung. Diese Übung hilft dir, die richtige Atemtechnik zu entwickeln und sie in den Alltag zu integrieren. Sie hilft außerdem, deinen Stresspegel zu senken.

- Setze oder stelle dich aufrecht hin, Rücken ist gerade, Schultern entspannt.
- Lege eine Hand auf deinen Bauch und eine auf deine Brust.
- Atme langsam durch die Nase ein und achte darauf, dass sich nur dein Bauch hebt, während die Brust ruhig bleibt.
- Atme tief in deinen Bauch ein, sodass sich dein Zwerchfell hebt, und lass die Luft langsam durch den Mund wieder ausströmen.
- Wiederhole alles 5- bis 10-mal. Achte darauf, dass deine Schultern entspannt bleiben und die Bewegung nur aus deinem Bauch kommt.

2. Übung zum Atemfluss – um längere Sprechphasen zu kontrollieren
Gerade bei längeren Reden oder Präsentationen ist es wichtig, dass deine Stimme bis zum Ende des Satzes kräftig bleibt und nicht „abfällt". Das kannst du üben:

- Atme tief in den Bauch ein und sprich anschließend einen kurzen Satz, ohne zwischendurch Luft zu holen. Starte mit einfachen Sätzen wie „Heute ist ein schöner Tag".
- Achte darauf, dass deine Stimme bis Satzende kräftig bleibt.
- Mit jeder Wiederholung kannst du längere Sätze oder Absätze wählen. Ziel ist es, deine Atmung so zu kontrollieren, dass du auch längere Sprechphasen ohne Luftnot und Stimmverlust bewältigst.

3. Übung zur Artikulation – um klar und deutlich zu sprechen
Diese Übungen stärken die Muskeln in Mund und Kiefer und sorgen dafür, dass du klar und präzise sprichst. Eine klare Aussprache vermittelt Kompetenz und Selbstsicherheit. So kannst du deine Artikulation verbessern:

- Korken-Übung: Stecke dir einen kleinen Korken zwischen die Zähne und versuche, laut und deutlich einen Text zu lesen. Das trainiert die Muskulatur in Mund und Kiefer. Danach wirst du feststellen, dass deine Aussprache klarer und deutlicher ist.

- Lippenprall: Forme deine Lippen wie für einen Kuss, atme tief ein und lass die Lippen beim Ausatmen vibrieren. Dies entspannt die Lippenmuskulatur und fördert die Deutlichkeit deiner Aussprache.
- Zungenbrecher: Übe Zungenbrecher wie „Fischers Fritze fischt frische Fische", um deine Zungenbeweglichkeit zu verbessern.

4. Übung zur Resonanz – um deine optimale Stimmlage zu finden
Tiefe, resonante Stimmen wirken beruhigend und kompetent, während hohe, angespannte Stimmen oft nervös und unsicher erscheinen. Diese Übung hilft dir, die optimale Stimmlage zu finden:

- Summe eine tiefe Note und spüre die Vibration in deiner Brust. Dies zeigt dir, dass du deine tiefen, vollen Töne nutzt.
- Versuche, diese Resonanz beim Sprechen beizubehalten. Achte darauf, nicht zu hoch, sondern in entspannter, tiefer Stimmlage zu sprechen.

5. Übung zu Lautstärke und Modulation – um die richtige Betonung zu finden
Eine monotone Stimme wirkt schnell langweilig. Dynamische Modulation und Lautstärkevariationen machen deine Sprache lebendig und interessant. Diese Übung hilft dir, deiner Stimme mehr Dynamik und Ausdruck zu verleihen, besonders bei Präsentationen und Reden:

- Wähle einen Text und sprich ihn laut in verschiedenen Lautstärken: einmal sehr leise, einmal mittellaut und einmal laut.
- Achte darauf, wie die Betonung verschiedener Wörter deren Bedeutung und Wirkung verändert.

6. Übung zur Haltung – um Selbstbewusstsein und Präsenz auszudrücken
Selbstbewusstsein spiegelt sich nicht nur in der Stimme wider, sondern auch in der Körperhaltung. Ein aufrechter Oberkörper und entspannte Schultern tragen dazu bei, dass deine Stimme freier und kraftvoller klingt.

- Stelle dich aufrecht hin, die Schultern entspannt und nach hinten gezogen.
- Stell dir vor, dass dein Kopf an einem unsichtbaren Faden nach oben gezogen wird.
- Atme tief ein und aus. Wenn du sprichst, wirst du bemerken, dass deine Stimme kräftiger und klarer wirkt, wenn deine Haltung aufrecht und entspannt ist.

Gerade vor wichtigen Momenten – sei es ein Meeting, eine Präsentation oder ein Auftritt – kann Nervosität die Stimme beeinflussen. Eine angespannte Stimme klingt oft unsicher und Atemlosigkeit kann deine Souveränität untergraben. Mit den richtigen Übungen kannst du deine Stimme optimal vorbereiten und Nervosität abbauen. Probiere aus, welche der folgenden Tipps am besten bei dir wirken:

Wie du dich auf ein wichtiges Gespräch oder einen Auftritt vorbereitest

1. Mache eine kurze Atemübung zur Beruhigung
Wenn du nervös bist, neigst du dazu, flacher zu atmen. Um deine Stimme zu stabilisieren und dich zu entspannen, hilft es, die Bauchatmung gezielt zu aktivieren. Praktiziere dazu die oben geschilderte Übung.

2. Wärme deine Stimmbänder auf
Einfaches Summen kann deine Stimmbänder sanft aufwärmen und gleichzeitig die Resonanzräume in deinem Körper aktivieren. Summe dazu leise eine tiefe Note, während du durch die Nase einatmest. Spüre die Vibration in deinem Brustkorb. Wiederhole dies für etwa eine bis zwei Minuten, um deine Stimme auf das Sprechen vorzubereiten.

3. Lockere Nacken und Schultern
Verspannungen im Nacken oder in den Schultern können die Atmung behindern und die Stimme angespannt wirken lassen. Eine kurze Lockerungsübung vor einem Auftritt oder Gespräch kann Wunder wirken. Kreise deine Schultern nach hinten und vorne, lass sie dabei bewusst locker. Neige deinen Kopf sanft zur Seite, bis du eine Dehnung spürst, und halte diese Position für ein paar Sekunden. Wiederhole die Übung mit der anderen Seite.

4. Mache Artikulationsübungen
Kurz vor deinem Auftritt kannst du mit ein paar schnellen Artikulationsübungen dafür sorgen, dass du klar und deutlich sprichst. Sprich ein paar Zungenbrecher langsam und deutlich aus, wie z. B. „Blaukraut bleibt Blaukraut und Brautkleid bleibt Brautkleid“. Dies bringt deine Zunge und Lippen in Bewegung und sorgt für flüssiges und präzises Sprechen.

5. Wärme deine Stimme mit Vokalen auf
Eine schnelle Übung, um deine Stimme direkt vor einem Gespräch zu „wecken“, ist das Wiederholen von Vokalen. Atme tief ein und sprich langsam die Vokale „A, E, I, O, U“ in einer angenehmen Lautstärke und auf einer mittleren Stimmlage. Achte dabei darauf, jeden Vokal sauber und klar zu artikulieren.

Nicht jede Übung muss Zeit kosten oder erfordert besondere Bedingungen. Hier sind einige Tipps, wie du deine Stimm- und Atemübungen unauffällig in deinen Alltag integrieren kannst, ohne dass es jemand bemerkt:

1. Singen oder summen unter der Dusche
Summe oder singe deine Lieblingsmelodie während des Duschens. Das Summen hilft, die Stimmbänder sanft zu aktivieren und die Resonanz in deinem Brustraum zu spüren.

2. Zungenbrecher im Auto oder auf dem Fahrrad
Sprich einen Zungenbrecher oder einen kurzen Text, den du auswendig kennst, laut und deutlich, als würdest du eine Rede halten. Übe dabei bewusst die Artikulation.

3. Bewusst atmen beim Spazierengehen
Während du gehst, konzentriere dich auf deine Bauchatmung. Versuche, gleichmäßig tief ein- und auszuatmen.

4. „Atempausen" am Bildschirm
Nutze kurze Pausen, um dich zurückzulehnen, tief in den Bauch zu atmen und bewusst deine Schultern zu entspannen.

Damit du Nicolas wertvolle Impulse nicht nur hörst, sondern direkt in die Praxis umsetzen kannst, hat sie ihre besten Tipps und Übungen für dich zusammengestellt. Diese helfen dir dabei, deine Stimme gezielt aufzuwärmen, zu pflegen und im Alltag stark und gesund zu halten – sei es vor einem wichtigen Meeting, einer Präsentation oder einfach für mehr Präsenz in deinem beruflichen Alltag.

Von einfachen Aufwärmübungen wie genüsslichem Gähnen oder Summen bis hin zu praktischen Stimmtipps wie dem Verzicht auf Kaffee vor einem Auftritt oder dem Einsatz eines Mikrofons – Nicola zeigt, wie du in nur wenigen Minuten täglich deine Stimme trainieren kannst, um klar, klangvoll und souverän aufzutreten. Ihre Botschaft: Schon kleine Gewohnheiten können einen großen Unterschied machen! Lass dich inspirieren und probiere die Übungen aus – fünf Minuten täglich genügen, um nachhaltig von ihrer Wirkung zu profitieren.

Wenn du noch tiefer einsteigen möchtest: In ihrem Buch „Mit Stimme zum Erfolg" findest du viele weitere Übungen und Tipps, um deine Stimme gezielt weiterzuentwickeln.

DOKUMENT:
Aufwärmübungen für deine Stimme von Nicola Tiggeler

TIPPS für langfristige Stimmgesundheit

- Genügend trinken: Halte deine Stimmbänder durch regelmäßiges Trinken von Wasser feucht.
- Rauchverzicht: Rauchen schadet den Stimmbändern und macht die Stimme rau und heiser.
- Stimmpausen: Gönne deiner Stimme in stressigen Phasen bewusst Pausen.
- Wärme und Luftfeuchtigkeit: Achte darauf, dass deine Stimmbänder nicht austrocknen, besonders in beheizten Räumen.

Das Wichtigste in Kürze

- Storytelling kann deine Karriere enorm voranbringen. Es verleiht deinen Erfahrungen Tiefe, weckt Emotionen und macht dich unvergesslich.
- Deine Geschichte ist einzigartig – also nutze sie, um dich zu präsentieren, zu inspirieren und deine Karriereziele zu erreichen.
- Gestalte deine Heldenreise so, dass sie nicht nur dich inspiriert, sondern auch andere. Wage den Schritt, sei mutig und lass deine Geschichte deine Karriere prägen.
- Deine Stimme ist dein Schlüssel zu mehr Erfolg. Sie kann trainiert und verfeinert werden, um deine Persönlichkeit optimal zu unterstreichen.
- Die hier vorgestellten Übungen helfen dir dabei, deine Atmung, Aussprache, Stimmlage und Ausdruckskraft zu verbessern. Integriere diese einfachen Übungen regelmäßig in deinen Alltag und erlebe, wie sich deine Stimme – und damit auch deine Karriere – Schritt für Schritt entwickelt.

Schritt 5: Karrierebooster

Es klingt banal, ist aber Fakt: Die Welt verändert sich schneller als je zuvor. Neue Technologien wie Künstliche Intelligenz (KI) revolutionieren die Arbeitswelt und die Anforderungen an unsere Fähigkeiten steigen stetig. Was gestern noch als Standard galt, ist heute vielleicht schon veraltet. Doch diese Entwicklung ist keine Bedrohung – sie ist eine Chance. Sie bietet dir die Möglichkeit, immer wieder Neues zu entdecken, dich neu zu begeistern und zu positionieren. Menschliche Arbeit wird durch KI nicht obsolet – im Gegenteil: Kreativität, emotionale Intelligenz und soziale Kompetenzen werden in der Arbeitswelt von morgen genauso wichtig sein wie technisches Wissen. Lebenslanges Lernen ermöglicht es dir, dich auf diese neuen Anforderungen vorzubereiten und in einer immer komplexeren Welt erfolgreich zu bleiben.

Lebenslanges Lernen als Karrieretreiber

Lebenslanges Lernen – das klingt im ersten Moment vielleicht wie eine Pflicht. Aber für mich ist es das genaue Gegenteil: Es ist ein Geschenk. Ein Privileg, das wir in einer Welt voller Möglichkeiten haben. Ich habe das schon früh für mich entdeckt. Bereits in der Schulzeit habe ich jede freie Minute genutzt, um Neues zu lernen. Ich war in unzähligen Kursen, habe Lehrerinnen überredet, mich für Austauschprogramme ins Ausland zu schicken, und sogar schon mit zwölf Jahren meine erste Projektwoche zum Thema vegetarisches Kochen geleitet. Während andere die Sommerferien genossen haben, war ich freiwillig im Praktikum, weil ich einfach mehr wissen wollte.

Diese Neugierde hat sich durch mein ganzes Leben gezogen. Im Studium habe ich stets die Semesterferien genutzt, um in neue Unternehmen reinzuschnuppern. Ich wollte nicht nur Theorien lernen, sondern sehen, wie die Praxis funktioniert. Später, während meiner Zeit bei Premiere, habe ich neben dem Job noch einen MBA an der Steinbeis-Hochschule in Berlin gemacht – einfach, weil ich es konnte und weil ich wusste: Alles, was ich lerne, bringt mich weiter.

Und es geht natürlich immer weiter – letztes Jahr habe ich eine Ausbildung zur Coach absolviert und jetzt überlege ich, ob ich einen Kurs zum Thema KI buche. Es hört nie auf – und das ist auch gut so!

Und das möchte ich auch dir mitgeben: Lernen ist nicht nur ein Muss, es ist eine riesige Chance. Eine Chance, dich weiterzuentwickeln, neue Wege zu entdecken und herauszufinden, was wirklich zu dir passt. Es ist ein Geschenk, dass wir in Deutschland so viele Möglichkeiten haben – und das oft sogar kostenlos. Durch das Digitale gibt es heute mehr Chancen als jemals zuvor, Neues zu lernen und sich weiterzubilden.

Neugier ist die treibende Kraft hinter lebenslangem Lernen. Sie bringt uns dazu, Fragen zu stellen, Probleme zu hinterfragen und innovative Wege zu finden. Wer neugierig bleibt, entdeckt neue Möglichkeiten und entwickelt sich ständig weiter. Neugier motiviert uns, dranzubleiben, auch wenn das Lernen mal anstrengend wird. Kombiniert mit Offenheit – der Bereitschaft, Neues zuzulassen und gewohnte Pfade zu verlassen – schafft sie die ideale Basis für erfolgreiches lebenslanges Lernen.

Stelle dir immer wieder die Frage: „Was möchte ich noch lernen?“ und „Wie könnte ich Probleme auf eine neue Art und Weise angehen?“

Deshalb lade ich dich ein: Nutze diese Möglichkeiten. Sei neugierig, probiere aus, teste Grenzen, und lerne, wann immer du kannst. Denn jedes kleine Stück Wissen bringt dich näher an deine Ziele. Ich verspreche dir, es gibt nichts Befriedigenderes, als ständig Neues zu entdecken und sich selbst immer weiter zu entfalten.

Vielleicht fragst du dich gerade, wo du anfangen sollst? Überlege dir einfach, was dich schon immer interessiert hat, aber wofür du nie die Zeit gefunden hast. Egal, ob es ein Online-Kurs, ein neues Buch oder ein spannendes Gespräch mit einer Expertin oder einem Experten ist – mache den ersten Schritt. Das Wichtigste ist: Fang einfach an!

Lebenslanges Lernen – das klingt nach einem großen Ziel, aber in Wahrheit ist es die Essenz dessen, was uns als Menschen ausmacht. Egal, ob jung oder älter: Lernen und Neues zu erfahren ist die Würze des Lebens, die unseren Geist wach und unsere Perspektiven weit hält. Wie aber wird lebenslanges Lernen zur echten Lebenshaltung? Wie bleibt man neugierig, offen und bereit, immer wieder Neues zu entdecken? Und wie schafft man es, eine feste Lernroutine aufzubauen, die sich nachhaltig in den Alltag integrieren lässt?

Genau darüber habe ich mit **Ruth Busl** gesprochen. Sie bringt ihre vielseitige Erfahrung aus Politik, Journalismus, PR und Marketing mit ein und weiß, wie wichtig kontinuierliches Lernen in einer sich ständig verändernden Welt ist. Als ehemalige Pressesprecherin, Dozentin und Kulturreferentin hat sie immer wieder gezeigt, wie man sich erfolgreich in neuen Feldern etabliert – und wie lebenslanges Lernen zur festen Lebenshaltung wird.

Im Interview teilt Ruth spannende Einblicke und praxisnahe Tipps, wie du deinen eigenen Lernweg gestalten kannst.

Wir sprechen darüber:

- wie du offen für Neues bleibst und Neugier als treibende Kraft stärkst.
- wie du den Einstieg ins lebenslange Lernen findest.
- wie du eine Lernroutine etablierst, die langfristig funktioniert.
- wie du up to date mit Technologien bleibst und sie als Lernhilfe nutzt.

Kontakt zu Ruth: *rb@ruthbusl.de, www.ruthbusl.de*

Lass dich inspirieren und entdecke, wie lebenslanges Lernen nicht nur deinen Horizont erweitert, sondern auch deiner Karriere völlig neue Perspektiven eröffnet!

Hier geht's zum Interview mit Ruth:

VIDEO:
Interview mit Beraterin und Coach Ruth Busl

Lernen und persönliche Weiterentwicklung sind keine Zufallsprodukte – sie erfordern Struktur, Planung und die richtigen Werkzeuge. Genau darum geht es in diesem Arbeitsdokument. Es gibt dir eine klare Orientierung, wie du Lernziele effektiv formulierst, Ressourcen gezielt nutzt und deine Lernzeit optimal organisierst. Denn nachhaltiger Lernerfolg entsteht nicht nur durch Fleiß, sondern auch durch kluge Strategien.

Ruth Busl, erfahrene Coach, Beraterin und Trainerin, begleitet Menschen auf ihrem Weg zu mehr Wissen, Kompetenz und Erfolg. In diesem Dokument findest du praxisnahe Ansätze, die dir helfen, deine Lernprozesse effizient zu gestalten, den Austausch mit anderen sinnvoll zu nutzen und durch ein Belohnungssystem motiviert zu bleiben.

Lernen bedeutet Wachstum – nutze dieses Arbeitsdokument, um deine Weiterentwicklung aktiv zu gestalten und deine beruflichen Chancen gezielt zu verbessern!

DOKUMENT:
Arbeitsblatt von Ruth Busl zum lebenslangen Lernen

Die Strategie für erfolgreiches Lernen

Früher bedeutete der Abschluss einer Ausbildung oder eines Studiums eine solide Grundlage für ein gesamtes Berufsleben. Doch diese Zeiten sind vorbei. Die rasante technologische Entwicklung, Automatisierung und die zunehmende Digitalisierung machen lebenslanges Lernen heute unverzichtbar. Jobs, die vor fünf Jahren noch gefragt waren, könnten in Zukunft durch Maschinen ersetzt oder komplett umstrukturiert werden. Um relevant zu bleiben und erfolgreich zu sein, reicht es nicht mehr, sich auf vergangene Qualifikationen zu verlassen – kontinuierliches Lernen ist zur Grundvoraussetzung geworden.

Wer nicht bereit ist, seine Fähigkeiten regelmäßig zu erweitern, wird schnell den Anschluss verlieren. Aber lebenslanges Lernen ist mehr als nur eine Notwendigkeit, um in der Arbeitswelt zu bestehen: Es ist die treibende Kraft hinter persönlichem Wachstum und beruflicher Stabilität. Diejenigen, die sich aktiv weiterbilden, haben einen klaren Wettbewerbsvorteil und sind besser in der Lage, auf Veränderungen zu reagieren und neue Chancen zu ergreifen.

Um das lebenslange Lernen nachhaltig und erfolgreich in deinen Alltag zu integrieren, bedarf es einer klaren Strategie. Diese besteht aus fünf zentralen Schritten:

1. Setze dir klare Lernziele
Ohne ein klares Ziel vor Augen kann lebenslanges Lernen überwältigend wirken. Beginne damit, spezifische Lernziele zu setzen. Diese Ziele sollten SMART formuliert sein – also spezifisch, messbar, attraktiv, realistisch und termingebunden. Frage dich: Welche Fähigkeiten möchte ich in den nächsten sechs Monaten verbessern? Wo sehe ich langfristig Entwicklungsmöglichkeiten?

Beispiel: „Ich möchte innerhalb der nächsten drei Monate meine Kenntnisse in Datenanalyse verbessern, indem ich wöchentlich zwei Online-Kurse zu Python und Excel bearbeite."

2. Integriere Lernen in deinen Alltag

Lebenslanges Lernen wird dann effektiv, wenn es zur festen Gewohnheit wird. Versuche, Lernzeiten fest in deinen Tagesablauf zu integrieren. Schon 30 Minuten täglich reichen aus, um langfristig große Fortschritte zu erzielen. Sei konsequent und schaffe dir eine Umgebung, in der du ungestört lernen kannst.

> **TIPP.** Blocke dir jeden Morgen eine halbe Stunde für die Weiterbildung oder nutze deine Pausen, um Podcasts zu hören oder Fachartikel zu lesen.

3. Nutze vielfältige Lernressourcen

Die heutige Zeit bietet mehr Zugang zu Bildung als je zuvor. Nutze kostenlose Lernplattformen, Online-Kurse, Podcasts und Webinare, um dein Wissen zu erweitern. Abwechslungsreiche Lernmethoden helfen dir, motiviert zu bleiben und komplexe Themen besser zu verstehen.

> **TIPP.** Plattformen wie Coursera, edX oder Udemy helfen dir dabei, neue Fähigkeiten zu erlernen. Kombiniere diese mit Podcasts oder Artikeln zu aktuellen Entwicklungen in deinem Fachgebiet.

4. Lerne effizient

Die Menge an verfügbarem Wissen kann schnell überwältigend wirken. Deshalb ist es wichtig, effizient zu lernen und zu priorisieren. Fokussiere dich auf ein Thema oder eine Fähigkeit, bevor du zum nächsten übergehst. Nutze Lernmethoden wie die Pomodoro-Technik, bei der du in kurzen, intensiven Phasen lernst, um deine Konzentration zu maximieren.

> **TIPP.** Setze klare Prioritäten, welche Fähigkeiten für deinen aktuellen Karriereweg am wichtigsten sind, und bearbeite diese zuerst.

5. Reflektiere und adaptiere

Regelmäßige Reflexion ist entscheidend, um deine Lernfortschritte zu überprüfen und deine Strategie gegebenenfalls anzupassen. Was hast du in den letzten Monaten gelernt? Welche neuen Fähigkeiten möchtest du als Nächstes entwickeln? Dies hilft dir, den Überblick zu behalten und dich stetig weiterzuentwickeln.

TIPP. Führe ein Lernjournal, in dem du deine Fortschritte notierst, und überlege monatlich, ob du deine Lernstrategie anpassen musst.

Lernen in den Alltag integrieren

Um Lernen nachhaltig in deinen Alltag zu integrieren, helfen feste Rituale und Routinen. Ein „Lernkalender“, in dem du tägliche oder wöchentliche Lerneinheiten einplanst, kann dabei eine große Unterstützung sein. Selbst kleine Zeitfenster, die du konsequent nutzt, haben langfristig einen enormen Effekt. Wichtig ist, dass du lernst, Lernen als festen Bestandteil deines Tages zu sehen, genauso wie Sport oder gesunde Ernährung.

Erstelle dir dazu eine tägliche oder wöchentliche Lernroutine. Zum Beispiel könntest du morgens 30 Minuten lesen, abends einen Online-Kurs bearbeiten oder während des Pendelns Podcasts hören.

Lebenslanges Lernen kann manchmal überwältigend erscheinen, besonders in einer Welt, die sich immer schneller verändert. Es ist deshalb wichtig, sich nicht von der Menge an Informationen einschüchtern zu lassen. Der Schlüssel ist, sich auf kleine, erreichbare Ziele zu konzentrieren und Lernprozesse in Etappen zu unterteilen. Effiziente Methoden wie Microlearning, bei dem Inhalte in kurzen Einheiten vermittelt werden, oder die Pomodoro-Technik helfen dabei, produktiv zu bleiben, ohne sich überfordert zu fühlen.

Beginne mit einem Thema, das dich interessiert, und setze dir kleine Lernziele, um dich langsam zu steigern. Erfolge motivieren und helfen, langfristig dranzubleiben.

Bedenke immer: Fehler gehören zum Lernprozess dazu. Wer Angst davor hat, Fehler zu machen, blockiert sich selbst. Eine offene Fehlerkultur, in der Fehler als wertvolle Lerngelegenheiten betrachtet werden, ist entscheidend, um kontinuierlich zu wachsen. Sei also geduldig mit dir selbst und erkenne, dass jeder Fehler dich einen Schritt näher an dein Ziel bringt. Sieh Fehler als Chance und reflektiere nach jeder Herausforderung: Was habe ich daraus gelernt? Wie kann ich es beim nächsten Mal besser machen? Diese Reflexion stärkt deine Resilienz und dein Selbstvertrauen.

Klare Lernziele definieren

Langfristige Motivation ist der Schlüssel zu einem erfolgreichen Lernprozess. Um auch über längere Zeiträume motiviert zu bleiben, solltest du klare Lernziele definieren, etwa nach der SMART-Methode (spezifisch, messbar, attraktiv, realistisch und termingebunden). Beispielsweise: „Ich möchte innerhalb der nächsten zwei Monate eine Grundausbildung in Python absolvieren, indem ich täglich 30 Minuten lerne."

Belohne dich für erreichte Meilensteine und knüpfe dein Lernen an persönliche Interessen und berufliche Ziele. So bleibst du motiviert und hast immer ein klares Ziel vor Augen.

Eine inspirierende Geschichte verdeutlicht oft mehr als jeder theoretische Ansatz. Nehmen wir zum Beispiel Maria, eine Marketingexpertin, die sich durch die zunehmende Automatisierung und den Einsatz von KI in ihrer Branche überfordert fühlte. Anstatt den Kopf in den Sand zu stecken, entschloss sie sich, dazuzulernen. Sie absolvierte einen Online-Kurs zu Datenanalyse und lernte, wie KI ihre Arbeit unterstützen kann. Schon nach wenigen Monaten konnte sie ihre neuen Fähigkeiten in ihrem Job einbringen und übernahm eine Führungsrolle im Bereich „Digitales Marketing und KI". Heute sieht Maria die technologischen Entwicklungen als Chance und fühlt sich durch ihr kontinuierliches Lernen sicher und zukunftsfähig.

Neben technologischen und fachlichen Kompetenzen gewinnen auch Soft Skills immer mehr an Bedeutung. Fähigkeiten wie Kommunikationskompetenz, Teamfähigkeit, Problemlösungsdenken und emotionale Intelligenz werden von Arbeitgebern zunehmend geschätzt. Diese Fähigkeiten ermöglichen es dir, in einem sich stetig wandelnden Arbeitsumfeld flexibel und anpassungsfähig zu bleiben.

Arbeite also nicht nur an deinen technischen Fähigkeiten, sondern investiere auch in die Entwicklung von Soft Skills wie Verhandlungstechniken oder Konfliktmanagement. Diese Fähigkeiten werden in jeder Karriere wertvoll sein.

Die Vorteile von Lernpartnerschaften und Communities nutzen

Ein oft unterschätzter Faktor für erfolgreiches lebenslanges Lernen ist die soziale Komponente. Während Selbststudium wichtig ist, kann das Lernen in einer Gruppe oder mit einer Lernpartnerin oder einem Lernpartner deinen Fortschritt enorm beschleunigen. Austausch, Feedback und das Teilen von Erfahrungen sind wertvolle Aspekte, die nicht nur das Gelernte festigen, sondern auch neue Perspektiven eröffnen.

Zu wissen, dass du nicht allein lernst, sondern gemeinsam mit anderen ein Ziel verfolgst, erhöht die Motivation. Deine Lernpartnerin oder dein Lernpartner kann dich ermutigen, auch in schwierigen Phasen dranzubleiben, und du kannst das Gleiche für ihn oder sie tun. Durch den regelmäßigen Austausch bekommst du direktes Feedback und kannst von den Erfahrungen anderer lernen. Vielleicht hat deine Partnerin oder dein Partner eine völlig neue Herangehensweise an ein Problem, auf die du alleine nicht gekommen wärst. Wenn du mit anderen lernst, entstehen außerdem automatisch kleine „Verpflichtungen" – ihr verabredet euch, teilt Meilensteine und überprüft, ob alle den Plan einhalten. Das sorgt für zusätzliche Struktur und Zielorientierung.

Nicht zuletzt öffnet das gemeinsame Lernen oft Türen zu neuen beruflichen Kontakten. Lernpartnerschaften und Communities sind großartige Möglichkeiten, dein Netzwerk zu erweitern, sei es in Online-Foren, Workshops oder lokalen Lerngruppen.

TIPP. Vereinbart regelmäßige Treffen oder virtuelle Calls, in denen ihr eure Fortschritte besprecht, Fragen stellt und gemeinsam Probleme löst. Das gibt Struktur und sorgt dafür, dass das Lernen kontinuierlich vorangeht.

Abschließend erhältst du hier einen konkreten Action-Plan, der dir hilft, das lebenslange Lernen strukturiert und effektiv in deinen Alltag zu integrieren:

Dein Action-Plan für lebenslanges Lernen

1. Zielsetzung: Setze dir SMARTe Ziele für deine Weiterbildung.

2. Routine: Plane feste Lernzeiten in deinen Alltag ein.

3. Ressourcen: Entscheide dich für passende Lernplattformen und Tools.

4. Reflexion: Überprüfe monatlich deine Fortschritte und passe deinen Plan an.

5. Netzwerk: Tausche dich regelmäßig mit anderen über deine Fortschritte aus.

Lernen hört nie auf – und genau das ist deine Chance, dich persönlich und beruflich immer weiterzuentwickeln! In einer Welt, die sich ständig verändert, ist lebenslanges Lernen der Schlüssel, um flexibel zu bleiben, neue Türen zu öffnen und dein Potenzial voll auszuschöpfen.

Das Beste daran: Es war noch nie so einfach wie heute! Im Netz findest du eine Vielzahl an kostenlosen Lernangeboten, die dir den Einstieg erleichtern. Egal, ob du neue Skills aufbauen, bestehende Kenntnisse vertiefen oder einfach neugierig auf Neues bist – diese Plattformen bieten dir die Möglichkeit, sofort loszulegen.

Hier kommt eine praktische Übersicht mit Kursen, die dir dabei helfen, Schritt für Schritt deine Fähigkeiten auszubauen, dein Selbstvertrauen zu stärken und neue Karrierechancen zu entdecken.

DOKUMENT:
Übersicht über Online-Akademien und kostenlose Digitalangebote

KI als Karrierebooster

Stell dir vor, du hast eine Assistentin oder einen Assistenten an deiner Seite – jemanden, die oder der niemals müde wird, Daten analysiert, kreative Vorschläge macht und dir hilft, bessere Entscheidungen zu treffen. Diese Assistentin oder dieser Assistent heißt Künstliche Intelligenz (KI). Bevor du dir aber Sorgen machst, dass KI die Kontrolle über dein Berufsleben übernimmt oder dir vielleicht sogar den Job wegnimmt, lass uns gemeinsam einen genaueren Blick darauf werfen, was KI wirklich ist, wie sie funktioniert und vor allem, welche unglaublichen Chancen sie dir und deiner Karriere bietet.

In den vorherigen Kapiteln haben wir bereits über entscheidende Eigenschaften gesprochen, die dich in einer sich ständig verändernden Welt erfolgreich machen: Mut, Neugier, Offenheit und das Konzept des lebenslangen Lernens. Diese Prinzipien bleiben der Schlüssel zu einer erfolgreichen Karriere – und genau hier setzt KI an.

Sie wird dein Werkzeug, um diese Fähigkeiten noch stärker zu entfalten und deine beruflichen Ziele schneller zu erreichen.

Was ist Künstliche Intelligenz?

„Künstliche Intelligenz“, das klingt für dich vielleicht abstrakt, vielleicht sogar beängstigend, futuristisch. Und doch KI ist bereits Teil deines Alltags, selbst wenn du es nicht bemerkst. Jedes Mal, wenn du eine Suchanfrage bei Google stellst, durch Netflix blätterst oder bei Spotify Musik hörst, arbeitest du mit KI. In fast jeder Branche ist KI bereits angekommen: Im Gesundheitswesen unterstützt KI Ärztinnen und Ärzte bei der Diagnose, indem sie MRTs analysiert. Marketingteams nutzen KI, um das Verhalten ihrer Kundinnen und Kunden besser zu verstehen und gezieltere Kampagnen zu erstellen. Auch in der Personalbeschaffung wird KI eingesetzt, um Bewerberinnen und Bewerber zu analysieren und objektivere Entscheidungen zu treffen. Aber was genau steckt hinter dem Begriff?

Einfach gesagt ist KI ein technisches System, das aus riesigen Datenmengen lernt. Es erkennt Muster, trifft Entscheidungen und löst Aufgaben, die früher nur Menschen erledigen konnten. Aber anders als oft befürchtet, ersetzt KI nicht die menschliche Intelligenz. Sie ergänzt uns, indem sie vor allem die mühsamen, sich wiederholenden Aufgaben übernimmt. Während KI die Daten analysiert, haben wir mehr Zeit für das, was wirklich zählt: Kreativität, strategisches Denken und zwischenmenschliche Kommunikation – all die Dinge, in denen KI nicht so gut ist wie wir.

Damit KI so gut funktioniert, muss sie aus den verfügbaren Daten lernen. Stell dir vor, du sortierst jeden Tag deine E-Mails: wichtige in einen Ordner, unwichtige in den Papierkorb. Nach einiger Zeit erkennst du Muster – du achtest auf den Absender oder den Betreff. Genau das macht auch KI, nur viel schneller und präziser.

KI basiert auf Algorithmen, die eine Art „Anleitung“ für den Computer sind. Diese Algorithmen werden durch maschinelles Lernen ständig verbessert. Dabei wird KI mit immer mehr Daten „gefüttert“ und lernt selbstständig dazu, ohne dass sie jedes Mal neu programmiert werden muss. Mithilfe von neuronalen Netzen, die das menschliche Gehirn nachahmen, kann KI auch sehr komplexe Zusammenhänge erkennen und verarbeiten.

Die Arbeitswelt, wie wir sie kennen, befindet sich in einem rasanten Wandel, und KI ist einer der wichtigsten Treiber dieser Veränderung. KI wird die Art, wie wir arbeiten, verändern, und eröffnet uns neue Chancen. Denke an all das, was du bereits in den vorherigen Kapiteln gelernt hast: Mut, Neugier und lebenslanges

Lernen sind die Schlüssel, um diesen Wandel nicht nur zu meistern, sondern aktiv zu gestalten. KI wird viele Routineaufgaben übernehmen, die bisher viel Zeit in Anspruch genommen haben. So kannst du dich auf die kreativen, strategischen und zwischenmenschlichen Aspekte deiner Arbeit konzentrieren – die Bereiche, in denen KI nicht mit dir konkurrieren kann.

Wie KI deine Karriereplanung unterstützt

Viele Menschen haben Angst, dass KI ihren Job gefährdet. Aber lass uns diese Angst beiseitelegen und den Fokus auf die Chancen richten. KI ist kein Gegner, sondern dein mächtigstes Werkzeug, um deine beruflichen Ziele schneller und effektiver zu erreichen.

KI-gestützte Tools wie **Jobscan** oder **Zety** helfen dir, deinen Lebenslauf und dein LinkedIn-Profil so zu optimieren, dass sie mehr Aufmerksamkeit bekommen. Diese Plattformen vergleichen dein Profil mit den Anforderungen von Stellenanzeigen und geben dir konkrete Hinweise, wie du es verbessern kannst. Das bedeutet, dass du gezielt auf die Keywords und Fähigkeiten achtest, die Recruiterinnen und Recruiter suchen.

Wenn du unsicher bist, wie du in den sozialen Medien sichtbarer werden kannst, helfen KI-Tools wie **ChatGPT** oder **Copy.ai**. Sie unterstützen dich beim Schreiben von Blog-Artikeln, LinkedIn-Posts oder sogar bei Bewerbungen, indem sie dir Vorschläge machen oder Texte generieren, die du dann anpassen kannst.

Denkst du über einen Karrierewechsel nach oder möchtest du neue Fähigkeiten lernen? Plattformen wie **Pymetrics** und **LinkedIn Career Explorer** nutzen KI, um deine Stärken zu analysieren und dir passende Karrierewege oder Lernprogramme vorzuschlagen. So wird deine berufliche Weiterentwicklung zielgerichteter und effizienter. KI-gestützte Plattformen wie **LinkedIn Learning** oder **Coursera** helfen dir dabei, dir SMARTe Ziele (spezifisch, messbar, attraktiv, realistisch, terminiert) zu setzen und deinen Fortschritt zu überwachen. Immer mehr Plattformen bieten KI-gestütztes Mentoring an. Tools wie **Coachhub** helfen dir, Mentorinnen und Mentoren zu finden, die dich auf deinem beruflichen Weg begleiten. KI kann Markttrends analysieren und dir zeigen, welche Fähigkeiten in den nächsten Jahren gefragt sein werden, sodass du deine Karriere gezielt planen kannst.

Egal, in welcher Phase deiner Karriere du dich befindest – KI kann dir auf vielfältige Weise helfen, den nächsten Schritt zu machen. Wenn du am Anfang deiner beruflichen Laufbahn stehst, bietet KI dir Tools, um Lebensläufe und Bewerbungen zu optimieren, Gespräche zu simulieren und dein Netzwerk auszubauen. Berufserfahrenen kann KI dabei helfen, Stärken zu analysieren und gezielt an Schwächen zu arbeiten. Pymetrics oder LinkedIn Career Explorer können zeigen, welche neuen Karrierewege dir offenstehen. Als Gründerin oder Gründer kannst du KI nutzen, um deine Marktanalyse und Produktentwicklung effizienter zu gestalten. KI unterstützt dich bei der Entscheidungsfindung und hilft dir, die richtigen Strategien zu entwickeln.

Künstliche Intelligenz verändert unsere Welt – und es gibt unzählige Möglichkeiten, sich über die neuesten Entwicklungen zu informieren, tiefer in das Thema einzutauchen und KI gezielt für die eigene Karriere zu nutzen. Hier ist meine persönliche Lieblingsliste, um immer auf dem Laufenden zu bleiben:

DOKUMENT:
Liste mit KI-Newslettern, -Podcasts und -Tools

Wie du KI optimal nutzt – Prompting am Beispiel von LinkedIn

Um KI optimal zu nutzen, ist gutes Prompting entscheidend. Wenn du zum Beispiel einen erfolgreichen LinkedIn-Post erstellen möchtest, hängt das Ergebnis maßgeblich von einem klaren und präzisen Prompt ab. Hier ist eine strukturierte Anleitung, um die KI effektiv für deine LinkedIn-Posts zu nutzen:

1. Ziel und Zweck des Posts festlegen
Bevor du deinen Prompt formulierst, frage dich:

- Was möchte ich mit diesem Post erreichen?
- Will ich mein Wissen teilen oder Aufmerksamkeit für ein Projekt wecken?
- Geht es um Personal Branding, Storytelling oder Recruiting?
- Soll der Post Engagement fördern (Likes, Kommentare)?

BEISPIEL für einen Prompt. „Ich möchte einen Post über eine berufliche Herausforderung schreiben, um authentisch zu wirken und Kommentare von meinem Netzwerk zu erhalten."

2. Zielgruppe definieren

Eine präzise Beschreibung der Zielgruppe hilft der KI, den richtigen Ton und Stil zu treffen. Frage dich:

- Wer liest den Post? Berufseinsteigerinnen und Berufseinsteiger, Führungskräfte, Kolleginnen und Kollegen aus meiner Branche?
- Interessiert sich die Zielgruppe eher für fachliche Inhalte oder persönliche Geschichten?

BEISPIEL für einen Prompt. „Der Post richtet sich an junge Berufstätige in der Marketingbranche, die sich für Karrierethemen interessieren."

3. Hauptinhalt und Stil festlegen

Beschreibe, was im Post stehen soll und in welchem Stil er geschrieben werden soll.

- Mögliche Inhalte: ein Learning, eine Geschichte, eine Frage an die Community, ein Tipp.
- Soll der Ton motivierend, sachlich oder humorvoll sein?
- Gibt es bestimmte Keywords oder Phrasen, die enthalten sein sollen?

BEISPIEL für einen Prompt. „Erzähle eine kurze Geschichte über eine berufliche Herausforderung, die ich gemeistert habe, und leite daraus eine allgemeine Lektion ab. Der Ton soll inspirierend und nahbar sein."

4. Struktur und Länge des Posts angeben

Ein LinkedIn-Post hat oft eine klare Struktur: Einstieg, Hauptteil und Abschluss. Gib an, wie lang der Text sein soll und welche Elemente wichtig sind.

- Einstieg: Aufmerksamkeit wecken (Frage, provokante Aussage)
- Hauptteil: Relevante Infos oder die Geschichte selbst
- Abschluss: Call-to-Action (z. B. „Was sind eure Gedanken dazu?")

BEISPIEL für einen Prompt. „Schreibe einen Post mit maximal 150 Wörtern. Beginne mit einer spannenden Frage, erzähle dann die Geschichte und schließe mit einer Frage an die Community.“

5. Feedbackschleifen nutzen
Manchmal trifft die erste Antwort der KI nicht ganz deine Vorstellungen. Gib klares Feedback und passe den Prompt an, um bessere Ergebnisse zu erzielen.

- Feedback-Ideen: „Mach den Einstieg noch provokanter.“, „Der Text ist zu lang, kürze ihn bitte auf zwei Absätze.“

BEISPIEL für einen Prompt. „Erstelle einen LinkedIn-Post für junge Berufstätige im Marketing. Der Post soll inspirierend und nahbar sein und eine berufliche Herausforderung schildern, die gemeistert wurde. Beginne mit einer Frage, beschreibe kurz die Situation, die Lösung und das Learning. Schließe mit einer Frage an die Community ab. Maximal 150 Wörter.“

Antwort der KI:

„Was war die größte berufliche Herausforderung, die Ihr bisher gemeistert habt?
Vor einem Jahr musste ich eine große Präsentation für ein wichtiges Projekt halten, obwohl ich mich extrem unsicher fühlte. Statt mich von der Angst lähmen zu lassen, bereitete ich mich intensiv vor und übte mit Kolleginnen und Kollegen. Am Tag der Präsentation lief alles besser, als ich es mir je vorgestellt hatte. Mein Learning? Selbstzweifel sind oft lauter als die Realität – Vorbereitung ist der Schlüssel.
Wie geht Ihr mit beruflichen Herausforderungen um?“

Zusammenfassung: Der perfekte LinkedIn-Prompt
1. Ziel und Zweck klar definieren (z. B. Wissen teilen, Diskussion starten)
2. Zielgruppe und deren Interessen beschreiben
3. Hauptinhalt und Stil präzise angeben (z. B. Ton inspirierend, Thema persönliche Story)
4. Struktur und Länge festlegen (z. B. Einstieg, Hauptteil, Call-to-Action)
5. Feedback nutzen, um den Text zu verfeinern

ÜBUNG. Deine 30-Tage-KI-Challenge

Um das Gelernte direkt anzuwenden, kannst du eine 30-Tage-KI-Challenge starten. Jeden Tag nutzt du ein KI-Tool, um deine beruflichen Fähigkeiten zu verbessern. Es selbst auszuprobieren, ist der beste Weg, um mit KI umgehen zu lernen und die Anwendungsmöglichkeiten herauszufinden, die für deinen beruflichen Alltag die meisten Vorteile bringen.

Tag 1: Lebenslauf optimieren – Bitte ChatGPT, deinen Lebenslauf für eine spezifische Stelle zu verbessern.

Tag 2: E-Mails klarer schreiben – Nutze Grammarly, um berufliche E-Mails fehlerfrei und präzise zu formulieren.

Tag 3: Tagesplanung erstellen – Plane deinen Arbeitstag mit einer strukturierten To-do-Liste in Notion oder Trello.

Tag 4: Übersetzungshilfe – Lass eine E-Mail oder Präsentation mit DeepL ins Englische übersetzen.

Tag 5: LinkedIn-Post erstellen – Erstelle einen professionellen Beitrag mit ChatGPT über ein aktuelles Thema deiner Branche.

Tag 6: Brainstorming für ein Projekt – Nutze KI wie Miro, um eine Mindmap für dein nächstes Projekt zu entwickeln.

Tag 7: Zeitmanagement verbessern – Bitte ChatGPT um Tipps zur Optimierung deines Kalenders.

Tag 8: Präsentation gestalten – Erstelle eine einfache Präsentation mit Canva oder Beautiful.ai.

Tag 9: Text zusammenfassen – Lass ChatGPT eine lange E-Mail oder einen Artikel auf die wichtigsten Punkte kürzen.

Tag 10: Stärken und Schwächen analysieren – Nutze ChatGPT oder ein Tool wie Pymetrics, um deine beruflichen Stärken zu reflektieren.

Tag 11: Meeting-Notizen optimieren – Bitte ChatGPT, aus deinen Notizen eine klare Agenda oder ein Protokoll zu erstellen.

Tag 12: Arbeitsziele definieren – Setze SMARTe Ziele mithilfe von ChatGPT.

Tag 13: Kreative Ideen entwickeln – Brainstorme Kampagnenideen für Marketing oder Kommunikation mit einer KI wie Jasper.

Tag 14: Eine Checkliste erstellen – Lass dir von ChatGPT eine Checkliste für ein anstehendes Projekt oder ein Event erstellen.

Tag 15: Blogartikel schreiben – Verfasse einen kurzen Artikel über ein Thema deiner Branche mithilfe von Copy.ai.

Tag 16: Kundinnen- und Kundenfeedback analysieren – Nutze ein KI-Tool wie MonkeyLearn, um Feedback oder Umfragen zu bewerten.

Tag 17: Keyword-Recherche – Finde relevante Keywords für deine Branche mit einem Tool wie ChatGPT oder AnswerThePublic.

Tag 18: Energielevel bewerten – Bitte ChatGPT, dir Tipps für die Verbesserung deines Arbeitstags zu geben.

Tag 19: Daten visualisieren – Visualisiere einfache Daten mit Canva oder Google Tabellen.

Tag 20: Meeting-Fragen entwickeln – Bitte ChatGPT, dir spezifische Fragen für ein bevorstehendes Meeting vorzuschlagen.

Tag 21: Kolleginnen und Kollegen motivieren – Bitte KI, dir eine motivierende Nachricht für dein Team zu formulieren.

Tag 22: Ideen für Weiterbildung – Nutze KI, um Vorschläge für berufliche Weiterbildung zu finden.

Tag 23: Problemlösung skizzieren – Bitte ChatGPT, dir bei der Strukturierung einer Problemlösung zu helfen.

Tag 24: Neue Kontakte auf LinkedIn anschreiben – Lass dir von ChatGPT eine persönliche und professionelle Nachricht formulieren.

Tag 25: Erinnerungen automatisieren – Nutze Tools wie Trello oder Google Tasks, um regelmäßige berufliche Aufgaben zu automatisieren.

Tag 26: Bericht zusammenfassen – Lass ChatGPT einen langen Bericht in eine prägnante Zusammenfassung umwandeln.

Tag 27: Feedback aufbereiten – Formuliere Feedback für Kolleginnen und Kollegen mithilfe einer klaren Struktur von ChatGPT.

Tag 28: Kampagnen analysieren – Bitte ChatGPT, dir Vorschläge zur Verbesserung einer laufenden Kampagne zu machen.

Tag 29: Branchentrends analysieren – Lass dir aktuelle Trends deiner Branche von KI erklären.

Tag 30: Reflexion erstellen – Bitte ChatGPT, dir zu helfen, die Erkenntnisse und Ergebnisse der Challenge zu reflektieren.

Künstliche Intelligenz ist längst mehr als ein Zukunftstrend – sie ist dabei, unseren Arbeitsalltag grundlegend zu verändern. Doch wie genau wirkt sich KI auf unser Berufsleben aus und wie können wir die neuen Möglichkeiten aktiv für uns nutzen? Welche Tools helfen uns dabei, produktiver zu sein, und welche Skills sollten wir entwickeln, um im Zeitalter der KI vorne mit dabei zu sein?

Genau darüber habe ich mit **Tanja Settele** gesprochen. Sie ist nicht nur Werbeagenturinhaberin, sondern auch zertifizierte KI-Trainerin und Beraterin. Tanja bringt Künstliche Intelligenz in Unternehmen, Agenturen und Bildungseinrichtungen und zeigt, wie KI uns alle kreativer, produktiver und entspannter machen kann. Ihr Motto: KI für alle!

Im Interview gibt Tanja spannende Einblicke und praxisnahe Tipps, wie du KI für deinen beruflichen Erfolg nutzen kannst.

Wir sprechen darüber:

- welche Veränderungen KI in der Arbeitswelt mit sich bringt – und wie du davon profitieren kannst.
- welche KI-Tools die besten sind, um Bewerbungsunterlagen zu optimieren.
- welche ethischen und praktischen Grenzen von KI du kennen solltest.
- welche Skills und Tools dir helfen, mit KI noch besser zu arbeiten.
- wie du dich mit KI beruflich weiterentwickeln kannst.

Kontakt zu Tanja: *t.settele@first-ad.de, www.first-ad.de*

Ab ins Interview und tauche ein in Tanjas inspirierende Welt der KI. Lass dich inspirieren und finde heraus, wie Künstliche Intelligenz auch für dich zum Karrierebooster werden kann.

Hier geht's zum Video mit Tanja:

VIDEO:
Interview mit KI-Expertin Tanja Settele

KI für Bewerberinnen und Bewerber – Prompts, Tipps & Tricks
Künstliche Intelligenz kann dein Bewerbungsspiel auf ein neues Level heben – wenn du weißt, wie du sie richtig einsetzt. Von der Erstellung eines überzeugenden Lebenslaufs über die Optimierung deines LinkedIn-Profils bis hin zur Vorbereitung auf Vorstellungsgespräche: Mit den richtigen Prompts und Tools kannst du dir viel Zeit sparen und gleichzeitig bessere Ergebnisse erzielen.

Tanja hat neben dem inhaltsstarken Interview eine praxisnahe Anleitung entwickelt, die dir zeigt, wie du KI gezielt für deine Bewerbungen nutzen kannst. Sie gibt dir konkrete Prompts, Tipps und Strategien an die Hand, damit du dich professionell und authentisch präsentieren kannst – ohne deine Bewerbung in die Hände einer Maschine zu legen.

Nutze die Möglichkeiten der KI und mache deine Bewerbung noch effizienter, kreativer und erfolgreicher!

DOKUMENT:
Arbeitsblatt zur Bewerbung mit KI von Tanja Settele

KI verantwortungsvoll nutzen

Künstliche Intelligenz verändert unsere Welt rasant – sie eröffnet enorme Chancen, bringt aber auch Herausforderungen mit sich. Besonders in deiner beruflichen Entwicklung, sei es im Bewerbungsprozess, bei der Nutzung von Tools oder in deinem Arbeitsalltag, beeinflusst KI zunehmend Entscheidungen. Doch wie gehst du mit ethischen, datenschutzrechtlichen und sozialen Fragen um, die mit der Nutzung von KI einhergehen? Dieses Kapitel gibt dir eine kurze, praxisorientierte Einführung in diese wichtigen Themen und zeigt, wie du KI verantwortungsvoll für deine Karriere nutzen kannst.

Damit KI dir bei deiner Karriereplanung hilft und dich nicht blockiert, solltest du bewusst und informiert mit diesen Technologien umgehen. Informiere dich regelmäßig: Datenschutzrichtlinien und ethische Standards entwickeln sich ständig weiter. Nutze Online-Kurse zu KI-Ethik, um dich selbst zu sensibilisieren.

Ethik in der KI

KI ist nicht neutral. Sie wird von Menschen entwickelt, die ihre eigenen Werte, Perspektiven und vielleicht auch Vorurteile einbringen. Deshalb ist es wichtig, bei der Nutzung von KI ethische Prinzipien zu berücksichtigen:

- Fairness: Stelle sicher, dass die KI niemanden diskriminiert. Hast du dich schon einmal gefragt, ob ein KI-basiertes Bewerber-Tool möglicherweise Bewerbungen aufgrund von Geschlecht oder Herkunft sortiert? Genau hier spielt Fairness eine Rolle.
- Transparenz: Wie funktioniert eine KI und auf welcher Grundlage trifft sie Entscheidungen? Fragen wie „Warum wurde mir dieser Job empfohlen?“ sollten beantwortet werden können.
- Verantwortung: Wer haftet, wenn etwas schiefläuft? Überlege, wie du selbst Verantwortung übernimmst, wenn du KI-Tools einsetzt.

> **TIPP.** Bevor du ein KI-Tool nutzt, recherchiere, wer es entwickelt hat und welche Werte im Fokus stehen. Viele Unternehmen veröffentlichen ihre „Ethikrichtlinien für KI“ – lies sie durch und entscheide, ob du das Tool mit gutem Gewissen verwenden kannst.

Mit der folgenden Übung kannst du dir deinen „KI-Ethikkompass“ erstellen:

ÜBUNG.

Nimm dir einen Moment Zeit, um über folgende Fragen nachzudenken:

- Wo nutze ich KI in meiner Karriereplanung oder im Beruf?
- Welche Risiken sehe ich dabei für Datenschutz und Persönlichkeitsrechte?
- Was kann ich tun, um sicherzustellen, dass ich KI verantwortungsvoll nutze?

Notiere dir drei konkrete Maßnahmen, wie du KI ethisch und sicher in deinem beruflichen Alltag einsetzen kannst.

KI und Datenschutz

KI-Systeme sind datenhungrig – oft werden personenbezogene Daten benötigt, um optimal zu funktionieren. Doch welche Daten gibst du preis und wie sicher sind sie? So kannst du deine Daten bei der Nutzung von KI schützen:

- Minimierung: Teile nur die Daten, die unbedingt notwendig sind.
- Kontrolle: Behalte die Kontrolle darüber, wer deine Daten einsehen oder weiterverarbeiten kann.
- Sicherheit: Stelle sicher, dass die Plattform verschlüsselte Übertragungen und Speicherung bietet.

Wenn du eine Plattform nutzt, die KI-gestützte Bewerbungsunterstützung bietet, etwa für die Erstellung von Lebensläufen, dann achte darauf, dass deine hochgeladenen Daten nach der Nutzung gelöscht werden können und dass sie nicht für andere Zwecke verwendet werden, z. B. für Werbung.

Sei dir bewusst, welche sensiblen Informationen du preisgibst, wenn du KI-Tools für deine Karriere nutzt. Kannst du nachvollziehen, was mit deinen Daten passiert?

KI und Bias

„Bias“ bedeutet Verzerrung oder Voreingenommenheit. KI kann durch fehlerhafte oder unausgewogene Trainingsdaten bestimmte Gruppen systematisch benachteiligen. So bevorzugt ein Bewerbungstool vielleicht Männer, weil die Trainingsdaten überwiegend männliche Kandidaten enthalten. Ein anderes System bewertet Bewerberinnen oder Bewerber aus einem bestimmten geografischen Gebiet schlechter, weil diese Region in den Daten mit schlechteren Leistungen assoziiert wird.

KI kann auch dich bewerten – sei es in einem automatisierten Bewerbungsgespräch oder bei der Analyse deines Profils auf LinkedIn. Doch wie gerecht und unvoreingenommen sind solche Bewertungen? Wie kannst du Bias erkennen? Teste das Tool. Probiere KI-gestützte Systeme mit unterschiedlichen Eingaben aus, um Muster zu erkennen. Und frage nach: Seriöse Anbieter von KI-Tools erklären offen, wie sie Bias minimieren. Wenn du feststellst, dass ein KI-Tool unfair ist, melde es. Unternehmen und Entwickler sind oft auf Feedback angewiesen, um ihre Systeme zu verbessern.

Das Wichtigste in Kürze

- Lebenslanges Lernen ist dein wichtigster Begleiter, um mit den Veränderungen der Arbeitswelt Schritt zu halten und neue Chancen zu nutzen. Es hält dich flexibel, zukunftsfähig und motiviert.
- KI ist dabei kein Ersatz, sondern ein mächtiges Werkzeug, das dir hilft, produktiver, kreativer und strategischer zu arbeiten. Nutze KI gezielt, um deinen Karriereweg zu erleichtern und weiter voranzutreiben.
- Die hier vorgestellten Strategien und Tools helfen dir, Lernen und KI nachhaltig in deinen Alltag zu integrieren. Mit klarem Fokus, Neugier und Offenheit wirst du deine Fähigkeiten ausbauen und dein volles Potenzial entfalten.
- Gehe den ersten Schritt: Entdecke, was dich begeistert, probiere neue Methoden aus und erlebe, wie lebenslanges Lernen und KI zu deinen größten Karrierebooster werden können.
- KI ist ein mächtiges Werkzeug – aber wie bei jedem Werkzeug kommt es darauf an, wie du es einsetzt. Indem du ethische Standards, Datenschutz und mögliche Bias im Blick behältst, kannst du sicherstellen, dass KI dir hilft, anstatt dir zu schaden. Verantwortungsvoll genutzt, wird KI zu deinem Verbündeten in deiner Karriereplanung.

Deine Karriere – deine Reise

Du hast einen großen Schritt gemacht: Dieses Buch ist dein Wegbegleiter für die bewusste Gestaltung deiner Karriere. Egal, wo du gerade stehst – mit den richtigen Werkzeugen, Strategien und der inneren Haltung kannst du deine beruflichen Träume verwirklichen. Jedes Kapitel hat dir eine neue Perspektive und konkrete Schritte an die Hand gegeben. Lass uns die Reise zusammenfassen und deinen roten Faden sichtbar machen.

- **Schritt 1: Mut und Klarheit über dich selbst und deine Gesundheit als Fundament**

  Alles beginnt bei dir. Deine Werte, dein Selbstbild und die Reflexion über deinen aktuellen Karriereweg bilden die stabile Basis für alles, was folgt. Wer bist du? Was macht dich aus? Und was ist dir wirklich wichtig? Diese Fragen zu beantworten, ist der erste Schritt.

  Ideen und Pläne sind wertvoll – aber erst durch Mut und Disziplin bringst du sie in die Umsetzung. Wage den Sprung ins Unbekannte, halte auch in schwierigen Phasen durch und feiere jeden kleinen Erfolg auf deinem Weg.

  Deine Werte sind dein innerer Kompass. Dein Selbstbild ist dein Antrieb. Stärke beides, um eine solide Grundlage für deinen Erfolg zu schaffen.

  Karriere ohne Gesundheit ist wie ein Marathon ohne Training. Deine mentale, soziale und körperliche Gesundheit sind die drei Säulen, die deine Leistungsfähigkeit sichern. Rituale für Achtsamkeit, tragfähige Beziehungen und körperliches Wohlbefinden helfen dir, langfristig Energie und Fokus zu bewahren

  Stärke dich von innen heraus. Deine Gesundheit ist kein Nebenschauplatz, sondern die Grundlage für deinen beruflichen Erfolg.

- **Schritt 2: Deine Ziele und deine Vision, dein Fahrplan in die Zukunft**

  Klare Ziele geben dir Orientierung und deine Vision zeigt dir die Richtung. Begeisterung ist der Motor, der dich auf diesem Weg antreibt. Was möchtest du erreichen? Wohin möchtest du gehen? Diese Fragen prägen deine Reise.

  Eine klare Vision und SMARTe Ziele verwandeln Träume in erreichbare Erfolge. Begeisterung gibt dir die Energie, sie zu verfolgen.

- **Schritt 3: LinkedIn und Netzwerken für Chancen durch Sichtbarkeit**

  In einer vernetzten Welt ist deine digitale Präsenz genauso wichtig wie dein persönliches Auftreten oder dein schriftlicher Lebenslauf. Nutze LinkedIn gezielt für dein Personal Branding und baue dein Netzwerk strategisch auf. Ein starkes Netzwerk und ein Kompetenzteam können Türen öffnen, von denen du nicht einmal wusstest, dass sie existieren.

  Deine Sichtbarkeit und dein Netzwerk sind die Hebel für neue Chancen. Baue Beziehungen auf, die tragen.

- **Schritt 4: Storytelling, deine Karrieregeschichte als Türöffner**

  Deine Karrieregeschichte ist dein stärkstes Kommunikationsmittel. Sie zeigt, wer du bist, wofür du stehst und wohin du willst. Mit authentischem Storytelling kannst du nicht nur überzeugen, sondern auch inspirieren.

  Eine klare, gut erzählte Geschichte öffnet Türen – im Bewerbungsgespräch, auf LinkedIn oder bei Netzwerktreffen.

- **Schritt 5: Lebenslanges Lernen und KI, neue und alte Karrierebooster**

  Die Welt ändert sich – und mit ihr auch die Anforderungen an deine Karriere. Offenheit und Neugier helfen dir, Chancen in Veränderungen zu sehen, statt sie als Bedrohung zu empfinden. Lebenslanges Lernen ist keine Option, sondern eine Notwendigkeit.

  Bleib offen, neugierig und lernbereit. So wirst du immer mit der Zeit gehen und deine Karriere flexibel anpassen können.

  Künstliche Intelligenz verändert die Arbeitswelt. Doch anstatt Angst zu haben, solltest du lernen, KI als Assistenten zu nutzen, der dich effizienter und kreativer macht. Sie ist kein Ersatz für dich, sondern eine Ergänzung, die deine Stärken unterstreicht.

  Nutze KI als Chance. Sie wird dein Verbündeter, nicht dein Gegner, wenn du sie klug einsetzt.

Dieses Buch zu schreiben, war auch für mich eine intensive und bereichernde Reise. Jeder Gedanke, jedes Gespräch und jede Geschichte hat mir wieder gezeigt, wie bedeutend es ist, den eigenen Weg bewusst zu gestalten. Dabei habe ich nicht nur über die Erfahrungen anderer geschrieben – ich habe selbst mit jedem Kapitel erneut gespürt, wie wichtig Offenheit, Neugier und Beharrlichkeit sind.

Nimm dir gern einen Moment Zeit, um das Gelernte auf dich wirken zu lassen: Welche Gedanken und Impulse sind für dich besonders wichtig geworden? Was hat dich inspiriert, und wohin möchtest du als Nächstes gehen? Lass das Buch in aller Ruhe nachwirken.

Ein Gedanke, der mir während des Schreibens besonders bewusst wurde: Wir alle sind Teil einer Gemeinschaft, die uns voranbringt, unterstützt und fordert. Nutze die Menschen in deinem Netzwerk, suche den Austausch – gemeinsam lassen sich Ideen schärfen und neue Perspektiven gewinnen. Ein starkes Netzwerk ist ein wertvoller Begleiter auf jedem beruflichen Weg.

Dieses Buch ist nur ein Anfang. Nun beginnt deine persönliche Reise, und ich wünsche dir, dass du all das Gelernte und Erlebte mit voller Energie in deine Zukunft tragen kannst. Dein Weg ist einzigartig und hat viel zu bieten – erlaube dir, ihn aktiv zu gestalten und ihn immer wieder neu zu entdecken.

Dieses Buch hat dir Werkzeuge, Strategien und Perspektiven an die Hand gegeben, um deine Karriere bewusst und mutig zu gestalten. Doch die wichtigste Erkenntnis bleibt: Alles beginnt bei dir. Deine Stärken, deine Ziele und deine Haltung sind der Schlüssel. Du hast alles, was du brauchst!

Ich lade dich ein, das Buch immer wieder zur Hand zu nehmen, wann immer du neue Inspiration oder einen Moment der Reflexion suchst. Vielleicht entdeckst du beim zweiten oder dritten Lesen neue Aspekte, die dich auf deiner Reise weiter begleiten.

Vielen Dank, dass du mich auf dieser Reise begleitet hast. Ich wünsche dir Mut und Freude für alles, was kommt – und vor allem, dass du immer deinem eigenen Weg treu bleibst.

Alles Gute auf DEINEM Weg!

Empfehlung der Autorin:

LINK zu meinem Onlinekurs „Karriereformel Personal Branding“

Literaturverzeichnis

Franke, Sven; Eichhorn, Diana (2021). *New Work & Werte: Experteninterview.* Iga. Wegweiser&Co. Online unter: https://www.iga-info.de/veroeffentlichungen/igaweg-weiser-co/interview-new-work-werte.
Diana Eichhorn im Interview mit Sven Franke.

Frenzel, Karolina; Müller, Michael; Sottong, Herrmann (2006). *Storytelling – Das Praxisbuch.* München, Carl Hanser Verlag.
Dieses Buch zeigt, wie du durch spannendes Storytelling deine Karriere voranbringst, indem du Zuhörende fesselst, Botschaften überzeugend vermittelst und dein professionelles Image nachhaltig stärkst.

Freud, Sigmund (1923). *Das Ich und das Es* (Original: *The Ego and the Id*). Ditzingen, Reclam Verlag.
In diesem Werk stellt Freud sein Strukturmodell der Psyche vor, das aus dem Es, Ich und Über-Ich besteht. Er erklärt, wie diese Instanzen das Selbstbild und die Persönlichkeit beeinflussen.

Freud, Sigmund (1900). *Die Traumdeutung* (Original: *The Interpretation of Dreams*). Hamburg, Nikol Verlag.
In diesem Werk legt Freud die Grundlagen seiner Theorie des Unbewussten dar, was indirekt auch auf das Selbstbild und die inneren Konflikte einwirkt.

Haslam, Catherine; Jetten, Jolanda; Cruwys, Tegan; Dingle, Genevieve; Haslam, Alexander (2018). *The New Psychology of Health: Unlocking the Social Cure.* Abingdon, Routledge Verlag.
Diese Studie befasst sich mit der Bedeutung von sozialen Gruppen und Bindungen für die Gesundheit und das Wohlbefinden von Menschen.

Nuber, Ursula (2013). Resilienz: 7 Schlüssel für mehr innere Stärke. München, Gräfe und Unzer Verlag.
Ursula Nuber erklärt in diesem Buch, wie Resilienz aufgebaut werden kann und welche psychologischen Faktoren dabei eine Rolle spielen.

Rogers, Carl R. (1983). *Die klientenzentrierte Gesprächstherapie.* Frankfurt. S. Fischer Verlag.
Dieses Buch beschreibt Rogers‘ Ansatz der klientenzentrierten Therapie und seine Theorie der Selbstwahrnehmung, in der er betont, dass ein gesundes Selbstbild durch Kongruenz zwischen dem realen und idealen Selbst entsteht.

Rogers, Carl R. (1981). *Entwicklung der Persönlichkeit.* Stuttgart, Klett Cotta Verlag.
Hier erläutert Rogers, wie Menschen ein positives Selbstbild entwickeln können, wenn sie in einer Umgebung aufwachsen, die bedingungslose positive Wertschätzung vermittelt.

Rosa, Hartmut (2019). *Resonanz: Eine Soziologie der Weltbeziehung.* Berlin, Suhrkamp Taschenbuch Verlag.
Hartmut Rosa beschreibt in seinem Werk, wie Resonanz in sozialen Beziehungen entsteht und welche Bedeutung sie für das menschliche Wohlbefinden hat.

Waldinger, R.; Schulz, M. (2023). *The Good Life … und wie es gelingen kann.* München, Kösel Verlag.
Diese Langzeitstudie untersucht, was Menschen glücklich macht, und zeigt die Bedeutung sozialer Beziehungen für das persönliche Wohlbefinden und die Langlebigkeit.

Quellen und Anmerkungen

1 Initiative Gesundheit & Arbeit (iga); https://www.iga-info.de/veroeffentlichungen/igawegweiser-co/interview-new-work-werte

2 Rosa 2019

3 Rosa 2019

4 Harvard Second Generation Study, https://www.adultdevelopmentstudy.org/

5 https://magazin.audibkk.de/gesundheit/soziale-beziehungen-machen-gluecklich

6 https://gutezitate.com/zitat/263565

7 https://www.impulse.de/selbstmanagement/zitate-veraenderung/7308528.html

8 https://www.impulse.de/selbstmanagement/richard-branson-zitate/3538081.html

9 https://erfolg-magazin.de/15-beruehmte-zitate-erfolgreicher-unternehmer/

10 Granovetter 1973

11 Rosa, Hartmut: Herder Korrespondenz 10/2017, S. 17-20, online unter: https://www.herder.de/hk/hefte/archiv/2017/10-2017/das-grundbeduerfnis-nach-religion-wird-bleiben-ein-gespraech-mit-dem-soziologen-hartmut-rosa/

12 Frenzel, Müller, Sottong 2006, S. 121–123

Über die Autorin

Christiane Wolff: Kommunikations- und Karriereexpertin mit Fokus auf Leadership und Positionierung

Christiane Wolff kennt die Kraft der richtigen Positionierung – für Marken ebenso wie für Menschen. Als erfahrene Kommunikationsexpertin war sie über viele Jahre hinweg in führenden Rollen bei renommierten Agenturen tätig – unter anderem als Global Chief Corporate Communications Officer der Serviceplan Gruppe und als Chief Marketing Officer DACH bei dentsu. Beide Stationen haben ihr strategisches Gespür für wirkungsvolle Markenführung und C-Level-Kommunikation auf internationalem Top-Niveau geschärft.

Bis zum Frühjahr 2025 leitete sie als Managing Director die Boutique-Agentur PMMG Communications – spezialisiert auf die Positionierung von CxOs. Dort unterstützte sie Top-Führungskräfte dabei, ihre Sichtbarkeit zu erhöhen, ihr Profil zu schärfen und mit klarer Haltung Vertrauen bei relevanten Stakeholdern aufzubauen.

Heute berät Christiane Wolff als unabhängige Expertin Persönlichkeiten auf C-Level in Fragen der strategischen Kommunikation, Sichtbarkeit und Positionierung – individuell, zukunftsorientiert und auf Augenhöhe. Dabei verbindet sie strategische Markenführung mit einem tiefen Verständnis für Leadership, Wandel und Wirkung.

Eine weitere Facette ihrer Laufbahn ist ihr Unternehmertum: Mit Crafty, einem innovativen Handwerks-Start-up, das sie 2018 mitbegründete, hat sie unternehmerische Erfahrung gesammelt und gezeigt, wie strategisches Storytelling auch neue Geschäftsmodelle erfolgreich in Szene setzen kann.

Christiane Wolff ist Mitautorin der Bücher *Marketeer in Transformation* und *C-Level auf Zukunftskurs. Wie Sie Ihr Profil schärfen und Ihre Position stärken*. Bereits im Jahr 2000 gründete sie das Nettwerk – eines der führenden Frauennetzwerke für Medien, PR und Marketing. Heute vernetzt es über 800 Managerinnen und Selbstständige in München, Frankfurt und Berlin.

Mit ihrer außergewöhnlichen Expertise, ihrem Gespür für strategische Positionierung und ihrer Begeisterung für moderne Leadership-Entwicklung inspiriert Christiane Wolff Menschen und Marken auf ihrem Weg in die Öffentlichkeit.

www.nett-werk.com
christiane.wolff@christiane-wolff.com
http://www.linkedin.com/in/christiane-wolff/